Arbeitshilfen für die politische Bildung

Wolfgang Borchardt

Die Weimarer Republik
als Thema der Erwachsenenbildung

Wolfgang Borchardt

Die Weimarer Republik als Thema der Erwachsenenbildung

Schriftenreihe der Bundeszentrale für politische Bildung · Bonn
Band 227

Projektbearbeiter:
Wolfgang Borchardt

Projektbeirat:

Prof. Dr. Klaus Lompe (Vorsitzender),
Universität Braunschweig

Rolf Lasius, Abteilungsdirektor
Bezirksregierung Braunschweig

Kurt Neumann, Pädagogischer Leiter
Internationaler Arbeitskreis Sonnenberg, St. Andreasberg

Prof. Dr. Klaus Pollmann
Universität Braunschweig

Joachim Raffert, Generalsekretär
Internationaler Arbeitskreis Sonnenberg, Braunschweig

Heinz Warmbold, Stadtschulrat
Hannover

Betreuung
durch die Bundeszentrale für politische Bildung

1985
ISBN 3-923423-36-5

Herausgeber und für den Inhalt verantwortlich:
Internationaler Arbeitskreis Sonnenberg · Braunschweig

Redaktion:
Dr. Harald Geiss und Dr. Ronald Hirschfeld

Gesamtherstellung:
Franz Spiegel Buch GmbH, Ulm

Inhalt

Vorwort

0. Hinweise für den Leser 9
1. Einleitung 11
1.1. Aufgabenstellung des Projekts 11
1.2. Begründung der Themenwahl 12
1.3. Stellenwert in der Arbeit des Internationalen Arbeitskreises Sonnenberg 14
1.4. Übertragbarkeit auf andere Erwachsenenbildungseinrichtungen 17

2. Die didaktischen Grundlagen 19
2.1. Allgemeine didaktische Anforderungen gesellschaftspolitischer Erwachsenenbildung 20
2.2. Didaktische Vorarbeiten zur Einbeziehung historischer Inhalte in die Erwachsenenbildung 25
2.2.1 Skizzierung vorhandener Ansätze und Konzeptionen in der Geschichtsdidaktik 27
2.2.2 Historische Themen und die Didaktik der Erwachsenenbildung 31

3. Zielgruppen- und seminarspezifische Erfordernisse 39
3.1. Bildungsurlaubs-Seminare zum Thema „Weimarer Republik" – Teilnehmerstruktur und Motivationen (Adeline Venekamp) 42
3.2. Das Thema „Weimarer Republik" in anderen Seminarformen 49

4. Die didaktische Konzeption für die durchgeführten Seminare 53
4.1. Grundlegende Lernziele und Qualifikationen 53
4.2. Lernzielkatalog für die Bildungsurlaubsseminare zum Thema „Weimarer Zentrale" 57

5. Die „Weimarer Republik" als Thema der Erwachsenenbildung 61
5.1. Gründe für die Auseinandersetzung mit der „Weimarer Republik" in der Erwachsenenbildung 62

5.2.	Die Themenwahl für die Aufarbeitung der „Weimarer Republik"	64
6.	**Die behandelten Themen zur „Weimarer Republik"**	**69**
6.1.	Die Voraussetzungen und Triebkräfte der Aushöhlung der Weimarer Demokratie	71
6.2.	Die Lebensbedingungen und die politischen Handlungsalternativen des einzelnen Bürgers	74
6.3.	Die Schwäche der antifaschistischen Kräfte vor dem aufsteigenden Nationalsozialismus	75
6.4.	Die Bedingungsfaktoren für den Aufstieg des Nationalsozialismus	76
6.5.	Die Aufarbeitung von Schlagwörtern und „Legenden" zur Weimarer Republik und zum Aufstieg des Nationalsozialismus	78
7.	**„Weimarer Republik" – Erfahrungen aus der Seminarpraxis**	**85**
7.1.	Rahmenbedingungen und Themenstellungen der Seminare	85
7.2.	Die Einstiegsphase	86
7.3.	Die Aufbereitung der Leitthemen	89
7.3.1.	Das Ende des Kaiserreichs und die Novemberrevolution	90
7.3.2.	Träger und Gegner der Weimarer Demokratie	92
7.3.3.	Der Zusammenhang von wirtschaftlicher und politischer Instabilität	93
7.3.4.	Der Aufstieg und die Programmatik der NSDAP	94
7.4.	Die Auswertungsphase	95
8.	**Exkurs I**	
	Bericht über die Bildungsurlaubsveranstaltung zum Rahmenthema „Die Frau in der Gesellschaft – vom Kaiserreich zur Bundesrepublik"	99
9.	**Exkurs II**	
	Grundzüge der Darstellung der „Weimarer Republik" in der Geschichtsschreibung der DDR (Kurt Neumann)	105
10.	**Materialanhang**	
10.1.	Seminarmaterialien	118
10.2.	Audio-visuelle Medien zur Weimarer Republik	192

Vorwort

Die Bundeszentrale für politische Bildung fördert und veröffentlicht seit 1973 Lehr- und Lernmaterialien für die Planung und Durchführung von Veranstaltungen der Träger außerschulischer politischer Bildung. Dabei ist immer stärker das Bedürfnis nach Arbeitsmaterialien hervorgetreten, die sich an den Erfordernissen praktischer Bildungsprozesse orientieren und dementsprechend folgende Kriterien erfüllen:

— Offenlegung von Lerninhalten und Lernzielen,

— Berücksichtigung der Zielgruppe bei den jeweiligen Lernsituationen,

— Verständlichkeit und übersichtliche Gestaltung,

— Aussagen über die Verwendbarkeit,

— Übertragbarkeit.

Besonderes Gewicht erhalten die beiden letztgenannten Bedingungen, wenn es um die Publikation der Lehr- und Lernmaterialien im Rahmen der „Schriftenreihe" oder der im DIN-A4-Format erscheinenden „Arbeitshilfen für die politische Bildung" geht. Denn die Bundeszentrale hat dafür Sorge zu tragen, daß die von ihr geförderten Projekte nicht nur das spezifische Umfeld des jeweiligen Trägers abdecken, sondern auch allgemein — also trägerübergreifend — verwendbar sind. Für alle Lehr- und Lernmaterialien gilt das Ziel, politische Bildung transparenter und überprüfbarer zu machen, um damit dem Bürger Hilfen zur politischen Orientierung anzubieten und so seine Befähigung zum politischen Handeln zu verbessern.

Historische Themen finden nicht nur in der breiten Öffentlichkeit gesteigertes Interesse, ihr Stellenwert ist mittlerweile auch für die politische Bildung unbestritten. Zum einen, weil sie einen unentbehrlichen Beitrag zum Verständnis der Gegenwart und ihres Werdens leisten, zum anderen, weil nur vor diesem Hintergrund eine rationale Gestaltung unserer Zukunft möglich erscheint. Deshalb hat die Bundeszentrale kontinuierlich wichtige Abschnitte, hauptsächlich der deutschen Geschichte aufgearbeitet und die Ergebnisse Multiplikatoren und Endverbrauchern in verschiedenen Publikationen zur Verfügung gestellt.

Die vorliegenden Lehr- und Lernmaterialien des Internationalen Arbeitskreises Sonnenberg (IAS) sehen ihre Aufgabe nicht vorrangig darin, historisches Fachwissen zu vermitteln, sondern unter Bezugnahme auf die „kommunikative Didaktik" (Annette Kuhn) darin, „geschichtsferne" Zielgruppen zu motivieren und zu integrieren. Ausgehend von der Kategorie „Betroffenheit" suchten die beschriebenen Seminare primär den Bezug zur Gegenwart und zur Lebenswelt der Teilnehmer. Der historische Gegenstand „Weimarer Republik" trat dabei in den Hintergrund und erfüllte eine Vehikelfunktion. Bei einem solchen Vorgehen stellt sich die Frage sowohl nach der Übertragbarkeit als auch danach, ob die behandelte Epoche, in diesem Falle also die Zeit zwischen 1919 und 1933, angemessen, differenziert und entsprechend dem aktuellen Forschungsstand präsent wurde. Denn gerade letzteres fordern zwei andere didaktische Ansätze, nämlich der „pragmatisch-eklektische" (Joachim Rohlfes) sowie der „fachwissenschaftlich orientierte" (Ernst Jeismann).

Wenngleich so mancher wichtige Aspekt der Weimarer Republik der Konzentration auf die „kommunikative Didaktik" zum Opfer fiel, bieten die vorliegenden Lehr- und Lernmaterialien einen Ausgangspunkt, um die Einbeziehung historisch-politischer Themen in die Erwachsenenbildung zu diskutieren.

Die Endredaktion erfolgte in enger Zusammenarbeit zwischen dem IAS und der Bundeszentrale. Der jetzige Umfang konnte nur durch erhebliche Straffungen und Kürzungen erreicht werden.

Das Direktorium der Bundeszentrale für politische Bildung

Fanklin Schultheiß   Horst Dahlhaus   Dr. Gerd Langguth

0. Hinweise für den Leser

Die folgende Arbeit hat zum Ziel:

- Am Beispiel des Themenfeldes „Weimarer Republik" Möglichkeiten der Einbeziehung historischer Themen in die Arbeit mit „geschichtsfernen" Zielgruppen in der Erwachsenenbildung darzustellen sowie
- eigene Seminarerfahrungen in Verbindung mit der ihnen zugrundeliegenden didaktischen Konzeption zur Diskussion zu stellen.

In der *Einleitung (1. Kapitel)* werden die Aufgabenstellung des Projekts und die Begründung der Themenwahl im Zusammenhang mit dem Selbstverständnis und dem Seminarangebot des Internationalen Arbeitskreises Sonnenberg dargestellt. Darüber hinaus wird das Problem der Übertragbarkeit der vorgelegten Arbeitsergebnisse thematisiert.

Im *2. Kapitel* werden die in der wissenschaftlichen Literatur vorhandenen didaktischen Grundlagen, die Eingang in die eigene Seminarkonzeption gefunden haben, kurz vorgestellt und diskutiert. Dabei werden drei, miteinander zusammenhängende Ebenen untersucht:

1. Allgemeine didaktische Prinzipien gesellschaftspolitischer Erwachsenenbildung,

2. Ansätze und Konzeptionen der Geschichtsdidaktik,

3. Historische Themen in der Erwachsenenbildung.

Im *3. Kapitel* werden die zielgruppenspezifischen und seminarbezogenen Erfordernisse einer Arbeit mit sogenannten „geschichtsfernen" Gruppen zunächst allgemein, dann konkret am Beispiel des Teilnehmerkreises in den durchgeführten Bildungsurlaubsseminaren zur Weimarer Republik erörtert.

Im *4. Kapitel* kann auf der Basis der oben aufgezeigten didaktischen Konzeption und der zielgruppenspezifischen Erfordernisse die eigene didaktische Position entwickelt werden. Dazu gehört eine Ableitung und ein Ausweis der angestrebten allgemeinen Lernziele und Qualifikationen ebenso wie die Aufstellung eines differenzierten themen- und verwendungsspezifischen Lernzielkataloges.

Im *5. Kapitel* wird die Aufarbeitung des Themenfeldes „Weimarer Republik" begründet und dargestellt. Insbesondere die Auswahl der thematischen Schwerpunktsetzungen für die Seminarpraxis bedarf der Erläuterung.

Im *6. Kapitel* werden die Themenschwerpunkte bei der Diskussion der Weimarer Republik kurz geschichtswissenschaftlich erläutert und begründet.

Im *7. Kapitel* werden die Erfahrungen aus der Seminararbeit mit dem Thema „Weimarer Republik" zusammenfassend wiedergegeben: Von den Rahmenbedingungen der Seminare und der Einstiegsphase über die Aufarbeitung der Leitthemen bis zur Auswertungsphase.

Im *8. Kapitel* wird ergänzend ein Beispiel für die Beschäftigung mit historischen Themen, insbesondere mit Problemen der Weimarer Republik in anderen Seminarzusammenhängen gegeben; hier am Beispiel des Themas: „Die Frau in der Gesellschaft – vom Kaiserreich zur Bundesrepublik".

Das *9. Kapitel* enthält einen Exkurs von Kurt Neumann zu allgemeinen Positionen der DDR-Geschichtsschreibung über die Weimarer Republik.

Im *Anhang (10. Kapitel)* sind die eingesetzten Seminarmaterialien vollständig abgedruckt. Sie werden ergänzt durch eine Zusammenstellung audio-visueller Medien zum Thema.

Weiterführende Literaturhinweise finden sich im Anschluß an die Kapitel 2, 3, 5 und 6.

1. Einleitung

„Wenn wir nicht wissen, woher wir kommen, woher sollen wir wissen, wohin wir gehen sollen?"[1] Diese von Antonio Gramsci gestellte Frage, die vor und nach ihm von vielen Politikern, Historikern, Pädagogen und anderen aufgeworfen wurde, formuliert in besonders prägnanter Weise ein Problem, das nicht nur die gesellschaftliche und politische Legitimation der Geschichtswissenschaft umfaßt, sondern von grundlegender Bedeutung für das Selbstverständnis politischer Bildungsarbeit ist.

Wenn der Mensch nicht nur ein soziales Wesen, sondern auch „ein Gewordener ist, der auf den Schultern vieler Generationen steht"[2], erfordert das Nachdenken über seine eigene Lebensperspektive, wie auch über die weitere Entwicklung der ihn umgebenden sozialen, politischen und wirtschaftlichen Umwelt eine gründliche Kenntnis sowohl der heutigen Lebensbedingungen und ihrer Alternativen als auch eine grundlegende Einsicht in den Entwicklungszusammenhang gegenwärtiger gesellschaftlicher und politischer Strukturen. Eine solche Kenntnis kann nicht nur eine Hilfestellung bei der Suche nach Problemlösungen und Entwicklungsperspektiven für das Bestehende geben und damit einer fatalistischen „no-future"-Einstellung entgegenwirken, sondern auch vor einer kritiklosen Hinnahme des Bestehenden schützen.

1.1. Aufgabenstellung der Arbeit

Mit der vorliegenden Arbeit soll ein indirekter Beitrag zur Entwicklung eines historisch-politischen Bewußtseins gerade der Menschen geleistet werden, die keine Gelegenheit haben, als studierte Historiker, Gesellschaftswissenschaftler oder „Politprofis" einen beruflich geleiteten Zugang zu historisch-politischen Problemstellungen und Begründungszusammenhängen zu bekommen. Indirekt ist dieser Beitrag insofern, als er sich nicht primär an „Endverbraucher" richtet, sondern Mit-

---

[1] Antonio Gramsci, hier zitiert nach: Werner Boldt, Geschichte in der Arbeiterbildung, in: Geschichtsdidaktik 4/81, S. 371.
[2] Helmut Kappes, Geschichte und Erwachsenenbildung, in: Geschichte und Erwachsenenbildung, hrsgg. v. d. Arbeitsgemeinschaft für katholische Erwachsenenbildung im Lande Niedersachsen, 2. Aufl., Hannover 1982, S. 8.

arbeitern in der außerschulischen politischen Bildung für das Themenfeld „Weimarer Republik" eine theoretisch begründete und praxiserprobte Vermittlungsmöglichkeit aufzeigen will.

Allerdings soll dabei grundlegenden Anforderungen der wissenschaftlichen Teildisziplinen entsprochen werden. Wenn darüber hinaus einzelne Teile der Arbeit auch außerhalb des Kreises von Mitarbeitern der außerschulischen politischen Bildung auf Interesse treffen, so wird dies natürlich als erfreulicher Nebeneffekt begrüßt.

1.2. Begründung der Themenstellung

Daß nicht nur der Geschichtsunterricht an den Schulen „ein politisches Fach und ein für politische Bildung unentbehrliches Fach ist"[3], sondern sehr viel allgemeiner „Geschichte als Element politischen Denkens"[4] betrachtet werden muß, gehört zu den wenigen unumstrittenen Aussagen, auf die sich Vertreter verschiedener wissenschaftstheoretischer Ansätze und gesellschaftspolitischer Zielsetzungen einigen können. Die vielfältigen Formen der Konfrontation mit Geschichte und ihren Ergebnissen in der Alltagswelt[5] lassen die Frage, ob Geschichte das politische Denken und Handeln beeinflussen kann, als rein rhetorisch erscheinen. Zu einer unterschiedlichen Bewertung kommt man aber bei der Frage, in welchem Ausmaß und in welcher Weise diese Beeinflussung erfolgt.

Die Erwartung, „daß aus dem Erfahrungsschatz der Geschichte die möglichen Zukunftsperspektiven in politischer Reflexion entwickelt werden"[6] können, darf nicht dahingehend verstanden werden, daß aus der Analyse bestimmter historischer Situationen oder Konstellationen Patentrezepte für die Lösung heutiger oder künftiger gesellschaftspolitischer Problemstellungen entnommen werden können. Vielmehr liegt dieser Erwartung die Vorstellung zugrunde, daß durch die Kenntnis historischer Entwicklungen sowohl ein tieferes Verständnis der – ja in der Geschichte gewachsenen – heutigen gesellschaftlichen Strukturen und Funktionszusammenhänge erreicht werden kann als auch – darauf aufbauend – eine Überwindung rein pragmatischer Fortschreibungen des Bestehenden zugunsten einer Entwicklung realistischer Handlungsperspektiven und konkreter, realisierbarer

---

[3] Bernhard Sutor, Geschichte als politische Bildung, in: Wolfgang Mickel (Hrsg.), Politikunterricht. Im Zusammenhang mit seinen Nebenfächern, München 1979, S. 82.

[4] So der Titel der Schrift von Karl-Ernst Jeismann: Geschichte als Element politischen Denkens, hrsgg. v. Internationalen Arbeitskreis Sonnenberg, Braunschweig 1981.

[5] Vgl. dazu: Rolf Schörken, Geschichte in der Alltagswelt. Wie uns Geschichte begegnet und was wir mit ihr machen, Stuttgart 1981.

[6] So Karl-Dietrich Erdmann, in: Deutsche Geschichte und politische Bildung. Öffentliche Anhörungen des Ausschusses für innerdeutsche Beziehungen des Deutschen Bundestages 1981, hrsgg. v. Presse- und Informationszentrum des Deutschen Bundestages, Bonn 1981, S. 118.

Utopien für die künftige Gestaltung der Gesellschaft. „Selbstfindung durch Aufnahme der Vergangenheit in die Gegenwart wirkt natürlich in die Zukunft"[7]. Dieser Beitrag der Geschichte zum Verständnis der Gegenwart und zur Gestaltung der Zukunft wird heute nicht nur von Historikern, sondern auch von politischen Akteuren und Entscheidungsträgern immer wieder betont[8].

Politischer Bildung kommt infolgedessen die Aufgabe zu, den Prozeß der historischen Bewußtwerdung als Teil der Identitätsfindung und als Grundlage realistischer Zukunftsperspektiven zu unterstützen, wenn nicht gar zu initiieren. Diese Aufgabenstellung muß sowohl auf Individuen und gesellschaftliche Gruppen zielen als auch auf die Gesamtgesellschaft. Die Notwendigkeit dieser Arbeit für die Entwicklung eines demokratischen, historisch-politischen Bewußtseins möglichst vieler Bürger wird besonders deutlich, wenn man sieht, daß gerade im Bereich der außerschulischen politischen Bildung historische Themen — mit Ausnahme des Themenfeldes „Nationalsozialismus" und lokal- bzw. regionalgeschichtlicher Fragestellungen — bisher eher ein Schattendasein führten. Dies gilt sowohl für die Quantität des Angebots[9] als auch für das Fehlen eines thematisierten Vermittlungsmodells. „Für historische Themen, das wird man behaupten dürfen, gibt es noch keine ausreichend theoretisch und methodisch fundierten, konsensfähigen Modelle"[10]. Diese für den Bereich der Arbeiterbildung getroffene Feststellung gilt noch weitgehend für den Bereich der Erwachsenenbildung. Hier setzt die Aufgabenstellung der vorliegenden Arbeit an: Mit der Aufbereitung des Themenfeldes „Weimarer Republik" soll ein Beitrag zur wissenschaftlich fundierten Einbeziehung historischer Themen in die Erwachsenenbildung geleistet werden.

Die Auswahl des Themenfeldes „Weimarer Republik" läßt sich im wesentlichen mit vier miteinander zusammenhängenden Argumenten begründen:

1. Ausgelöst u. a. durch die Holocaust-Diskussion und den 50. Jahrestag der Machtübernahme der Nationalsozialisten läßt sich bei vielen Menschen eine verstärkte Rückbesinnung auf die eigene Vergangenheit und Aufarbeitung der Zeit der nationalsozialistischen Gewaltherrschaft feststellen. Dabei rückt auch

---

[7] Jeismann, a. a. O., S. 5.
[8] Vgl. als ein Beispiel für viele: Heinz Oskar Vetter, Grundsatzreferat „Aus der Geschichte lernen — die Zukunft gestalten" auf der Wissenschaftlichen Konferenz des DGB zur Geschichte der Gewerkschaften in München, 12. 10. 1979, in: Gewerkschaftliche Monatshefte 1979, H. 11, S. 669—679.
[9] So betrug in Niedersachsen 1982 der Anteil von Volkshochschul-Kursen aus dem Bereich „Gesellschaft und Politik" lediglich 6 % aller VHS-Kurse. Von diesen 6 % waren wiederum nur 14,6 % aus dem Bereich Geschichte/Zeitgeschichte. Vgl. dazu: Statistische Materialien VIII zur Erwachsenenbildung in Niedersachsen 1982. Hrsgg. v. Landesverband der Volkshochschulen Niedersachsens, Hannover 1983, S. 49 und 54. Durch die etwa seit Mitte 1983 verstärkte Aufnahme lokal- und regionalgeschichtlicher Themen zeichnet sich allerdings in jüngster Zeit ein neuer Trend an.
[10] Werner Boldt, a. a. O., S. 376.

die Frage: „Wie war es möglich?"[11], d. h. die Frage nach den Gründen für den Zerfall der Weimarer Republik und nach den gesellschaftlichen Ursachen und Entstehungsbedingungen der nationalsozialistischen Herrschaft in das Interesse einer breiteren Öffentlichkeit.

2. Vor demselben Hintergrund erhält eine Auseinandersetzung mit der Geschichte der NSDAP bis zur Machtübernahme 1933 neue Attraktivität. Die Weimarer Republik als gesellschaftliches und politisches Umfeld des Aufstiegs des Nationalsozialismus steht zwangsläufig im Zentrum dieses Interesses.

3. Die Geschichte der Weimarer Republik als erste deutsche Demokratie wird immer wieder als Bezugs- und Vergleichspunkt in der Diskussion sowohl tagespolitischer als auch struktureller Probleme der Bundesrepublik herangezogen, ohne daß in allen Fällen die Kenntnisse über die politischen, wirtschaftlichen und sozialen Gegebenheiten der Weimarer Republik in einem angemessenen Verhältnis zu den häufig sehr weitreichenden Schlußfolgerungen aufgrund vermeintlicher oder tatsächlicher Gemeinsamkeiten stehen.

4. Trotz einer Fülle von Unterrichtseinheiten zur Behandlung des Themas „Weimarer Republik" in der Schule — vornehmlich in der Sekundarstufe II — ist, im Gegensatz etwa zum Nationalsozialismus, dieses Themengebiet für die Erwachsenenbildung noch nicht aufbereitet worden. Dies ist umso überraschender, als auch in der außerschulischen politischen Bildung bei einer Fülle von Themenstellungen immer wieder der Vergleich mit „Weimar" thematisiert wird. Als Beispiel seien hier nur Arbeitslosigkeit, Wirtschaftskrisen, Extremistenproblematik und Neofaschismus genannt.

Alle vier Argumente weisen darauf hin, daß es sowohl fachlich-thematische Anknüpfungspunkte für eine stärkere Einbeziehung des Themas „Weimarer Republik" in die gesellschaftspolitische Erwachsenenbildung gibt als auch die Möglichkeit, mit dieser Thematik bei Seminarteilnehmern Interesse zu finden.

1.3. Stellenwert in der Arbeit des Internationalen Arbeitskreises Sonnenberg

Der Internationale Arbeitskreis Sonnenberg (IAS) hat sich dieser Themenstellung — unterstützt durch die Bundeszentrale für politische Bildung — verstärkt zugewandt. Als freier Träger in der außerschulischen gesellschaftspolitischen Bildungsarbeit führt der Internationale Arbeitskreis Sonnenberg in seiner Tagungsstätte, dem Internationalen Haus Sonnenberg (IHS) bei St. Andreasberg im Oberharz,

---

[11] So der Titel eines Readers französischer Historiker und Politologen: Alfred Grosser (Hrsg.), Wie war es möglich? Die Wirklichkeit des Nationalsozialismus, Frankfurt/M. 1980.

jährlich rund 200 Tagungen mit mehr als 8000 Teilnehmern durch[12]. Der Schwerpunkt der Arbeit liegt dabei auf international zusammengesetzten gesellschaftspolitischen Seminaren für Erwachsene bzw. Jugendliche. Gleichzeitig werden Bildungsurlaubsseminare, Fachtagungen und Lehrerfortbildungsveranstaltungen durchgeführt.

Das Veranstaltungsprogramm umfaßt Tagungen und Kurse zu Fragen des Bildungswesens, zu Fragen der Lebensbedingungen und Rehabilitation Behinderter und zu Problemen der Sozialarbeit; einen Arbeitsschwerpunkt bilden Seminare zu Gegenwarts- und Grundfragen des politischen und gesellschaftlichen Zusammenlebens von Menschen, Gruppen und Nationen. In diesem Rahmen haben natürlich auch historisch-politische Themen ihren gewichtigen Platz. Zur Durchführung von Seminaren stehen im Internationalen Haus Sonnenberg in fünf Häusern Seminarräume, Freizeiteinrichtungen und Übernachtungsmöglichkeiten für insgesamt mehr als 250 Personen zur Verfügung.

Die pädagogischen und gesellschaftspolitischen Zielsetzungen der Arbeit des Internationalen Arbeitskreises Sonnenberg sind entscheidend geprägt worden von der Person des Gründers Walter Schulze[13].

Seine vor dem Hintergrund der Erfahrungen in der Weimarer Republik, mit dem Nationalsozialismus und den Folgen des Zweiten Weltkrieges geformten gesellschaftspolitischen und pädagogischen Positionen waren in gleichem Maße von reformpädagogischen, pazifistischen, antifaschistischen und sozialistischen Gedanken geprägt. Er war – unterstützt von Kollegen und Freunden wie Georg Eckert, Heinrich Rodenstein, Eberhard Schomburg, Rudolf Kraft u. v. a. – von 1949 bis 1980 die treibende Kraft beim Aufbau „des Sonnenbergs", dessen Arbeit in erster Linie der Verständigung zwischen Angehörigen verschiedener Nationen und Vertretern unterschiedlicher weltanschaulicher und politischer Standorte dienen sollte[14]. Das Arbeitsmotto: „Miteinander sprechen – Vorurteile überwinden – sich verständigen – verantwortlich handeln" schmückt nicht nur den Umschlag der regelmäßig erscheinenden dreisprachigen internationalen Sonnenberg-Briefe, sondern prägt die Programmentscheidungen ebenso wie die offene Diskussionsatmosphäre der Sonnenberg-Seminare.

Es kann kaum überraschen, daß bei diesem Selbstverständnis die Auseinandersetzung auch mit historischen Themenfeldern und Problemstellungen seit den Anfän-

---

[12] 1983 fanden im IHS 202 Tagungen mit 7918 Teilnehmern aus 43 Ländern statt. Vgl. dazu: Jahresbericht 1983 zur Mitgliederversammlung am 3. Juni 1984. Hrsgg. v. Internationalen Arbeitskreis Sonnenberg, Braunschweig 1984, hier S. 71 und 76.
[13] Vgl. zu Walter Schulze z. B., Erinnerungen an Walter Schulze. Hrsgg. v. Internationalen Arbeitskreis Sonnenberg, Braunschweig 1981.
[14] Einen ausführlichen Überblick über die Geschichte, Zielsetzung und praktische Arbeit des IAS gibt: Kurt Neumann, Internationale Bildungsarbeit. Grundlagen und Erfordernisse, Braunschweig 1968 S. 140–259.

gen der Sonnenberg-Arbeit von besonderer Bedeutung ist. Die Gründung des „Sonnenbergs" als Reaktion auf die Erfahrungen mit der Auflösung der Weimarer Republik, der Machtübernahme und Herrschaft des Nationalsozialismus und der Zerstörung Deutschlands im Zweiten Weltkrieg macht die Aufarbeitung der politischen, wirtschaftlichen und sozialen Voraussetzungen dieser historischen Entwicklung folgerichtig zu einem unbestrittenen Generalthema. Die Geschichte der Weimarer Republik erhält so – über die vier oben genannten allgemein geltenden Begründungen hinaus – für den „Sonnenberg" eine zusätzliche Relevanz.

Dennoch ist rückblickend festzustellen, daß in der Seminararbeit im IHS das Thema „Weimarer Republik" im Vergleich etwa mit den Themen „Nationalsozialismus/ Faschismus" und „Deutschland nach 1945" verhältnismäßig wenig angeboten wurde. Zwar gab es seit einigen Jahren einzelne Seminare zu Themen wie „Deutschland zwischen den Weltkriegen" oder „Demokratie und Faschismus zwischen den Weltkriegen", es fehlte aber eine kontinuierliche und systematische Auseinandersetzung mit dem Thema. Sicherlich gab es in allen Jahren aktuellere, brennende gesellschaftliche Problemstellungen, die zur Aufarbeitung drängten und auch für die Zuschußgeber und die Teilnehmerwerbung attraktiver waren. Trotz der Geschichte des „Sonnenbergs" und der historisch-politischen Bedeutung der Weimarer Republik für das Verständnis der Geschichte des Nationalsozialismus und der Bundesrepublik erhielt die Beschäftigung mit der Weimarer Republik eben nicht automatisch den Stellenwert, der ihr zukommt. Dies wurde durchaus als Mangel empfunden.

Umso bereitwilliger nahm der Internationale Arbeitskreis Sonnenberg die Gelegenheit wahr, in einer Reihe von Seminaren das Thema „Weimarer Republik" zu bearbeiten und einen Erfahrungsbericht über diese Arbeit zu verfassen. Zu diesem Zweck wurden sechs einwöchige Bildungsurlaubsseminare mit 127 Teilnehmern durchgeführt. Ohne die differenzierten Ergebnisse dieser Arbeit allzu stark zu vereinfachen, läßt sich doch festhalten, daß es sowohl ein nicht geringes Teilnehmerinteresse an der Thematik gibt als auch Möglichkeiten zu einer wissenschaftlich fundierten Vermittlung des Themas. Außerhalb dieser direkten „Weimar-Seminare" wurde die Thematik in Auszügen bzw. unter spezifischen Teilaspekten auch in Seminaren mit anderen Rahmenthemen zur Diskussion gestellt.

Als Auswertung der „Weimar-Seminare" werden in der vorliegenden Arbeit Erfahrungen bei der Einbeziehung dieser Themenstellung in die gesellschaftspolitische Erwachsenenbildung auf unterschiedlichen Ebenen aufgezeigt. So werden dargestellt:

– die didaktischen Voraussetzungen der Behandlung des Themas,

– die Lernziele für die Seminare,

– die thematischen Schwerpunktsetzungen im Rahmen des Oberthemas „Weimarer Republik",

– die Erfahrungen bei der Umsetzung der Themen in die Seminarpraxis.

Darüberhinaus schien es sinnvoll zu sein, angesichts der in fast allen Seminaren entstandenen Diskussionen über die Geschichtsdarstellungen in der DDR, einen – von Kurt Neumann verfaßten – Exkurs über die „Grundzüge" der DDR-Geschichtsschreibung zur „Weimarer Republik" in die Arbeit einzubeziehen.

Ergänzt wird dieses Themenspektrum durch einen Anhang, in dem sowohl die praxisbewährten Materialien wiedergegeben werden als auch eine Liste audio-visueller Medien zum Thema. Auf diese Weise soll der praktische Nutzen für Kolleginnen und Kollegen in der außerschulischen politischen Bildung, die beabsichtigen, das Thema „Weimarer Republik" aufzugreifen, erhöht werden.

1.4. Übertragbarkeit auf andere Erwachsenenbildungseinrichtungen

Damit ist das Problem der Nutzbarmachung, der Übertragbarkeit der vorgelegten Arbeitsergebnisse aufgeworfen. Sicherlich wird nur in Ausnahmefällen eine lückenlose Übernahme der Ansätze und Erfahrungen dieser Arbeit möglich sein, denn dazu gehörte nicht nur eine Zustimmung zu den didaktischen und pädagogischen Werthaltungen und Zielsetzungen, die sich in den ausgewiesenen Lernzielen wiederfinden, sondern auch ein zeitlich, organisatorisch und zielgruppenspezifisch vergleichbarer Arbeitsrahmen. Allerdings kann wohl davon ausgegangen werden, daß die meisten Erwachsenenbildungseinrichtungen bezüglich des organisatorischen Rahmens und des Teilnehmerspektrums keine so stark gegenüber dem „Sonnenberg" abweichenden Voraussetzungen haben, daß eine Nutzbarmachung der Arbeitsergebnisse von vornherein ausgeschlossen wäre.

Gerade in der Arbeit mit einer in der Regel besonders schwer erreichbaren Zielgruppe wie den Arbeitern und Angestellten in Bildungsurlaubsseminaren können grundlegende Erfordernisse historisch-politischer Bildungsprozesse mit „geschichtsfernen" Zielgruppen klar zutage treten.

Gleichzeitig werden die vorgelegten didaktischen Überlegungen sicherlich auch dann von Interesse sein, wenn aufgrund anderer gesellschaftspolitischer oder pädagogischer Prämissen sowie fachwissenschaftlicher Bewertungen eine Identifizierung mit den hier zugrundeliegenden Lernzielen und den thematischen Schwerpunktsetzungen nicht möglich ist. Auf jeden Fall aber kann die Information über ungeeignete Arbeitsansätze und -methoden Beachtung verdienen, um eigene Fehler zu vermeiden, oder auch nur bestätigt zu bekommen, daß man es ja schon immer gewußt habe...

Auch wenn wohl in keinem Fall ein unter jeweils sehr spezifischen Bedingungen (vom institutionellen und organisatorischen Rahmen über die pädagogischen und gesellschaftspolitischen Werthaltungen bis zur Qualifikation der Seminarleiter) entwickeltes Vermittlungsprogramm auf andere Verwendungssituationen ohne zum

Teil tiefgreifende Modifikationen übertragen werden kann, soll hier doch die Hoffnung ausgedrückt werden, daß mit der vorliegenden Arbeit eine praktische Hilfe bei der Seminarvorbereitung, der Themen- und Materialienauswahl, der Methodenauswahl und der inhaltlichen Einarbeitung in das Themenfeld „Weimarer Republik" für Mitarbeiterinnen und Mitarbeiter der Erwachsenenbildung gegeben werden kann. Darin eingeschlossen ist — im Rahmen des Möglichen — auch das Ziel, einen bescheidenen Beitrag zur Weiterentwicklung der theoretischen Diskussionen zur Einbeziehung historischer Themen in die Erwachsenenbildung zu leisten.

2. Die didaktischen Grundlagen

Das Grundproblem, vor dem Teamer und Teilnehmer in der politischen Bildung beim Umgang mit historischen Themen stehen, ist die fehlende direkte, persönliche Betroffenheit bzw. die nur mittelbare Betroffenheit aller Beteiligten durch das jeweilige Themengebiet. Nur bei der Beschäftigung mit zeitgeschichtlichen Themen wie der Zeit des Nationalsozialismus und der Geschichte Nachkriegsdeutschlands kann davon ausgegangen werden, daß zumindest einzelne Teilnehmer und/oder Teamer einen direkten, über Erinnerungen abrufbaren Bezug zum historischen Untersuchungszeitraum haben. Für das Thema „Weimarer Republik" ist eine solche direkte Betroffenheit zunächst einmal nicht zu erwarten, da die Altersgruppe, die diesen Zeitraum bewußt miterlebt hat, kaum noch in Seminaren der Erwachsenenbildung vertreten ist[15].

Aus dieser Situation ergibt sich bei der didaktischen Konzipierung der Seminare das Ziel, bei den Teilnehmern Einsicht in die Betroffenheit durch das Thema zu wecken, um zu verhindern, daß sich die Auseinandersetzung mit historischen Themen in den „Trivialformen des außerwissenschaftlichen Geschichtsinteresses" (Schörken) oder in der lexikalischen Aufarbeitung historischer Ergebnisse erschöpft. Das heißt, die Relevanz der Themenstellung für die heutige Lebenssituation der Seminarteilnehmer soll erfahrbar gemacht werden.

Zwei weitere Aspekte, mit denen die Teamer bei der Konzipierung von „Weimar-Seminaren" konfrontiert sind, sollen hier einleitend nur angesprochen werden:

- Es gibt nahezu keine themenspezifischen didaktischen Vorarbeiten zur Einbeziehung des Themas „Weimarer Republik" in die Erwachsenenbildung,
- Unterrichtseinheiten, Stundenblätter und Studienbücher zur Behandlung des Themas in der Schule (vor allem in der Sekundarstufe II) können nur sehr begrenzt für die außerschulische politische Bildung verwendet werden.

Diese sehr allgemeinen Vorbemerkungen benennen die im folgenden zu konkretisierenden, allgemeinen Voraussetzungen aller Versuche zur stärkeren Einbeziehung des Themenfeldes „Weimarer Republik" in die außerschulische politische Bildung.

---

[15] Anders ist das allenfalls bei „Senioren-Tagungen", die sich jedoch nur selten speziell mit historischen Fragestellungen beschäftigen.

2.1. Allgemeine didaktische Anforderungen gesellschaftspolitischer Erwachsenenbildung

In relativer Unabhängigkeit von dem jeweiligen Themengebiet und Teilnehmerkreis lassen sich für die politische Erwachsenenbildung, die sich bemüht, dem Postulat der Teilnehmerorientierung[16] gerecht zu werden, grundlegende Anforderungen für die Konzipierung und Durchführung von Seminaren formulieren, die als Zielvorstellungen auch den durchgeführten Bildungsurlaubsseminaren zur Weimarer Republik zugrunde lagen. Diese zunächst für die Politikdidaktik entwickelten Prinzipien umfassen:

- das Anknüpfen an Teilnehmerinteressen und -erfahrungen,

- den Nachweis der Relevanz der Themenstellung für die Lebenssituation der Teilnehmer,

- eine Methodenwahl gemäß den Lernvoraussetzungen und -erfahrungen der Teilnehmer,

- die Entwicklung der Argumentations- und Diskussionserfahrungen der Teilnehmer,

- die Ermunterung und Anleitung der Teilnehmer zu eigenständigen, kreativen Arbeitsformen,

- die Ermöglichung sozialer und sinnlich–vitaler Erfahrungen für die Teilnehmer,

- die Stärkung des Selbstwertgefühls der Teilnehmer, des Vertrauens in die eigenen Fähigkeiten,

- die fachwissenschaftliche Absicherung der angebotenen Themen,

- die Offenlegung der affektiven und kognitiven Lernziele.

Die Teilnehmer an Erwachsenenbildungsseminaren unterscheiden sich von Schülern, die im Rahmen politischer Bildung in der Schule mit historisch-politischen Themen konfrontiert werden, vor allem dadurch, daß sie über ein erheblich größeres Maß an Lebenserfahrung und -erinnerung verfügen und gleichzeitig in einer Vielzahl von Sozialisationsprozessen ein komplexes System relativ verfestigter Werthaltungen, politischer Überzeugungen, Wissens und Formen sozialen Verhaltens entwickelt haben, das notwendigerweise die Voraussetzung jeden Vermitt-

---

[16] Teilnehmerorientierung wird hier nicht als Gegensatz, sondern als Ergänzung zur Sachorientierung gesehen.

[17] Vgl. zu diesem Begriff Bernhard Claußen, Methodik der politischen Bildung, Opladen 1981, S. 138 ff.

lungsprozesses[18] bildet. Insbesondere die beruflichen Positionen und Erfahrungen, aber auch die Verankerung im System der gesellschaftlichen Klassen und Schichten prägen die Voraussetzungen, mit denen die Teilnehmer in Erwachsenenbildungsseminare kommen.

Darüberhinaus ist zu berücksichtigen, daß die Erwachsenenbildungsteilnehmer freiwillig und aus eigenem Interesse an den Seminaren teilnehmen, für die sie auch noch finanzielle Leistungen aufbringen müssen. Hier liegt sicherlich ein nicht unbeträchtlicher Unterschied zur Schulsituation.

Aus diesen spezifischen Voraussetzungen erwächst für fast alle Teilnehmer zwangsläufig die Erwartung, daß die besuchten Seminare den eigenen Interessen gerecht werden und vorhandene inhaltliche, aber auch soziale und sinnlich-vitale Wünsche zumindest partiell erfüllen sollen. Aus diesem berechtigten Anspruch ergibt sich für die Konzipierung der Seminare durch die Teamer — verglichen mit der Schulsituation in besonderer Weise — die Notwendigkeit, anzuknüpfen an den Teilnehmerinteressen und zu versuchen, den Teilnehmererwartungen möglichst weitgehende Realisierungsmöglichkeiten einzuräumen[19]. Dies gilt auch für historisch-politische Seminare, die vielfach gut geeignet sind, über das Abrufen von Teilnehmererinnerungen oder -erfahrungen, diese Orientierung nutzbringend zu verfolgen.

Daß Themenstellungen in der Erwachsenenbildung erfahrbare Relevanz für die Lebenssituation der Teilnehmer haben sollen, wurde bereits in der Einleitung postuliert. Die Begründung hierfür ergibt sich nicht nur aus der Teilnehmerperspektive, aus den artikulierten Wünschen der Teilnehmer, sondern auch aus grundsätzlichen Erwägungen zur Themenauswahl. Es muß davon augegangen werden, daß es nur schwer möglich sein wird, für die Themenwahl im Bereich der politischen Bildung ein System relevanten Wissens oder einen Katalog unverzichtbarer Themenstellungen zu entwerfen, die von unterschiedlichen gesellschaftspolitischen, bildungspolitischen und wissenschaftstheoretischen Ansätzen her als verbindliche Zielsetzungen politischer Bildungsarbeit akzeptiert werden können. Der unverzichtbare Hinweis auf den — interpretierbaren — Wertekanon des Grundgesetzes hilft in der Praxis ebensowenig weiter, wie der Verweis auf eine allgemeine, weitgehend beliebig definierbare „gesellschaftliche Relevanz". Hinzu kommt noch, daß alle gesellschaftspolitischen Themen einen hohen Grad an Komplexität haben, der durch die wechselseitige, unauflösbare Durchdringung aller gesellschaftlichen Teilbereiche und Ereignisse entsteht.

---

[18] Vermittlung wird hier als ein Prozeß verstanden, der gerichtet ist auf „Lern-, Bildungs- und Erziehungsziele, oder — anders ausgedrückt — angestrebte Kenntnisse, Erkenntnisse und Qualifikationen im Sinne von Fähigkeit und Bereitschaft zu bestimmten Verhaltensweisen" (Gerda von Staehr, Zur Konstituierung der politisch-historischen Didaktik, Frankfurt/M. 1978, S. 10).

[19] Damit soll nicht — wie es z. B. Klaus Rothe tut — Teilnehmerorientierung für den Schulbereich als nur „ein weiteres wichtiges Kriterium" unter anderen abgetan werden. Vgl. Klaus Rothe, Didaktik der Politischen Bildung, Hannover 1981, hier S. 172.

Themenauswahl bedeutet daher immer eine Reduktion von Komplexität. Wenn eine derartige Selbstbeschränkung aber unausweichlich ist, stellt sich die Frage nach den Selektionskriterien. In Verbindung mit den gesellschaftspolitischen und pädagogischen Zielsetzungen der jeweiligen Bildungseinrichtung und des Teamers wird die Bedeutung des Themas für den Teilnehmer das entscheidende Kriterium sein müssen, wenn politische Bildungsarbeit nicht als Selbstzweck oder zu Indoktrinationszwecken betrieben werden soll. D. h.: Im Ergebnis eines Seminars soll der Teilnehmer im Rahmen des Möglichen sowohl Antworten auf ihn bewegende Fragen entwickeln lernen als auch befähigt werden, seine gesellschaftliche Lebenssituation — punktuell oder in Teilbereichen — besser zu durchschauen. Dazu gehört:

- eine tiefere Einsicht in die Funktionsweise unserer Gesellschaft und den eigenen Platz in diesem komplexen Gefüge,

- die Frage nach den eigenen Verantwortlichkeiten und Handlungsmöglichkeiten,

- die Frage nach Wegen zum Abbau sozialer Disparitäten und direkter wie struktureller Gewaltverhältnisse in der Gesellschaft.

Wie die Relevanz für die Lebenssituation der Teilnehmer aussehen kann, hängt selbstverständlich auch vom jeweils gewählten Thema ab. Entscheidend ist, daß Relevanz als Betroffenheit für den Teilnehmer subjektiv erfahrbar wird[20] und nicht nur vom Teamer als objektiv gegeben konstatiert werden kann.

Wenn das Prinzip der Teilnehmerorientierung schon die Inhaltsauswahl entscheidend beeinflussen muß, so liegt es nahe, daß es auch bei der Methodenwahl unverzichtbar ist. Die Methodenwahl muß ausgehen von den Lernerfahrungen und -voraussetzungen, die die Teilnehmer mitbringen. Diese Voraussetzungen differieren in Seminaren der Erwachsenenbildung bisweilen beträchtlich, sowohl zwischen den einzelnen Teilnehmern eines Kurses als auch zwischen einzelnen Kursen der gleichen Zielgruppe. Diese Betrachtung bestätigt sich sogar in den Seminaren mit der relativ homogenen Zielgruppe „Bildungsurlauber"[21].

Auch wenn sich für Erwachsenenbildungsseminare keine präzise, allgemeingültige Definition einer Methodenwahl gemäß den Lernerfahrungen der Teilnehmer geben läßt, so ist für den Teamer eine Berücksichtigung der schulischen, beruflichen, familialen und sozialen Lernerfahrungen eine unverzichtbare Voraussetzung für die Entscheidung über die Einsetzung oder den Verzicht auf bestimmte Methoden, wenn eine Überforderung, aber auch eine Unterforderung der Teilnehmer vermieden werden soll.

---

[20] Und zwar nicht nur „um zu einer entsprechenden Lernanstrengung bereit zu sein" (Horst Siebert, Teilnehmerorientierung als eine didaktische Legitimationsgrundlage, in: Josef Olbrich (Hrsg.), Legitimationsprobleme in der Erwachsenenbildung, Stuttgart 1980, S. 117).

[21] Vgl. dazu Kapitel 3.1.

In diesem Zusammenhang verdienen methodische Bemühungen besondere Aufmerksamkeit, die auf die Förderung der Argumentations- und Diskussionserfahrungen und damit der Selbstverständigung der Teilnehmer zielen. Gerade die Erfahrungen aus der Arbeit mit Bildungsurlaubern verweisen auf beträchtliche Defizite in der Einübung argumentativer und dialogischer Auseinandersetzung über kontroverse Themen. In einer Gesellschaft, in der demokratische, aus der Diskussion unterschiedlicher Werthaltungen und Zielvorstellungen erwachsende Willensbildung nicht nur eine leere Worthülse sein soll, muß diese Beobachtung gezielte Aktivitäten herausfordern.

Bei der Suche nach geeigneten Methoden sollte daher auch der Ermunterung und Anleitung der Teilnehmer zu eigenständigen, kreativen Arbeitsformen Vorrang eingeräumt werden. Damit soll nicht nur der lernpsychologischen Erkenntnis Rechnung getragen werden, wonach gilt: „Je aktiver und selbständiger... (die Teilnehmer, W. B.)... bei der Aneignung von Wissen und Können vorgehen, desto besser sind die Lernfortschritte"[22]. Sondern das Ziel für die Teilnehmer besteht auch darin, eigene Fertigkeiten zu entwickeln und ungewohnte Lernerfahrungen zu machen, die geeignet sind, vorhandene Bildungs- bzw. Arbeitsmotivationen aufzugreifen und weiterzuentwickeln sowie über Erfolgserlebnisse das Vertrauen in die eigenen Fähigkeiten und damit auch das Selbstwertgefühl zu steigern.

Die Bandbreite der Möglichkeiten eigenständiger, kreativer Arbeitsformen ist sehr groß. Sie reicht von der Erstellung eines individuell oder in Gruppenarbeit angefertigten, vorstellbaren Arbeitsprodukts (z. B. einer Collage, eines Modells, einer Wandzeitung usw.) bis zur selbstregulierten Durchführung einer Arbeitsgruppensitzung oder einer spielerisch-darstellerischen Auseinandersetzung mit Seminarthemen, um nur einige Beispiele zu nennen. Die konkreten Möglichkeiten zur Entwicklung solcher Arbeitsformen hängen in der Regel nicht nur von der Themenstellung und dem organisatorischen Rahmen des Seminars ab, sondern auch von der didaktischen Phantasie des Teamers[23].

Politische Bildung vollzieht sich keineswegs nur als rein geistige Auseinandersetzung mit gesellschaftspolitischen Themen, sondern als ganzheitlicher, alle aktuellen Lebensbereiche des Menschen berührender Prozeß. Es kann weder erwartet noch gewünscht werden, daß die Teilnehmer bei Betreten der Bildungsstätte bzw. des Seminarraums „ihre Sinnlichkeit und Vitalität... abgeben, vergessen und verdrängen"[24]. Vielmehr ist davon auszugehen, daß sinnlich-vitale Bedürfnisse und das Interesse an Sozialkontakten zumindest latent vorhanden sind. Empirische Untersuchungen haben gezeigt, daß fast 90 % aller Besucher von Heimvolkshochschulen mit der Erwartung kommen, andere Teilnehmer persönlich kennenzulernen. Der

---

[22] Hans Löwe, Einführung in die Lernpsychologie des Erwachsenenalters, Köln 1976, S. 170/171.
[23] Vgl. im Rahmen dieser Arbeit Kapitel 7 u. 8.
[24] Bernhard Claußen, a. a. O. S. 139.

Realisierung dieser Bedürfnisse muß in angemessener Weise bei der Durchführung auch von historisch-politischen Erwachsenenbildungsseminaren Raum gegeben werden, ohne dabei den Seminarschwerpunkt von der politischen Bildung zur allgemeinen Lebenshilfe zu verlagern. Aber auch: „Bestimmte Formen von Zärtlichkeit im Umgang miteinander und Lustgewinn durch Erlebnisse der Freude an Inhalt und Begleitumständen des politischen Lernens sind für eine humane politische Bildung unabdingbar. Das heißt aber auch: Sinnlich-vitale Bedürfnisse müssen hinterfragbar bleiben und nicht den eigentlichen Zweck politischer Bildung überlagern."[25] Politische Bildung wird dann „moralisch anfechtbar" (Claußen) und beeinträchtigt selbst das Lernverhalten[26] der Teilnehmer, wenn ihnen nicht wenigstens die Chance eingeräumt wird, ihre sinnlich-vitalen Bedürfnisse zu befriedigen. Welche Möglichkeiten und Grenzen für diesen Prozeß im Einzelfall gegeben sind, hängt u. a. von dem Teilnehmerkreis des Seminars ab, dem organisatorischen Rahmen und Selbstverständnis der Bildungsstätte sowie der Offenheit und Sicherheit des Teamers. Der organischen Verbindung von Arbeits- und Freizeit kommt in diesem Rahmen eine zentrale Bedeutung zu[27].

Neben diesen teilnehmerbezogenen didaktischen bzw. methodischen Anforderungen an die Gestaltung von Seminaren der politischen Erwachsenenbildung müssen zumindest zwei stärker inhaltsbezogene Kriterien genannt werden. Das erste Kriterium ist der eigentlich selbstverständliche Anspruch, daß alle thematischen, inhaltlichen und methodischen Angebote einer soliden fachwissenschaftlichen Absicherung bedürfen. Während dieser Anspruch für den schulischen Bereich der politischen Bildung durch eine wissenschaftsorientierte Lehrerausbildung, Lehrpläne und Curricula weitgehend zurecht erhoben werden kann, ist er für den Bereich der Erwachsenenbildung vielfach noch bloßes Postulat. Dazu tragen so verschiedene Faktoren bei wie:

- die unterschiedliche berufliche Herkunft der Mitarbeiter in der Erwachsenenbildung,

- der u. a. aus der unzulänglichen finanziellen Ausstattung der Erwachsenenbildung in der Bundesrepublik herrührende Zwang für viele Mitarbeiter – vor allem in kleineren Bildungseinrichtungen mit wenigen Mitarbeitern – als „Spezialist für alles" zu fungieren und

- der ebenfalls aus der unzureichenden personellen Ausstattung fast aller Trägereinrichtungen der Erwachsenenbildung herrührende Zwang für das pädagogische Personal, immer mehr Seminare anbieten zu müssen, ohne aus-

---

[25] Ebd.
[26] Zur negativen Beeinflussung des Lernverhaltens durch unzureichende Berücksichtigung sozialer und sinnlich-vitaler Bedürfnisse vgl. auch: Gerd Doerry, Sozialemotionale Bedingungsfaktoren des Lernverhaltens von Erwachsenen, in: ders. u. a., Bewegliche Arbeitsformen in der Erwachsenenbildung, Braunschweig 1981, S. 9–62.
[27] Vgl. für die hier durchgeführten Seminare Kapitel 7.1.

reichende Zeit zur intensiven Seminarvorbereitung und eigenen fachbezogenen Weiterbildung zur Verfügung zu haben.

Insbesondere die „in nicht mehr vertretbarem Maße gestiegene Mehrarbeit der verbliebenen Mitarbeiter erschwert die notwendige Entwicklungsarbeit"[28] nicht nur, sondern unterminiert auch viele Versuche, dem Anspruch auf eine solide fachwissenschaftliche Absicherung der angebotenen Themen, Inhalte und Methoden umfassend gerecht zu werden. Dennoch, oder gerade darum, muß dieser Anspruch nachdrücklich erhoben und verfolgt werden.

Da das zweite Kriterium im folgenden noch ausgiebiger diskutiert werden wird[29], soll es hier nur kurz benannt werden: Die Formulierung und Begründung der affektiven und kognitiven Lernziele des jeweiligen Seminars. Damit ist nicht gemeint, daß der Seminarleiter die Teilnehmer etwa zu Beginn des Seminars mit einem differenzierten Lernzielkatalog konfrontieren soll, sondern er soll bei der Konzipierung eines Seminars klare, begründbare Lernziele auf didaktischer und fachwissenschaftlicher Ebene entwickeln, die als Grundlage der Seminarkonzeption fungieren und sich in der Seminarpraxis wiederfinden lassen. Mit der Realisierung dieser Forderung kann dem Teamer nicht nur ein Mittel zur Selbstkontrolle an die Hand gegeben werden, sondern es kann auch eine größere Transparenz für die Seminarteilnehmer erzielt werden, wenn der Teamer in der Anfangsphase des Seminars seine fachlichen und didaktischen Zielsetzungen klar begründen kann.

Alle hier genannten grundlegenden Anforderungen an Seminare der politischen Erwachsenenbildung sind nicht speziell für historisch-politische Themen entwickelt worden, sondern haben eine sehr viel allgemeinere Gültigkeit. Sie bildeten die Ausgangsbasis für die hier zur Diskussion stehenden „Weimar-Seminare".

2.2. Didaktische Vorarbeiten zur Einbeziehung historischer Inhalte in die Erwachsenenbildung

Während eine nicht mehr überschaubare Literaturfülle zu den grundlegenden didaktischen Problemen der Erwachsenenbildung existiert, gibt es, mit Ausnahme des Themas „Nationalsozialismus" und einiger Arbeiten im Curriculumprogramm der Bundeszentrale für politische Bildung[30], kaum spezielle didaktische Vorarbeiten zur Einbeziehung historischer Inhalte in die außerschulische politische Bildung. Es besteht vielmehr eine erstaunliche Diskrepanz zwischen der unbestrittenen Einsicht, daß „zur Erkenntnis der unser Dasein bestimmenden technischen, wirtschaftlichen und sozialen Trends die Kenntnis der unmittelbar auf uns zuführenden Ent-

---

[28] Kommission „Erwachsenenbildung" beim Arbeitskreis deutscher Bildungsstätten: „Politische Bildung in Gefahr!". Unveröffentlichtes Manuskript vom Oktober 1982, S. 1.
[29] Vgl. Kapitel 4.
[30] Z.B.: Widerstand und Exil der deutschen Arbeiterbewegung 1933–1945, Bonn 1981 sowie: Geschichte der deutschen Arbeiterbewegung, Bonn 1984.

wicklung, also der in der Gegenwart aufgehobenen Geschichte, besonders unter sozialen Blickpunkten, von unmittelbarer politischer Bedeutung ist"[31] und der nur mangelhaften Einbeziehung historischer, auch zeitgeschichtlicher Themen in die Bildungsangebote der Trägereinrichtungen der Erwachsenenbildung. Die einzige bisher vorliegende empirische Untersuchung des Anteils des Faches Geschichte an den Angeboten der Erwachsenenbildung kommt im Jahre 1978 zu dem Ergebnis, „daß sowohl das Fach Geschichte als auch die einzelnen Teilbereiche dieses Faches, die im Verhältnis zum Gesamtangebot nicht einmal 0,5 % erreichen, sowohl allgemein als auch bei den einzelnen Trägern — mit Ausnahme der „Geschichte der Arbeiterbewegung" bei den Gewerkschaften — nur geringe Bedeutung in der Erwachsenenbildung erlangen"[32].

An diesem Ergebnis hat sich — trotz der Nationalsozialismus-Seminare und zahlreicher lokal- und regionalgeschichtlicher Kurse in der letzten Zeit — seit 1978 grundsätzlich nicht viel verändert, was die oben vorgelegten Zahlen für das Land Niedersachsen ebenso nahelegen wie die Tatsache, daß auch in neueren Überlegungen für einen konsensfähigen „Katalog gesellschaftlich relevanter und auch in Zukunft wichtiger Lernthemen"[33] zeitgeschichtlichen bzw. historischen Themen in der Regel keine eigenständige Bedeutung beigemessen wird[34].

Im engen Wechselverhältnis mit dem nur sehr begrenzten Angebot historischer Themen steht das weitgehende Fehlen ihrer didaktischen Aufbereitung für die außerschulische politische Bildung. Eine Ausnahme bilden hier allenfalls das Thema „Nationalsozialismus"[35] und die erwähnten Arbeiten zur Geschichte der Arbeiterbewegung aus dem Curriculumprogramm der Bundeszentrale für politische Bildung.

Läßt man diese Themengebiete einmal außer acht, so finden sich kaum didaktische Modelle oder Ansätze, in denen für die Erfordernisse außerschulischer politischer Bildung eine systematisierte Aufbereitung historischer Fragestellungen bzw. geschichtswissenschaftlicher Arbeitsergebnisse geleistet wird. Weder die Geschichtsdidaktik noch die Didaktik der Erwachsenenbildung sind bisher wesentlich über Absichtsbekundungen und Bekräftigungen der Erkenntnis hinausgelangt, daß sowohl „unter dem Gesichtspunkt des sich Zurechtfindens in der Gesell-

---

[31] So z. B. schon Werner Conze, Die Bedeutung der Sozialgeschichte für die politische Bildung, in: Historischer Unterricht im Lernfeld Politik, Hrsg. v. d. Bundeszentrale für politische Bildung, Bonn 1973, S. 25.
[32] Horst Schmidt, Das Fach Geschichte in der Erwachsenenbildung. Eine Bestandsaufnahme. Regensburg 1978, unveröffentl. Magisterarbeit, S. 167.
[33] Horst Siebert, Lernen und Lernanforderungen in der Erwachsenenbildung, in: Volker Otto/Wolfgang Schulenberg/Klaus Senzky (Hrsg.), Realismus und Reflexion. Beiträge zur Erwachsenenbildung, München 1982, S. 116.
[34] Vgl. etwa den Themenkatalog von Horst Siebert, a. a. O., S. 117.
[35] Vgl. z. B.: Der Nationalsozialismus als didaktisches Problem. Hrsgg. v. d. Bundeszentrale für politische Bildung. Bonn 1980 sowie: Peter Meyers/Dieter Riesenberger (Hrsg.), Der Nationalsozialismus in der historisch-politischen Bildung, Göttingen 1979.

schaft"[36] als auch für die Überwindung der „Inkongruenz von personaler und historischer Identität"[37] historisch-politische Bildung auch für Erwachsene unverzichtbar ist. So konnten bislang auch keine spezifischen Methoden für historisch-politisches Lernen in der Erwachsenenbildung entwickelt werden.

Allerdings haben beide Wissenschaftsdisziplinen für andere Verwendungszusammenhänge Ansätze entwickelt, die mit Gewinn für die Konzipierung von historisch-politischen Seminarthemen nutzbar gemacht werden können. So gelten, wie oben ausgeführt wurde, die allgemeinen Anforderungen einer teilnehmerorientierten Erwachsenenbildung unbedingt auch für historisch-politische Seminare. Darüberhinaus hat die Geschichtsdidaktik etwa mit ihrem Hinweis auf die Eignung lebensgeschichtlicher Untersuchungsansätze, wie sie sich z. B. in Seminaren mit dem Thema „Erlebte Geschichte" wiederfinden, oder mit ihren Untersuchungen zur Gestaltung des Geschichtsunterrichts an Schulen wichtige Erkenntnisse gewonnen, die auch für die Konzipierung von Erwachsenenbildungsseminaren berücksichtigt werden sollten.

2.2.1. Skizzierung vorhandener Ansätze und Konzeptionen in der Geschichtsdidaktik

Bei der Konzipierung von historisch-politischen Seminaren bildet die Verbindung von geschichtswissenschaftlichen Kenntnissen mit den Anforderungen einer teilnehmerorientierten Pädagogik eine zentrale Aufgabe. Auf der Suche nach Wegen zur gleichermaßen teilnehmergerechten wie fachwissenschaftlich abgesicherten Vermittlung historisch-politischer Themen können die Ergebnisse geschichtsdidaktischer Arbeiten wertvolle Hilfen geben, auch wenn „es dieser jungen Wissenschaftsdisziplin noch an Systematik und klarer Innenstruktur mangelt"[38]. Ihrem Selbstverständnis nach integriert die Geschichtsdidaktik „Ergebnisse der Geschichtsforschung und der Geschichtstheorie und setzt diese in Beziehung zu pädagogischen Zielen und erziehungswissenschaftlichen Forschungsergebnissen, Bedürfnissen der Adressatengruppe und politisch gesellschaftlichen Optionen"[39]. Sie konzentriert sich dabei auf die Didaktik des Schulfachs Geschichte und entwickelt sich in enger Wechselbeziehung sowohl mit der Geschichtswissenschaft und Geschichtstheorie als auch mit der Psychologie, insbesondere der Lernpsychologie.

---

[36] Bernd Faulenbach, Historisch-politische Bildung in der Erwachsenenbildung, in: Handbuch der Geschichtsdidaktik, hrsgg. v. Klaus Bergmann/Annette Kuhn/Jörn Rüsen/Gerhard Schneider, u. a., Bd. 2, Düsseldorf 1980, S. 136.
[37] Ursula A. J. Becher, Personale und historische Identität, in: Klaus Bergmann/Jörn Rüsen (Hrsg.), Geschichtsdidaktik: Theorie für die Praxis, Düsseldorf 1978, S. 58.
[38] Siegfried Quandt/Gudrun Eckerle, Das System der Geschichtsdidaktik und der Zusammenhang von historischem und politischem Lernen, in: Neue Politische Literatur, XXV. Jg., 1980, Nr. 3, S. 405.
[39] Hans Süssmuth, Geschichtsdidaktik. Eine Einführung in Aufgaben und Arbeitsfelder, Göttingen 1980, S. 16.

Auf der Grundlage der weitgehend unbestrittenen Einschätzung, daß eine bildungstheoretische Didaktik, die ihre Hauptaufgabe darin sieht, „Unterrichtsinhalte auszuwählen, zu strukturieren und für das Verständnis bestimmter Altersstufen zuzubereiten"[40] und deren Auswahlkriterium ein allgemeiner Bildungsgehalt ist, heute nicht länger kritiklos vertreten werden kann, haben sich eine Fülle von unterschiedlichen Neuansätzen herausgebildet[41].

Die lerntheoretisch begründete Hauptkritik, die auch für Seminare der Erwachsenenbildung Gültigkeit beanspruchen kann, richtet sich gegen die tradierte Position, die von der Vorstellung ausgeht, „daß Lernen und Lehren im Unterricht hinreichend mit der Auswahl und Strukturierung von vorgegebenen Inhalten definiert sei. Die lerntheoretische Didaktik schlägt stattdessen ein didaktisches Modell vor, das sich nicht in erster Linie an der Inhaltlichkeit von Unterricht, sondern am *Unterrichtsprozeß* orientiert"[42].

Vor dem Hintergrund dieser lerntheoretischen Kritik an der Bildungstheorie lassen sich vor allem drei Strömungen in der neueren Geschichtsdidaktik unterscheiden[43]:

– eine pragmatisch-eklektische Didaktik,

– eine fachwissenschaftlich orientierte Didaktik und

– eine kommunikative Didaktik.

Die pragmatisch-eklektische Didaktik versucht, „alle Fragestellungen, die das Fach betreffen, und zwar nicht nur das Schulfach und die in ihm stattfindenden Lehr- und Lernprozesse, sondern auch seine wissenschaftstheoretischen und fachwissenschaftlichen Grundlagen, seine Funktion im Erziehungs- und Ausbildungswesen, seine Bedeutung für das Leben des einzelnen sowie seine soziokulturellen Voraussetzungen und Auswirkungen"[44] zusammenzufassen, ohne eine deutlich akzentuierte und ausgewiesene Rangfolge bei der Gewichtung der verschiedenen Problemebenen und -aspekte vorzunehmen. Demgegenüber setzt die maßgeblich von Karl-Ernst Jeismann entwickelte fachwissenschaftlich orientierte Didaktik den Akzent nachdrücklich auf den Anspruch, „die Fachdidaktik des Geschichtsunterrichts von ihrem Gegenstand her zu begründen"[45]. Ausgehend von der zentralen Kategorie

---

[40] Rolf Schörken, Lerntheoretische Fragen an die Didaktik des Geschichtsunterrichts, in: Hans Süssmuth (Hrsg.), Geschichtsunterricht ohne Zukunft? Stuttgart 1972, S. 74.

[41] Hans Süssmuth nennt zehn „konkurrierende geschichtsdidaktische Zugriffe". Vgl. ders., Geschichtsdidaktische Alternativen, in: Günter C. Behrmann/Karl-Ernst Jeismann/Hans Süssmuth, Geschichte und Politik. Didaktische Grundlegungen eines kooperativen Unterrichts, Paderborn 1978, S. 23–49, bes. S. 23–39.

[42] Schörken, a. a. O., S. 74.

[43] Nach Annette Kuhn, Traditionelle und gegenwärtige fachdidaktische Konzeptionen, in: dies./Valentine Rothe: Geschichtsdidaktisches Grundwissen, München 1980, S. 48 ff.

[44] Jaochim Rohlfes, Umrisse einer Didaktik der Geschichte, Göttingen 1976, S. 24.

[45] Karl-Ernst Jeismann, Didaktik der Geschichte: Das spezifische Bedingungsfeld des Geschichtsunterrichts, in: Behrmann/Jeismann/Süssmuth, a. a. O., S. 50.

„Geschichtsbewußtsein" versteht der fachwissenschaftlich orientierte Ansatz Geschichtsdidaktik „nicht als Sonderfall einer allgemeinen Didaktik..., sondern beansprucht für sie den Rang eines originären Erziehungssystems"[46].

Dabei besteht die Gefahr, daß wesentliche Verknüpfungen historisch-politischer Lernprozesse ausgeblendet oder nur unzulänglich berücksichtigt werden, wie etwa erziehungswissenschaftliche, soziologische oder gesellschaftstheoretische Determinanten sowohl des Lern- als auch des Vermittlungsprozesses[47].

Dennoch hat der fachwissenschaftlich orientierte Ansatz vor allem durch seinen akzentuierten Verweis auf den für Geschichtsbewußtsein konstitutiven „Zusammenhang von Vergangenheitsdeutung, Gegenwartsverständnis und Zukunftsperspektive" (Jeismann) die geschichtsdidaktische Diskussion näher an eine teilnehmerorientierte Konzeption von Geschichtsdidaktik herangeführt, als es der stärker sammelnde als gewichtende pragmatisch-eklektische Ansatz konnte.

Die größte Annäherung an das für die Erwachsenenbildung besonders wichtige Postulat der Teilnehmerorientierung bietet die kommunikative Didaktik, in der historisch-politisches Lernen als pädagogischer Kommunikationsprozeß verstanden wird. „Der bildende Sinn liegt dabei nicht in den Inhalten, sondern stellt sich an ihnen dar. Unterrichtsinhalte können nicht behandelt, übermittelt, in andere Köpfe transportiert werden, sondern sie werden verhandelt. Die Qualität dieses Bildungsprozesses liegt im ‚kommunikativen Durchsprechen'. Auf diese Weise fungieren Inhalte nicht als Stimuli für in sie hineingelegte Deutungsmuster, sondern sie provozieren zum Nachdenken und Durchdenken und führen damit zum Überdenken der eigenen Situation"[48]. Historisches Lernen wird dabei als ein spezifischer, „auf Verständigung hin angelegter Verstehensprozeß" (Annette Kuhn) gesehen. Geschichtsdidaktik ist hier „eine praxisorientierte Fachdidaktik, die es mit den drei didaktischen Lerndeterminanten, dem Schüler, dem Lerngegenstand und der Gesellschaft zu tun hat, Lerndeterminanten, die im Verständnis einer kritischen Geschichtsdidaktik erst in ihrer Interdependenz und Wechselbezogenheit die spezifische Praxis des historischen Lernens und des Geschichtsunterrichts konstituieren"[49]. Bei der Unterrichtskonzipierung müssen alle drei Lerndeterminanten gleichgewichtig und gleichrangig berücksichtigt werden.

---

[46] Karl-Ernst Jeismann, „Geschichtsbewußtsein". Überlegungen zur zentralen Kategorie eines neuen Ansatzes der Geschichtsdidaktik, in: Hans Süssmuth (Hrsg.), Geschichtsdidaktische Positionen. Bestandsaufnahme und Neuorientierung, Paderborn 1980, S. 183/184.
[47] Bei dieser Kritik ist allerdings zu bedenken, daß die Entwicklung des fachwissenschaftlich-orientierten Ansatzes, insbesondere die Operationalisierung für die Unterrichtspraxis noch in den Anfängen steht.
[48] Klaus Bergmann/Hans-Jürgen Pandel, Geschichte und Zukunft, Frankfurt/M. 1975, S. 60/61.
[49] Annette Kuhn, Geschichtsdidaktik in emanzipatorischer Absicht, in: Hans Süssmuth (Hrsg.), Geschichtsdidaktische Positionen, a. a. O., S. 66.

Dieser didaktische Ansatz überschreitet die Grenzen der Fachwissenschaft „Geschichte" zugunsten einer sozialwissenschaftlichen Grundlegung der Geschichtsdidaktik. Ausgehend von einem Verständnis von Geschichte als politischer Wissenschaft, deren Aufgabe es ist, „zur ‚Verflüssigung' der Gegenwartsstrukturen und damit zu ihrer rationalen Durchschaubarkeit und Beeinflußbarkeit"[50] beizutragen und dabei nicht im Heute stehenzubleiben, sondern an eine menschenwürdige Zukunft zu denken, richtet die „kritische Geschichtsdidaktik" (Annette Kuhn) ihr Hauptaugenmerk auf die teilnehmerorientierte Organisation und inhaltliche Gestaltung des als eine „offene Verhandlungssituation"[51] gesehenen Vermittlungs- und Lernprozesses. Das Ziel dieser Prozesse wird dabei durchaus unterschiedlich artikuliert. Gemeinsam ist den Vertretern der kommunikativen Didaktik die Zielsetzung, nicht primär historisches Fachwissen zu vermitteln, sondern „die Lernenden zur kritischen Auseinandersetzung mit ihrer Gegenwart und zu diszipliniert gedachten Zukunftsentwürfen"[52] zu befähigen. Die Lernenden mit ihren Voraussetzungen und Interessen stehen also im Zentrum dieser Bemühungen.

Daher bietet dieser Ansatz die besten Anknüpfungspunkte für eine – nach den in Kapitel 2.1. benannten Kriterien konzipierte – teilnehmerorientierte Erwachsenenbildung. In den hier zu beschreibenden Weimar-Seminaren wurde versucht, wesentliche Ergebnisse dieses Ansatzes aufzugreifen und sie mit den Erfordernissen der Vermittlung fachwissenschaftlicher Lernziele zu verknüpfen. Daß auch diese geschichtsdidaktische Richtung noch in ihren Anfängen steht, muß ebenso festgehalten werden, wie die Tatsache, daß gerade von ihren Vertretern die bisher nachdrücklichsten Bemühungen zur Operationalisierung ihres Ansatzes für die Unterrichtspraxis ausgehen[53].

Wie bereits angemerkt wurde, sind alle dargestellten geschichtsdidaktischen Überlegungen im Hinblick auf den Schulgebrauch entwickelt worden. Auch wenn von Geschichtsdidaktikern bisweilen gefordert wird, der Blickpunkt der Geschichtsdidaktik „müßte gesellschaftsweit auf andere faktische und mögliche geschichtsdidaktische Zielgruppen ausgedehnt werden"[54], so fehlen doch bis heute spezifische Ana-

---

[50] Jürgen Bergmann/Klaus Megerle/Peter Steinbach, Einleitung, Aspekte politologisch orientierter Geschichtswissenschaft, in: dies. (Hrsg.), Geschichte als politische Wissenschaft, Stuttgart 1979, S. 15.
[51] Annette Kuhn, Geschichtsdidaktik..., a.a.O., S. 62. Dieser Ausdruck ist allerdings mißverständlich, da er u. U. zu einer Unterbewertung der vorgegebenen, im Lernprozeß selbst nicht veränderbaren Determinanten des Lernprozesses verleiten kann.
[52] Klaus Bergmann, Geschichte in der didaktischen Reflexion, in: Handbuch der Geschichtsdidaktik, Bd. 1, a.a.O., S. 173.
[53] Vgl. die Arbeiten in der Reihe „Geschichte im Unterricht". Annette Kuhn, Die französische Revolution, München 1975; Horst Pehl, Der Westfälische Frieden, München 1975; Karl A. Otto, Die Revolution in Deutschland 1918/19. München 1979 u. a.
[54] Siegfried Quandt/Gudrun Eckerle, a.a.O., S. 389.

lysen zu den geschichtsdidaktischen Problemen der Erwachsenenbildung[55]. Aber auch wenn bislang kein umfassender Beitrag der Geschichtsdidaktik zur spezifischen Suche nach Möglichkeiten und Wegen historisch-politischen Lernens in der Erwachsenenbildung vorliegt, lassen sich für eine teilnehmerorientierte Erwachsenenbildung grundlegende, konzeptionelle Hilfen aus der Geschichtsdidaktik entnehmen. Insbesondere die kommunikative Didaktik bietet nicht nur wertvolle Denkanstöße, sondern untermauert und konkretisiert auf ihrem Gebiet wesentliche Anforderungen teilnehmerbezogener außerschulischer politischer Bildung. Vor allem die Lösung aus engen bildungstheoretischen Denkmustern und der Verzicht auf bornierte fachwissenschaftliche Hegemonieansprüche ermöglichen sowohl eine differenzierte, gleichgewichtige Aufarbeitung aller wichtigen Lerndeterminanten in ihrer Wechselwirkung als auch eine Kompatibilität mit grundlegenden didaktischen Erfordernissen der Erwachsenenbildung, wie sie in Kapitel 2.1. benannt wurden.

Daraus ergab sich für die durchgeführten Weimar-Seminare die Möglichkeit, im Rahmen der Seminarkonzipierung sowohl bei der Festlegung von Lernzielen als auch bei der Themenauswahl geschichtsdidaktische Erkenntnisse aufzunehmen, die der kommunikativen Didaktik entstammen. Mit ihrer Hilfe kann – im Gegensatz zur überkommenen Form des Geschichtsunterrichts – ein historisch-politischer Lernprozeß angestrebt werden, der auf verschiedenen analytischen Ebenen „den Prozeßcharakter historischer Phänomene"[56] verdeutlicht und der „Geschichte untersucht, um Zukunft zu entdecken"[57].

Wie fruchtbringend eine enge Wechselbeziehung mit der Geschichtsdidaktik für die Erwachsenenbildung sein kann, haben die in jüngster Zeit verstärkten Bemühungen zur Nutzbarmachung zweier von der Geschichtsdidaktik in engem Bezug zur Geschichtswissenschaft weiterentwickelten Vermittlungsansätze gezeigt, mit denen zum einen über das systematische Abrufen historischer Erinnerungen und Erfahrungen und zum anderen über die Konzentration auf die historische Entwicklung und Dimensionierung des Alltagslebens als Gegenstand historisch-politischer Lernprozesse ausbaufähige Wege für teilnehmerorientierte Vermittlungsformen beschritten worden sind.

2.2.2. Historische Themen und die Didaktik der Erwachsenenbildung

Noch erstaunlicher als die Tatsache, daß die Geschichtsdidaktik sich bisher kaum den spezifischen Bedürfnissen der außerschulischen politischen Bildung zugewandt

---

[55] Auch der Sammelband von Ulrich Kröll (Hrsg.), Historisches Lernen in der Erwachsenenbildung. Münster 1984 sowie das Themenheft der Hessischen Blätter für Volksbildung 1/1983 (Geschichte als Gegenstand der Erwachsenenbildung) verändern diese Situation nicht entscheidend.
[56] Karin Priester, Thesen zum historisch-politischen Unterricht, in: Demokratische Erziehung, 4. Jg., 1978, H. 5, S. 538.
[57] Klaus Bergmann, Geschichtsdidaktik..., a. a. O., S. 44.

hat, muß die Feststellung wirken, daß es auch von seiten der Erwachsenenbildung keine systematischen Arbeiten zur Einbeziehung historischer Themen in die Erwachsenenbildung gibt. Zwar existieren Fallstudien, wie etwa die Arbeiten von Fromm[58] und Gierke[59], aber es fehlt bislang an grundlegenden, theoretischen Arbeiten, in denen Möglichkeiten, Wege und Grenzen historisch-politischen Lernens in der Erwachsenenbildung in systematisierter Form aufgezeigt werden[60].

Erstaunlich ist diese Situation vor allem darum, weil von niemandem ernsthaft der wichtige Beitrag historischer Themen zur Realisierung der Zielsetzung gesellschaftspolitischer Erwachsenenbildung in Abrede gestellt wird, Individuen und soziale Gruppen zu befähigen, „sich in der komplexer gewordenen Gesellschaft zu orientieren, so, daß sie ihre Identität zu bewahren vermögen und auch an der Auftragserteilung im politischen Rahmen verantwortungsbewußt beteiligt und nicht zum Opfer fremdbestimmten Zwanges werden"[61]. Vielmehr gilt auch für die außerschulische politische Bildung die Feststellung, daß historisch-politische Bildung wichtiger denn je ist, in „einer Gegenwart, die dazu neigt, sich dem inhumanen Selbstlauf der Sachen und Waren zu ergeben und sich in diesem Selbstlauf der Frage des schieren Überlebens gegenübersieht"[62]. Diese aktuelle Bedeutung ergibt sich gerade aus der Möglichkeit, mit Hilfe historischer Themen auch in der Erwachsenenbildung die Erinnerung an alternative Lebensmöglichkeiten aus der eigenen Geschichte wachzuhalten und für die Entwicklung realisierbarer gesellschaftlicher Problemlösungen und Zukunftsentwürfe zu nutzen.

---

[58] Geschichtsunterricht an Land-Volkshochschulen. Osnabrück o. J. (1962).

[59] Willi Gierke, Zur lokalgeschichtlichen Aufarbeitung des Themas „Faschismus" im Bildungsurlaub, in: Geschichtsdidaktik, Nr. 4, 1981, S. 383–390 sowie einige andere Studien, insbesondere zur Auseinandersetzung mit dem Nationalsozialismus. Insofern ist die Behauptung, daß „die didaktische Diskussion für das Fach Geschichte... im Bereich der Erwachsenenbildung überhaupt noch nicht begonnen wurde" (Helmuth Kappes, Geschichte und Erwachsenenbildung, a.a.O., S. 19) sicherlich überspitzt. Vgl. z. B. die Literaturliste „Zeitgeschichte in der Erwachsenenbildung" bei: Horst Schmidt, Das Fach Geschichte in der Erwachsenenbildung, a.a.O., S. 196–199.

[60] Die Arbeit von Ernst Weymar zum Thema bildet zwar einen Versuch in dieser Richtung, bleibt aber in einer sehr allgemeinen Beschreibung geschichtswissenschaftlicher Grundlagen und möglicher Themen stehen. Vgl.: Ernst Weymar, Geschichte und politische Bildung. Hrsgg. v. d. Niedersächsischen Landeszentrale für politische Bildung, Hannover 1967. Die Fallstudie von Kurt Fina kann ebenfalls nur als erster Versuch zur Auseinandersetzung mit dem Thema verstanden werden: Kurt Fina: Modell: Geschichte in der Erwachsenenbildung, in: Volkshochschule im Westen, 1981, Nr. 1, S. 29–32. Auch das Curriculumprogramm der Bundeszentrale für politische Bildung kann aufgrund seines exemplarischen Ansatzes hier keine grundsätzliche Abhilfe schaffen. Allerdings sind aus der Summe der dort vorgelegten historischen Arbeiten mit unterschiedlichen Ansätzen doch wichtige Erkenntnisse für eine systematische Aufarbeitung dieses Problems zu erwarten.

[61] Willy Strzelewicz, Erwachsenenbildung und Demokratie, in: Volker Otto/Wolfgang Schulenberg/Klaus Senzky (Hrsg.), Realismus und Reflexion, a.a.O., S. 20.

[62] Klaus Bergmann, Geschichtsdidaktik..., a.a.O., S. 44.

Eine so verstandene Beschreibung der Relevanz historisch-politischen Lernens in der Erwachsenenbildung ist keineswegs so selbstverständlich, wie erwartet werden könnte. Die Notwendigkeit eines differenzierten historischen Bewußtseins eröffnet sich nur dann, „wenn man die grundlegenden normativen Prinzipien des demokratischen Staates und der demokratischen Gesellschaft... nicht als solche versteht, die ein für alle Mal realisiert seien, sondern als solche, deren Sinn angesichts sich wandelnder Realitäten und Handlungszwänge immer neu gefunden werden muß"[63].

Die Kenntnis dieser Ausgangssituation ermöglicht nicht nur eine realistische Zielsetzung bei der Themenauswahl für die historisch-politische Bildung, sondern erklärt auch zu einem guten Teil die Tendenz bei manchen bildungspolitischen Entscheidungsträgern, historisch-politische Bildung als − etwa gegenüber berufsbezogener Aus- und Weiterbildung − Problem von nachgeordneter Dringlichkeit zu betrachten, wie dies häufig in den Versuchen, z. B. allgemeine Weiterbildung und berufliche Weiterbildung gegeneinander auszuspielen, deutlich wird[64].

Das Fehlen eines systematischen Ansatzes für die Entwicklung historisch-politischer Lernprozesse in der Erwachsenenbildung schließt auch das fast vollständige Fehlen spezifischer Methoden für die Vermittlung historischer Themen ein. Auch bei der Planung der hier darzustellenden Weimar-Seminare waren die Teamer zurückverwiesen auf die herkömmlichen Methoden einer teilnehmer- bzw. adressatenorientierten Didaktik der Erwachsenenbildung. Zu ihnen zählen alle Methoden, die geeignet sind, ausgehend von den Lernvoraussetzungen und -interessen der Teilnehmer, einen fachwissenschaftlich abgesicherten historisch-politischen Lernprozeß im Hinblick auf einen konkreten Verwendungszusammenhang zu ermöglichen. Das Spektrum dieser Methoden ist sehr breit und reicht von unterschiedlichen Gesprächsformen über den Wechsel von Gruppen- und Plenumsarbeit, den Einsatz audio-visueller Medien, der Text- und Quellenarbeit bis zu den zahlreichen Varianten „beweglicher Arbeitsformen" (Gerd Doerry).

Die Grenzen für den Einsatz von Methoden ergeben sich im wesentlichen aus den Voraussetzungen, die die Teilnehmer mitbringen, den organisatorischen Rahmenbedingungen des jeweiligen Seminars und der Bildungsstätte sowie der didaktischen Phantasie der Teamer; weniger aus dem thematischen Gegenstand des historisch-politischen Lernprozesses. Diese letzte Bemerkung bedarf einer Einschränkung:

---

[63] Hermann Giesecke, Skizzen zu einer politisch begründeten historischen Didaktik, in: Rolf Schörken (Hrsg.), Zur Zusammenarbeit von Geschichts- und Politikunterricht, Stuttgart 1978, S. 156/157.

[64] So z. B. auch in der Diskussion um die Neufassung bzw. Einführung von Bildungsurlaubsgesetzen. Vgl. zu dieser Diskussion grundlegend: Dieter Hölscher, Bildungsurlaub − eine Aufgabe der Weiterbildung, in: Lothar Beinke/Lothar Arabin/Johannes Weinberg (Hrsg.), Zukunftsaufgabe Weiterbildung, Bonn 1980, S. 304−310 sowie Dieter Görs, Zur politischen Kontroverse um den Bildungsurlaub, Köln 1978.

Anders als für den Geschichtsunterricht propagiert wird[65], ist gegenüber dem Einsatz von Rollen- und Planspielen in historisch-politischen Lernprozessen der Erwachsenenbildung dann erhebliche Skepsis angebracht, wenn diese historische Situationen oder Alternativen wertend nachspielen sollen. In Verbindung mit den in der Regel nur geringen historischen Vorkenntnissen der Teilnehmer machen die zeitlichen Dispositionsspielräume in der Erwachsenenbildung auch nur eine vertretbare Annäherung an die Komplexität historischer Entscheidungssituationen und Interessenkonstellationen im Spiel faktisch unmöglich. Diese Rollen- und Planspiele sind infolgedessen – durch die Entwicklung falscher historischer Realität – dort äußerst problematisch, wo sie vergangene Entscheidungszwänge bzw. Handlungsalternativen bewertbar machen sollen. Um der Gefahr einer solchen Interpretation seitens der Teilnehmer zu entgehen, wurde in den Weimar-Seminaren auf den Einsatz dieser Vermittlungsform verzichtet.

Die grundsätzliche, themenunspezifische Leistungsfähigkeit von Plan- und Rollenspielen, „komplexe Systeme und komplizierte Prozesse, bei denen es auf menschliche Entscheidung und Handlung ankommt, durchschaubar zu machen, Folgen von Entscheidungen zu prüfen, Lösungen zu finden und Handlungsalternativen herauszuarbeiten"[66], kann aber möglicherweise – bei einem ausdrücklichen Verzicht auf einen Anspruch auf historische Realitätsnähe – auch in historisch-politischen Lernprozessen der Erwachsenenbildung genutzt werden. Die Gefahr von Mißverständnissen ist aber groß. Selbstverständlich können darüberhinaus fast alle Formen und Medien historisch-politischen Lernens, die sich im Schulgebrauch bewährt haben und den Kriterien der Teilnehmer- bzw. Adressatenorientierung entsprechen, auch in der Erwachsenenbildung eingesetzt werden.

Die jeweils gewählten Methoden sollten aber eingebunden sein in einen organischen Zusammenhang mit teilnehmerorientierten Lernzielen und -inhalten. Mit dieser Forderung sind grundlegende Bestandteile einer curricularen Didaktik benannt, wie sie – erweitert um die Forderung nach Lernkontrollen – für die Schulpädagogik entwickelt worden sind. Als Curriculum kann ein durchgeplanter Lernprozeß verstanden werden, in dem die Lerninhalte, -methoden und -situationen bezogen auf ausgewiesene Lernziele entwickelt werden. In dieser allgemeinen Definition kann Horst Siebert zugestimmt werden, wenn er fordert, „die Erwachsenenbildung benötigt theoretische Konzepte und Strategien der Curriculumentwicklung[67].

---

[65] Vgl. etwa Lotte Herkommer/Manfred Lissek, Das Rollenspiel im Geschichtsunterricht, in: Hans Süssmuth (Hrsg.), Historisch-politischer Unterricht. Planung und Organisation, Stuttgart 1973, S. 194–209.
[66] Hans Leo Reimann, Simulierte Realität. Zu den Möglichkeiten und Grenzen der Anwendung des Planspiels in der Erwachsenenbildung, in: Erwachsenenbildung, Nr. 2, 1971, S. 53.
[67] Horst Siebert, Curricula für die Erwachsenenbildung, Braunschweig 1974, S. 214.

Aber dieser, aus der Forderung nach Rationalisierung und Effizienzsteigerung im Bildungssystem erwachsene pädagogische Ansatz kann aufgrund der von der Schulpraxis verschiedenen lerntheoretischen, organisatorischen und institutionellen Rahmenbedingungen nicht einfach auf die Erwachsenenbildung übertragen werden, sondern bedarf der Modifikation. Wie u. a. das Curriculumprogramm der Bundeszentrale für politische Bildung zeigt[68], muß der Begriff „Curriculum" für die Erwachsenenbildung eine andere inhaltliche Akzentuierung bekommen. Die Transparenz der pädagogischen und didaktischen Entscheidungen sowie die Zusammenstellung von Lehr- und Lernmaterialien steht dabei im Mittelpunkt. Andere Elemente der traditionellen Curriculum-Theorie können nur schwer aufgenommen werden. Insbesondere die Forderung nach einer Messung des Lehr- und Lernerfolgs mit Hilfe objektivierter Verfahren stößt in einer nicht primär auf kognitive Lernprozesse abzielenden Erwachsenenbildung nicht nur an organisatorische Grenzen, sondern auch auf schwerwiegende pädagogische sowie bildungspolitische Einwände, die sich mit Schlagworten wie „Verschulung", „Prüfungsangst", „Leistungsdruck" umreißen lassen.

Unter Verzicht auf ein ausdifferenziertes Curriculum-Modell soll allerdings der Anspruch einer unauflösbaren Verknüpfung von Teilnehmervoraussetzungen und -erwartungen, Inhalts- und Methodenwahl sowie ausgewiesenen Lernzielen auch für historisch-politische Lernprozesse in der Erwachsenenbildung unverzichtbar sein. Diese Verknüpfung soll in den Lehr- und Lernmaterialien sichtbar werden. In Anbetracht der gesellschafts- und bildungspolitischen, organisatorischen und institutionellen Pluralität der Erwachsenenbildung in der Bundesrepublik ist ein weitergehender Anspruch für die Erwachsenenbildung im Gegensatz zum Schulbreich[69] wohl kaum realisierbar.

Grundlegende und weiterführende Literatur zu den in Kapitel 2 entwickelten Fragen:

Handbuch der Geschichtsdidaktik. Hrsgg. von Klaus Bergmann u. a., 2 Bde. Düsseldorf 1980 (2. Aufl.)

Stefan Bajohr: „Oral History" — Forschung zum Arbeiteralltag, in: Das Argument, Nr. 123, 1980, S. 667–676

---

[68] Vgl. Will Cremer, Curricula in der Erwachsenenbildung, in: Lothar Beinke/Lothar Arabin/Johannes Weinberg (Hrsg.), Zukunftsaufgabe Weiterbildung, a. a. O., S. 379–395.

[69] Nicht nur aufgrund des Kulturföderalismus steht die Curriculumentwicklung aber auch im Schulbereich vor großen Problemen. Vgl. exemplarisch: Rolf Schörken, Der lange Weg zum Geschichtscurriculum. Curriculumverfahren unter der Lupe, in: Geschichtsdidaktik, Nr. 3, 1977, S. 254–270 und Nr. 4, 1977, S. 335–353.

Gerhard Binder: Zeitgeschichte als Faktor der politischen Bildung, in: Peter Gutjahr-Löser/ Klaus Hornung (Hrsg.): Politisch-Pädagogisches Handwörterbuch. München 1980, S. 341–34

Gerhart Breloer: Aspekte einer teilnehmerorientierten Didaktik der Erwachsenenbildung, in: ders./Heinrich Dauber/Hans Tietgens: Teilnehmerorientierung und Selbststeuerung in der Erwachsenenbildung. Braunschweig 1980, S. 8–112

W. H. Burston: Ort und Aufgabe der Geschichte in der Erziehung, in: Karl Pellens (Hrsg.): Didaktik der Geschichte. Darmstadt 1978, S. 30–50

Will Cremer: Warum auch noch Curricula?, in: Materialien zur Politischen Bildung, Nr. 4, 1975, S. 35–43

Werner Faber/Gerhard E. Ortner: Erwachsenenbildung im Adressatenurteil. Hannover und Paderborn 1979

Herbert Gerl: Analyse von Lernsituationen in der Erwachsenenbildung, in: Horst Siebert/ Herbert Gerl: Lehr- und Lernverhalten bei Erwachsenen. Braunschweig 1975, S. 125–178

Michael Krull: Motivation in der Weiterbildung, in: Wörterbuch der Weiterbildung, Hrsgg. v. Gerwin Dahm u. a., München 1980, S. 240–243

Detlef Kuhlenkamp: Bildungsurlaub als Impuls der Weiterbildung, in: ders. u. a.: Didaktische Modelle für den Bildungsurlaub. Bonn/Frankfurt/M. 1975, S. 13–36

Annette Kuhn: Vom Umgang mit Geschichte im Alltag, in: Demokratische Erziehung, 7. Jg., 1981, H. 5, S. 312–317

Dies.: Psychologische Grundlagen des Geschichtsunterrichts, in: dies./Valentine Rothe: Geschichtsdidaktisches Grundwissen. Ein Arbeits- und Studienbuch. München 1980, S. 58–91

Werner Lenz: Grundlagen der Erwachsenenbildung. Stuttgart 1979.

Antoine Léon: Psychologie der Erwachsenenbildung. Stuttgart 1977

Wilhelm Mader: Teilnehmerorientierung, in: Wörterbuch der Weiterbildung, a. a. O., S. 310–313

Ludwig Markert: Taschenbuch der Erwachsenenbildung. Aspekte erwachsenenbildnerischer Praxis und Theorie. Bamberg 1980

Christine Möller: Die curriculare Didaktik oder: Der lernzielorientierte Ansatz, in: Westermanns Pädagogische Beiträge, Nr. 4, 1980, S. 164–168

Lutz Niethammer (Hrsg.): Lebenserfahrung und kollektives Gedächtnis. Die Praxis der „Oral History". Frankfurt/M. 1980

Hans-Jürgen Pandel: Medien für historisches Lernen, in: Lehrmittel aktuell, 6. Jg., 1980, H. 3, S. 23–27

Ernst Prokop: Erwachsene – die immer wieder schwierige Zielgruppe, in: Materialien zur politischen Bildung, Nr. 4, 1980, S. 108–113

Wolfgang Reeder: Curricula als Instrumente politischer Bildung, in: Demokratie und Recht. Hrsgg. v. d. Akademie für Politik und Zeitgeschehen der Hanns-Seidel-Stiftung. Bonn 1982, S. 34–45

Henning Schierholz: Curriculare Begründungsprobleme in der politischen Weiterbildung. in: Lothar Beinke/Lothar Arabin/Johannes Weinberg: Zukunftsaufgabe Weiterbildung, a. a. O., S. 365–378

Horst Siebert: Lernchancen in der Heimvolkshochschule, in: Reden ist Leben. Beiträge und Veröffentlichungen zur Gesellschaftspolitik und Erwachsenenbildung. Lüneburg 1975, S. 49–61

Ders.: Die Relevanz der Curriculumforschung für die Erwachsenenbildung, in: Joachim H. Knoll (Hrsg.): Internationales Jahrbuch der Erwachsenenbildung 1975, Düsseldorf 1975, S. 49–61

Eberhardt Schwalm (Hrsg.): Texte zur Didaktik der Geschichte. Braunschweig 1979

Gerda von Staehr/Heinz Jung: Historisches Lernen. Didaktik der Geschichte. Köln 1983

Hans Tietgens: Die Erwachsenenbildung. München 1981

Ders.: Teilnehmerorientierung als Antizipation, in: Gerhard Breloer/Heinrich Dauber/Hans Tietgens: Teilnehmerorientierung und Selbststeuerung in der Erwachsenenbildung, a. a. O., S. 177–235

Ders.: Zum Berufsbild der Mitarbeiter an Volkshochschulen, in: Hessische Blätter für Volksbildung, 26. Jg., 1976, Nr. 2, S. 99–107

Ders./Johannes Weinberg: Erwachsene im Feld des Lehrens und Lernens. Braunschweig 1971

Rolf Westermann: Das Planspiel als Organisationsform von Lernprozessen im Bildungsurlaub, in: Gerd Doerry u. a., Bewegliche Arbeitsformen in der Erwachsenenbildung, a. a. O, S. 107–146

Ernst Weymar: Dimensionen der Geschichtswissenschaft, Teil III, in: Geschichte in Wissenschaft und Unterricht (GWU), 33. Jg., 1982, Nr. 3, S. 129–153

Weiterbildung in Stichworten. Ein statistischer Leitfaden. Hrsgg. v. Bundesminister für Bildung und Wissenschaft. Bad Honnef 1982

3. Zielgruppen- und seminarspezifische Erfordernisse

Die Forderung nach einer Teilnehmer- bzw. Adressatenorientierung und damit der Anspruch, an den Lernvoraussetzungen und -interessen der Teilnehmer bei der Seminarkonzeption anzuknüpfen, ist in der Erwachsenenbildung sehr viel schwerer einzulösen als etwa in der Schule, weil der Teilnehmerkreis sowohl zwischen den einzelnen Seminarformen als auch innerhalb der meisten Seminare sehr heterogen zusammengesetzt ist. Insbesondere offen ausgeschriebene Seminare – und das sind die meisten – bringen bisweilen ein sehr buntes Teilnehmerspektrum bezüglich der Kenntnisse zum Thema, Erwartungen an das Seminar, Bereitschaft zur Mitarbeit, intellektuellen, psychologischen und sozialisatorischen Voraussetzungen usw. zusammen. Bei allen pädagogischen Möglichkeiten – vor allem hinsichtlich des sozialen Lernens – bringt diese Situation für die Konzipierung und Durchführung von teilnehmerorientierten Seminaren in der Erwachsenenbildung Schwierigkeiten mit sich.

Sicherlich ist die Feststellung richtig: „Je mehr Daten sich der Kursleiter vor Kursbeginn über die Zusammensetzung der Teilnehmer beschaffen kann, desto teilnehmerorientierter kann er den Kurs planen"[70]. Angesichts der praktischen Voraussetzungen, unter denen Seminare in der Erwachsenenbildung zustandekommen, mutet diese Aussage jedoch fast schon ironisch an, denn in der Regel weiß der Teamer zu Seminarbeginn vom einzelnen Teilnehmer nicht viel mehr als Namen, Anschrift, Beruf und Alter. Diese Daten reichen aber selbstredend als Grundlage einer teilnehmerorientierten Seminarkonzeption nicht aus, zumal Gisela Gehrken grundlegend zugestimmt werden muß, wenn sie die Aussagefähigkeit auch differenzierterer Daten bezweifelt: „Sozial-demographische Daten sagen inhaltlich wenig über die individuellen Voraussetzungen der Teilnehmer aus, darüberhinaus sind aus ihnen noch keine Verallgemeinerungen in Bezug auf eine Einheitlichkeit zu schließen"[71]. Auch die in manchen Volkshochschulkursen üblichen, einmaligen

---

[70] Horst Siebert, Probleme, Ergebnisse und Konsequenzen einer empirischen Untersuchung, in: ders./Herbert Gerl, Lehr- und Lernverhalten bei Erwachsenen, a. a. O, S. 94.
[71] Gisela Gehrken, Teilnehmervoraussetzungen als didaktisches Prinzip bei langfristigen Seminaren?, in: Erwachsenenbildung. Berichte und Informationen, 12. Jg., 1980, Nr. 27, S. 20.

Vorbesprechungen liefern, wie die Praxis zeigt, nur sehr grobe Anhaltspunkte hinsichtlich der Lernvoraussetzungen und -interessen der Teilnehmer.

Teilnehmerorientierung in der Planung von Erwachsenenbildungsseminaren erfordert aufgrund dieser Situation immer in hohem Maße einen Vorgriff auf die zu erwartenden Lernvoraussetzungen und -interessen der Teilnehmer. „Didaktische Antizipation" (Hans Tietgens) wird notwendigerweise zum wesentlichen Bestandteil der Seminarvorbereitung. Anhaltspunkte in diesem Planungsprozeß können neben solchen sozial-demographischen Daten wie der beruflichen und − damit verbunden − sozialen Stellung vor allem die Erfahrungen der Seminarleiter mit dem gleichen Thema und/oder einem vergleichbaren Teilnehmerkreis liefern[72]. Dieser Ansatz in der Seminarkonzeption wird erleichtert, wenn, wie z. B. in den Bildungsurlaubsseminaren, eine relativ homogene Zielgruppe mit dem Seminar angesprochen wird. Je präziser die Kriterien der jeweiligen Adressatengruppe bestimmbar sind, umso eher kann den Anforderungen einer teilnehmerorientierten Erwachsenenbildung schon in der Planungsphase entsprochen werden.

Vor diesem Hintergrund lassen sich unterschiedliche Ebenen von Zielgruppenarbeit bestimmen. Aus der Gesamtheit der Teilnehmer an Erwachsenenbildungsseminaren lassen sich z. B. die Teilnehmer von Bildungsurlaubsseminaren[73] als eine − immer noch sehr heterogene − Zielgruppe bestimmen. Die Größe dieses Adressatenkreises erlaubt eine weitere Differenzierung − etwa nach Kriterien der beruflichen Stellung und nach vorhandenen Bildungsdefiziten − in enger umrissene Zielgruppen, wie z. B. Industriearbeiter, Arbeiter bzw. Angestellte im Ausbildungsprozeß, Angestellte mit gleichen Tätigkeitsmerkmalen, Angehörige bestimmter Betriebe etc. In der Praxis der Erwachsenenbildung wird eine unter lerntheoretischen Aspekten wünschenswerte, sehr enge Zielgruppendefinition doch in der Regel zu Problemen bei der Teilnehmergewinnung führen, denn die Seminarteilnahme wird − außer bei Expertentagungen − mindestens genauso stark vom Ort und Zeitpunkt wie vom Thema des Seminars bestimmt[74]. Eine realistische Forderung nach zielgruppenorientierter Bildungsarbeit muß diese Einschränkung

---

[72] So auch Horst Siebert, Probleme, Ergebnisse und Konsequenzen einer empirischen Untersuchung, a. a. O., S. 94 f. Die Eingrenzung auf die Erfahrungen der „hauptberuflichen Mitarbeiter" kann bei Siebert allerdings nicht überzeugen.

[73] Als Bildungsurlaubsseminare werden solche Seminare bezeichnet, die auf der Basis von Bildungsurlaubsgesetzen durchgeführt und finanziert werden. Sie richten sich in erster Linie an Arbeiter und Angestellte, die ihren − in verschiedenen Ländergesetzen festgeschriebenen − Anspruch auf Urlaub zur „politischen, beruflichen und allgemeinen Weiterbildung in anerkannten Veranstaltungen" wahrnehmen. (So z. B. das seit dem 1. 1. 1985 nicht mehr gültige Niedersächsische Gesetz über den Bildungsurlaub für Arbeitnehmer vom 5. Juni 1974, in: Niedersächsisches Gesetz- und Verordnungsblatt, 28. Jg., Nr. 20 vom 6. Juni 1974, S. 321).

[74] So auch Gisela Gehrken, Teilnehmervoraussetzungen als didaktisches Prinzip bei langfristigen Seminaren, a. a. O., S. 20.

berücksichtigen, wenn sie nicht als von der Praxis abgehobenes theoretisches Postulat folgenlos bleiben soll.

Die hier vorzustellenden Seminare zum Thema „Weimarer Republik" richteten sich an Bildungsurlaubsteilnehmer, ohne eine weitere Spezifizierung des Teilnehmerkreises vorzunehmen. Darüberhinaus wurde das Thema vereinzelt auch mit anderen Teilnehmerkreisen bearbeitet. Die Entscheidung für die Schwerpunktsetzung auf Bildungsurlaubsseminare entstammt der Überlegung, daß, am Beispiel dieser Zielgruppe, Möglichkeiten und Grenzen sowohl der Beschäftigung mit dem Themenfeld „Weimarer Republik" als auch historisch-politischen Lernens für solche Personengruppen erprobt werden können, die in der Regel bislang kaum einen tatsächlichen Zugang zu gesellschaftspolitischen Weiterbildungsmöglichkeiten und daher — sieht man einmal von den Massenmedien, insbesondere dem Fernsehen ab — auch nicht zu historisch-politischen Bildungsangeboten haben. Gerade für diesen Adressatenkreis kann historisch-politische Bildung aufgrund vorhandener Bildungsdefizite in Verbindung mit der Tatsache, daß es sich um die größte Gruppe der abhängig Beschäftigten in der Bundesrepublik handelt, als besonders notwendig betrachtet werden.

Mit dieser Themenentscheidung für Bildungsurlaubsseminare kann der grundsätzlich berechtigten Forderung, daß sich die Lerninhalte im Bildungsurlaub „auf die Lebenssituation ihrer Zielgruppe beziehen"[75] sollten, insofern entsprochen werden, als mit ihr eine historisch-politische Auseinandersetzung mit den sozialen, ökonomischen und politischen Lebensbedingungen der Teilnehmer beabsichtigt ist.

Dabei soll nicht in Abrede gestellt werden, daß es Themen gibt, die näher an der konkreten Lebenssituation der Teilnehmer sind als gerade die Weimarer Republik. Ein Verständnis von Teilnehmerorientierung als Auseinandersetzung mit den unmittelbaren, aktuellen Problemen und Lebensbedingungen von Seminarteilnehmern greift aber zu kurz, weil damit alle Lernprozesse, die nicht ausgehend von der direkten Erfahrungswelt der Teilnehmer entwickelt werden können, von vornherein ausgeklammert werden. Gleichzeitig wird stillschweigend vorausgesetzt — per definitionem —, daß Teilnehmer ausschließlich an der Aufarbeitung ihrer eigenen Lebenspraxis interessiert sind. Gerade die Analyse des „außerwissenschaftlichen Geschichtsinteresses" (Schörken) muß die Skepsis gegenüber einer solchen Verkürzung „des Teilnehmerinteresses" bestärken.

---

[75] Yvonne Kejcz, Probleme didaktischer Planung von Bildungsurlaub für Zielgruppen, die bisher nicht an der Weiterbildung teilgenommen haben, in: Bildungsurlaub. Erfahrungen und Probleme, hrsgg. v. Landesinstitut für Curriculumentwicklung, Lehrerfortbildung und Weiterbildung, Neuss 1981, S. 64.

3.1. Bildungsurlaubsseminare zu dem Thema „Weimarer Republik" – Teilnehmerstruktur und Motivationen (Adeline Venekamp)

Die im folgenden entwickelte Seminarkonzeption wurde erprobt in sechs Bildungsurlaubsseminaren, die der Internationale Arbeitskreis Sonnenberg – in der Regel in Zusammenarbeit mit Volkshochschulen – im Internationalen Haus Sonnenberg in der Zeit vom November 1979 bis Februar 1982 durchführte. An diesen Seminaren nahmen insgesamt 127 Bildungsurlauber teil, die einzelnen Seminare waren von etwa 20 Personen besucht. Im Verlauf der Seminare erhielten die Teilnehmer einen Fragebogen, in dem sie Angaben über Alter, Geschlecht, Beruf, Wohnort, Schulbildung, Teilnahmehäufigkeit an Bildungsurlaubsseminaren und Zugehörigkeit zu Berufsverbänden machen sollten[76].

Teilnehmerstruktur
In Abänderung der Reihenfolge der in dem Erhebungsbogen genannten Daten werden im weiteren die Angaben in drei Bereiche untergliedert:

1. Persönliche Daten der Teilnehmer

2. Berufsbezogene Daten der Teilnehmer

3. Seminarbezogene Daten der Teilnehmer.

1. An den Bildungsurlaubsseminaren nahmen lediglich je drei oder vier Frauen teil, bezogen auf die sechs Seminare insgesamt 22 weibliche Teilnehmer, dies entspricht einem Anteil von 17,3 %.
Bezüglich der Altersstruktur weisen die Seminare folgende Verteilung aus[77].

Tabelle 1

Alter in Jahren	Teilnehmerzahl	%
−20	15	11,8
21−30	46	36,2
31−40	36	28,4
41−50	14	11,0
51−60	13	10,2
61 und älter	3	2,4

---

[76] Vgl. den Fragebogen im Anhang.
[77] 127 Teilnehmer = 100 %.

Zur Wohnortgröße ergibt sich folgendes Bild:

Tabelle 2

Einwohnerzahl der Wohnorte	Teilnehmerzahl	%
− 5 000	14	11,0
5 000− 10 000	9	7,1
10 000− 50 000	36	28,4
50 000−100 000	12	9,5
über 100 000	56	44,1

Die Frage nach ihrer Schulbildung beantworten die Seminarteilnehmer folgendermaßen:

Tabelle 3

Schulbildung	Teilnehmerzahl	%
Hauptschule	59	46,3
Realschule	33	26,0
Gymnasium	13	10,2
Gesamtschule	−	−
Fachschule	9	7,1
Fachoberschule	3	2,4
Hochschule	8	6,3

2. Die folgenden Daten geben Auskunft über die Berufsstruktur der Seminare:

Tabelle 4

Berufsgruppe	Teilnehmerzahl	%
Arbeiter	63	49,6
Angestellte	34	26,8
Beamte	11	8,7
Hausfrauen	6	4,7
Landwirte	–	–
Rentner/Pensionäre	3	2,4
Selbständige	–	–
Auszubildende	5	3,9
Schüler	–	–
Studenten	1	0,8
arbeitslos	3	2,4
Zivildienstleistende	1	0,8

Tabelle 5

Beschäftigte im Betrieb	Teilnehmerzahl	%
1– 9	1	0,8
10– 49	3	2,4
50– 199	3	2,4
200–1000	8	6,3
über 1000	90	70,9
keine Angaben	22	17,3
ohne Beschäftigungsverhältnis	davon 13	10,2

Tabelle 6

Berufsorganisation	Teilnehmerzahl	%
ja	88	69,3
nein	35	27,6
keine Angaben	4	3,2

79 Bildungsurlauber haben den Berufsverband, in dem sie Mitglied waren, genannt. Bis auf wenige Ausnahmen waren diese Teilnehmer gewerkschaftlich organisiert, davon allein 59 in der IG-Metall.

3. Der letzte Fragenkomplex beschäftigt sich mit der Wahrnehmung des Bildungsurlaubsanspruches. Die Teilnehmer sollten beantworten, ob sie dieses Seminar auf der Grundlage eines Bildungsurlaubsgesetzes besuchen, durch wen oder was sie auf dieses Seminar aufmerksam gemacht wurden und ob sie bereits an anderen Bildungsurlaubsveranstaltungen teilgenommen hatten.

Tabelle 7

Teilnahme im Rahmen eines Bildungsurlaubsgesetzes	Teilnehmerzahl	%
ja	104	81,9
nein	13	10,2
keine Angaben	10	7,9

Tabelle 8

auf diesen Bildungsurlaub wurden aufmerksam gemacht durch	Teilnehmerzahl	%
Internationaler Arbeitskreis Sonnenberg	34	26,8
eigene Initiative	6	4,7
Gewerkschaft	13	10,2
Betrieb	16	12,6
Bekannte/Freunde	23	18,1
Volkshochschulen	15	11,8
Presse	1	0,8
keine Angaben	19	15,0

Sechs Teilnehmer haben als Grund für die Teilnahme am Bildungsurlaub eigene Initiative angegeben, ohne diese Aussagen zu spezifizieren.

Tabelle 9

Besuch von außerschulischen Bildungsveranstaltungen vor diesem Seminar	Teilnehmerzahl	%
ja	89	70,1
davon		
nur im IHS	29	
anderswo	37	
im IHS und anderswo	16	
keine weiteren Angaben	7	
nein	33	26,0
nicht ausgefüllt	5	3,9

Die Rekrutierung eines Großteils der Bildungsurlauber aus Großbetrieben der Metallindustrie läßt eine hohe Mitgliederzahl in gewerkschaftlichen Organisationen vermuten, die sich im statistischen Zahlenmaterial bestätigt hat. 71,6 % sind Mitglied in einer Berufsorganisation, vornehmlich einer Gewerkschaft.

Weiterhin haben bereits 70,1 % der Bildungsurlauber vor dem Bildungsurlaubsseminar mindestens einmal an außerschulischen Bildungsveranstaltungen teilgenommen. Hier fügt sich ein Bild eines „typischen Bildungsurlaubers" zusammen: Arbeitsplatz im Großbetrieb, Mitgliedschaft in einem Berufsverband und wiederholte Teilnahme an Bildungsurlaubsseminaren. Dieser Zusammenhang hat sich bei der Auswertung der Statistik bestätigt.

Viele Teilnehmer aus kleineren Betrieben, die selten in Berufsverbänden organisiert waren, vor allem, wenn es weibliche Teilnehmer waren, kamen das erste Mal zu einem Bildungsurlaub und wurden durch die Volkshochschule, Bekannte – z. B. Arbeitskollegen – auf ihren Bildungsurlaubsanspruch hingewiesen. Insgesamt gesehen werden hier die Erfahrungen aus anderen Bildungsurlaubsveranstaltungen bestätigt[78].

Teilnehmermotivation

Die Teilnehmer dieser Seminare wurden – jeweils in der ersten Arbeitseinheit – nach Motivationen für die Anmeldung und nach Erwartungen an das Seminar befragt. Dies geschah in der Regel in Kleingruppen von drei bis fünf Teilnehmern, die ihre Antworten in Stichworten auf Plakaten festhielten. Dabei zeigte sich, daß

---

[78] Vgl. dazu: Jahresbericht 1983, a. a. O., S. 78/79.

rund zwei Drittel der Teilnehmer nicht primär aus Interesse am Thema gekommen waren, sondern um den Bildungsurlaubsanspruch wahrzunehmen und andere Menschen kennenzulernen. Häufig gab es für die Gestaltung des Freizeitbereichs viel konkretere Erwartungen als hinsichtlich der Themen der Arbeitseinheiten. Im Vergleich zu den Erfahrungen aus Bildungsurlaubsseminaren mit anderen Themenstellungen muß dennoch gesagt werden, daß die Gruppe der thematisch interessierten Teilnehmer in den Weimar-Seminaren mit etwa 30−40% auch dann noch größer war als in anderen Bildungsurlaubsseminaren, wenn man eine nicht genau quantifizierbare Anzahl von Teilnehmern abzieht, die erst in der Befragungssituation ihr Interesse für das Thema entdeckten.

Als Motive für die Teilnahme am Seminar wurden immer wieder genannt[79]:

- der Wunsch, „fehlende Informationen über die jüngste Vergangenheit zu erhalten", und damit zusammenhängend,

- ein „generelles Auffrischen vorhandenen Wissens",

- Versäumnisse der Schule, in der das Thema „Weimar" „nur oberflächlich oder gar nicht" behandelt wurde, nachzuholen,

- „das Erkennen von Politischen Zusammenhängen".

Diese sehr allgemeinen Angaben wurden konkretisiert durch die Antworten auf die Frage nach besonders interessierenden Themen. Hier wurden genannt:

- die „Umstände der Entstehung" der Weimarer Republik,

- die „Dolchstoß-Legende",

- die „November-Revolution",

- die „Rätebewegung",

- die „Rolle Friedrich Eberts",

- die „Kontinuität der gesellschaftlichen und politischen Strukturen vom Kaiserreich zur Weimarer Republik",

- „Welche politischen Gruppierungen waren an der Macht?",

- die „wirtschaftliche Lage, Arbeitslosigkeit − ein Vergleich zur heutigen Zeit" (mehrfach),

- der „Zusammenhang von Wirtschaftskrise, Arbeitslosigkeit und Aufstieg der NSDAP",

- „Warum scheiterte der Versuch einer Demokratie?" (mehrfach),

---

[79] Die Formulierungen der Teilnehmer sind hier wörtlich − nach den angefertigten Plakaten − wiedergegeben und in Anführungszeichen gesetzt.

- „Wurde die Weimarer Republik zwischen den Linken und Rechten zerrieben?",
- „Welche gesellschaftlichen Kräfte unterstützten die NSDAP?",
- „Wie konnte es zum Faschismus in Deutschland kommen?" (mehrfach),
- „Nazimachtergreifung – warum und wie?",
- „Antisemitismus",
- „Was ist Faschismus?",
- „Was kann man aus der Zeit der Weimarer Republik und ihrem Scheitern für Folgerungen ziehen?" (mehrfach),
- Kann man „aus der Geschichte lernen?",
- „Gibt es eine ideale Gesellschaftsform?",
- „Wie sollte die Gesellschaft der Zukunft aussehen?".

Dieses sehr breite Themenspektrum läßt vor allem drei Schlußfolgerungen zu:

- *Erstens,* die Teilnehmer orientieren sich bei der Benennung von Interessenschwerpunkten offensichtlich an dem vorher verschickten „vorläufigen Arbeitsplan"[80].
- *Zweitens,* es gibt im wesentlichen vier besonders nachgefragte Tehmenfelder (die Gründungsphase der Weimarer Republik, den Zusammenhang von wirtschaftlichen und politischen Entwicklungen, die Frage nach den Gründen für das Ende der Demokratie, die Erklärung des Aufstiegs des Nationalsozialismus).
- *Drittens,* über das engere Themengebiet „Weimarer Republik" hinaus, fragen Teilnehmer nach dem Gegenwartsbezug und der Aussagefähigkeit der gewonnenen Erkenntnisse für künftige Problemlösungsstrategien.

Bei der Einschätzung der seitens der Teilnehmer genannten thematischen Interessen muß die Suggestivkraft des vorläufigen Arbeitsplanes sicherlich bedacht werden. Es läßt sich kaum ermitteln, wieweit ohne einen vor Seminarbeginn verschickten Arbeitsplan das Ergebnis anders aussehen würde. Gegen eine zu hohe Bewertung des Einflusses des Arbeitsplans sprechen aber sowohl die – im Plenum vorgetragenen – detaillierten mündlichen Erläuterungen der Teilnehmer zu den Themenschwerpunkten als auch die Tatsache, daß in der Regel – nach eigenem Bekunden – nur wenige Bildungsurlaubsteilnehmer den Arbeitsplan vorher genauer lesen oder – wie die Praxis zeigt – auch nur zum Seminar mitbringen. Die Themenwahl kann demnach nicht nur mit dem Vorliegen des „Vorläufigen Arbeitsplans" erklärt

---

[80] Vgl. die im Anhang abgedruckten Arbeitspläne.

werden, sondern gibt durchaus Hinweise auf vorhandene Lerninteressen der Teilnehmer.

Überraschen kann die deutlich artikulierte Frage nach dem Gegenwartsbezug und der Aussagefähigkeit der Ergebnisse einer kritischen Beschäftigung mit der Weimarer Republik für die Zukunft. Hier wird der bewußte Versuch der Teilnehmer deutlich, die Aufarbeitung des Themas „Weimarer Republik" mit der eigenen gegenwärtigen und künftigen Lebenssituation in Verbindung zu bringen. Damit wird bestätigt, daß der von Vertretern der kritischen Geschichtsdidaktik für die Aufarbeitung historischer Themen zum Postulat erhobene Satz „Antizipation und Erinnerung gehen ein dialogisches und dialektisches Verhältnis ein"[81], keine von der Seminarpraxis abgehobene theoretische Forderung ist, sondern eine Entsprechung in den Erwartungen der Bildungsurlaubsteilnehmer findet.

Ergänzend zu der Befragung nach interessierenden Themen wurden die Teilnehmer nach der Herkunft ihrer Kenntnisse über die Weimarer Republik und den Nationalsozialismus befragt. Dabei wurden – in dieser Reihenfolge – die Schule, das Elternhaus bzw. Freunde und die Massenmedien genannt. Bei dem Hinweis auf die Schule fanden sich fast immer einschränkende Ergänzungen wie „oberflächlich", „zu kurz" und „nur wenig". Von den Massenmedien wurde vor allem das Fernsehen hervorgehoben. Sowohl Spielfilme mit zeitgeschichtlichem Rahmen als auch – in begrenztem Maße – Dokumentarfilme fanden Interesse. Die häufigste Erwähnung zum Thema Nationalsozialismus fand die Fernsehserie „Holocaust". Kaum einmal wurde das Buch als Zugang zu zeitgeschichtlichen Themen genannt.

Diese Ergebnisse der Teilnehmerbefragung bilden die Grundlage für Überlegungen zur Gestaltung von Bildungsurlaubsseminaren entsprechend den Lernvoraussetzungen und -interessen der Teilnehmer, wie sie in Kapitel 4 beschrieben werden. Gleichzeitig finden sie Eingang in die Bestimmung der Lernziele und der thematischen Schwerpunktsetzung, die dort vorgenommen werden.

3.2. Das Thema „Weimarer Republik" in anderen Seminarformen

In dem Bestreben, Mittel und Wege zur Einbeziehung des Themas „Weimarer Republik" in die gesellschaftspolitische Erwachsenenbildung zu finden und so historisch-politische Lernprozesse anzuleiten, wurde auch in anderen als den bereits beschriebenen speziellen Bildungsurlaubsseminaren das Thema „Weimarer Republik" behandelt. Hierbei zeigte sich, daß Fragestellungen aus dem Themenfeld „Weimarer Republik" sich nicht nur für die Realisierung von historisch-politischen Lernprozessen in Bildungsurlaubsseminaren mit näher definierten Zielgruppen eignen, sondern auch für offen ausgeschriebene und daher heterogen zusammengesetzte Seminare mit einem internationalen Teilnehmerkreis.

---

[81] Klaus Bergmann, Geschichtsdidaktik als Sozialwissenschaft, a. a. O, S. 44.

So wurden etwa in landeskundlichen Seminaren mit norwegischen bzw. dänischen Lehrern jeweils zwei Arbeitseinheiten aus dem Themengebiet „Weimarer Republik" durchgeführt. Diese Themenentscheidung ging zurück auf das artikulierte Interesse dieser Teilnehmer vor allem an:

— der Weimarer Republik als Umfeld und Entstehungshintergrund des Nationalsozialismus und

— der Weimarer Republik als erster demokratischer Republik Deutschlands.

Entsprechend den spezifischen Interessen dieses Teilnehmerkreises wurden Themen in Arbeitsgruppen, Kurzvorträgen oder Plenumsgesprächen behandelt wie:

— das Spannungsverhältnis von obrigkeitsstaatlichen und demokratischen Traditionen in Deutschland,

— die Entwicklung des Parteienspektrums und des Parteiensystems,

— die politischen Auswirkungen von Wirtschaftskrisen und Arbeitslosigkeit,

— die Vielfalt des kulturellen Lebens in der Weimarer Republik,

— die Probleme von Minderheiten, insbesondere Juden,

— die Diskussion um den § 218,

— die pazifistischen Bewegungen und Organisationen in der Weimarer Republik.

Diese Themen waren in allen Seminaren gefragt und wurden — in sehr unterschiedlichem Umfang — behandelt. Das Hauptinteresse gerade der ausländischen Teilnehmer — auch derer mit anderem beruflichen und sozialen Hintergrund in offen ausgeschriebenen internationalen Sonnenberg-Seminaren — konzentrierte sich dabei deutlich auf die Frage nach den Gründen für die Auflösung der Weimarer Republik und den Aufstieg des Nationalsozialismus. Die Weimarer Republik war, noch deutlicher als bei den deutschen Bildungsurlaubsteilnehmern, von ihrem Ende her interessant. Um dieses Ende verstehbar zu machen, boten sich die gleichen Themenschwerpunkte wie in den Bildungsurlaubsseminaren zum Thema an[82].

---

[82] Vgl. dazu Kapitel 5.

Zusätzlich zu der in den Fußnoten genannten Literatur
liegt diesem Kapitel u. a. folgende Literatur zugrunde:

Ulrich Beer: Bildungsurlaub. Erhebungen – Konzeptionen – Regelungen. Bonn 1978

Gerhard Breloer: Zielgruppenarbeit als didaktisches Konzept der Erwachsenenbildung – Erfahrungen und Perspektiven, in: Erwachsenenbildung, Berichte und Informationen, 11. Jg., 1979, Nr. 25, S. 1–4

Gudrun Eckerle/Gerhard Seidel: Geschichtsdidaktische Zielgruppenbestimmung. Einen Korrespondenz zwischen geschichtsdidaktischen, psychologischen und modelltheoretisch-statistischen Überlegungen, in: Mitteilungen und Nachrichten. Hrsgg. v. Deutschen Institut für Internationale Pädagogische Forschung, Nr. 102/103, 1981, S. 66–78

Yvonne Kejcz/Karl-Heinz Monshausen/Ekkehard Nissl/Hans-Ulrich Paatsch/Peter Schenk: Bildungsurlaub. Teilnehmerwerbung und Nacharbeit. Heidelberg 1979

Heiner Kreuzer: Der gesetzliche Bildungsurlaub für Arbeitnehmer in Niedersachsen. Entstehungsgeschichte und Inhalt des Niedersächsischen Bildungsurlaubsgesetzes von 1974, Bonn-Bad Godesberg 1977

Jürgen Kunze: Zur zielgruppenspezifischen Gestaltung des Bildungsurlaubs, in: Bildungskommission des Deutschen Bildungsrates (Hrsg.): Bildungsurlaub als Teil der Weiterbildung. Stuttgart 1973, S. 131–138

Hans-Friedrich Müller: Bedingungen politischer Lernbereitschaft bei Industriearbeitern. Suttgart 1978

Joachim Raffert: Bildungsurlaub – Idee, Praxis, Wirkungen. Vortragsmanuskript zur Kuratoriumssitzung des Internationalen Arbeitskreises Sonnenberg am 27. Mai 1981

4. Die didaktische Konzeption für die durchgeführten Seminare

Wie bereits deutlich gemacht wurde, gehört die Entwicklung und Offenlegung von Lernzielen sowohl zu den Erfordernissen einer teilnehmerorientierten Erwachsenenbildung als auch zu den zentralen Anforderungen der kritischen Geschichtsdidaktik. Insbesondere unter dem Aspekt der Transparenz von Seminarkonzeption und Inhaltsauswahl ist der Ausweis von Lernzielen für das Verständnis und die Beurteilung der didaktischen Entscheidungen unverzichtbar.

Ausgehend von dem grundlegenden Lernziel „Emanzipation" werden im folgenden Wissens-, Erkenntnis- und Verhaltensziele benannt, die in den historisch-politischen Bildungsurlaubsseminaren angestrebt werden können und bei der Durchführung der „Weimar-Seminare" zugrundelagen. Dabei muß nachdrücklich darauf hingewiesen werden, daß im Rahmen einer einwöchigen Bildungsurlaubsveranstaltung (Beginn Sonntagabend – Ende Freitagvormittag) mit absoluter Sicherheit keine grundlegenden Einstellungs- oder Verhaltensänderungen, ja selbst längerfristig verhaftete Wissenserweiterungen in größerem Umfang nur schwer zu erreichen sind. Allerdings können vorhandene Entwicklungs- und Bildungsprozesse gefördert, Denkanstöße gegeben und Verunsicherungen hinsichtlich starrer, unreflektierter Denkmuster und Werthaltungen bewirkt werden. Nur in Ausnahmefällen, die es nachweislich auch gibt, kann ein solches Seminar zur Initialzündung eines über das Seminar hinausgehenden, bewußt vollzogenen historisch-politischen Lernprozesses werden. Alle im folgenden formulierten Lernziele für die Weimar-Seminare geben daher stärker die Zielrichtung der didaktischen Entscheidungen vor dem Seminar und in ihm wieder, als daß sie ein meßbares Endverhalten der Teilnehmer auf der Wissens-, Erkenntnis- und Verhaltensebene beschreiben.

4.1. Grundlegende Lernziele und Qualifikationen

Politischer Bildung kommt in allen gesellschaftlichen Systemen die Aufgabe zu, grundlegende Systemprinzipien zu vermitteln. Das bedeutet für politische Bildung in der Bundesrepublik, daß eine zentrale Aufgabe die Erläuterung, Vermittlung und Diskussion demokratischer Normen und Werthaltungen entsprechend den allgemeinen Wertentscheidungen des Grundgesetzes[83] bildet. Aus dieser Aufgabenstellung erwächst − entsprechend dem demokratischen Selbstverständnis der Verfassung − eine weitere, zentrale Zielsetzung. „Will politische Bildung mehr sein als nur eine Bestätigung und Verteidigung bestehender gesellschaftlicher Verhältnisse..., so muß es ihr Ziel sein, zur *Demokratisierung* der Gesellschaft und zur *Emanzipation* der Menschen beizutragen"[84]. Diese grundsätzliche Standortbestimmung politischer Bildung umreißt auch das Aufgabengebiet historisch-politischer Bildungsarbeit − und damit der durchgeführten Seminare −, da diese, analog zur Einbindung der Geschichtswissenschaft in die Gesellschaftswissenschaften[85], als Teil gesellschaftspolitischer Bildung betrachtet wird.

Politische Bildung kann allein sicherlich keine Demokratisierung der Gesellschaft[86] bewirken. Aber sie kann das Bewußtsein der Notwendigkeit und der Möglichkeiten einer solchen Gestaltung der Gesellschaft wecken, verfestigen und fördern, in der die Befriedigung der materiellen, geistigen und seelischen Bedürfnisse möglichst vieler Bürger nicht nur in der Theorie Vorrang hat vor der Fortschreibung und Sicherung der Privilegien und Machtpositionen Weniger. Die Anleitung und Unterstützung emanzipativer Prozesse von Einzelnen und sozialen Gruppen bildet den Kernbereich einer auf Demokratisierung der Gesellschaft zielenden Bildungsarbeit. Emanzipation[87] wird hier verstanden als möglichst weitgehende Lösung aus Fremdbestimmung und einseitigen Abhängigkeiten sowie als Prozeß der Entwicklung eigener Wertvorstellungen und Verhaltensweisen, in denen der Anspruch auf Selbstverwirklichung in sozial-verantwortlicher Weise realisiert wird. Sie bildet das grundlegende Lernziel politischer und damit historisch-politischer Bildung in einer von sozialen, wirtschaftlichen und politischen Disparitäten[88] gekennzeichneten Gesellschaft. Wenn politische Bildung sich nicht in bloßer Legitimation erschöpfen will, muß sie sich dieser Aufgabe bewußt sein und stellen[89].

---

[83] Vgl. dazu etwa: Wolfgang Abendroth, Das Grundgesetz. Eine Einführung in seine politischen Probleme, Pfullingen 1966.
[84] Rolf Schmiederer, Zur Kritik der Politischen Bildung, Frankfurt/M. 1971, S. 38.
[85] Zu Recht ist Geschichte als „der umfassendste Zweig der Gesellschaftswissenschaften" bezeichnet worden. So John Desmond Bernal, Wissenschaft. Bd. 4: Die Gesellschaftswissenschaften, Reinbek bei Hamburg 1970, S. 999. Vgl. dazu auch: Hans-Ulrich Wehler, Geschichte als Historische Sozialwissenschaft, Frankfurt/M. 1973.
[86] Zur inhaltlichen Füllung dieses Terminus vgl.: Fritz Vilmar, Strategien der Demokratisierung, Bd. I: Theorie der Praxis, Darmstadt u. Neuwied 1983, bes. S. 99 ff.
[87] Vgl. dazu: Klaus Bergmann, Emanzipation, in: Handbuch der Geschichtsdidaktik, Bd. 1, a. a. O., S. 187−189.
[88] Vgl. zu diesen Disparitäten in der Bundesrepublik: Friedrich Fürstenberg, Die Sozialstruktur der Bundesrepublik Deutschland, Opladen 1978 (6. neu bearbeitete Auflage) sowie Hans. J. Krysmanski, Gesellschaftsstruktur der Bundesrepublik, Köln 1982.
[89] Die Kritik an „Emanzipation als Lernziel" erfolgt im wesentlichen von zwei Ansätzen her. Im ersten Fall wird in einer immanenten Kritik vor einer „Ausuferung" der Emanzipation gewarnt. Vgl. z. B. die polemischen Ausführungen von Hans Tietgens, Der Beitrag der

Ausgehend von diesem Verständnis der Aufgaben und Zielrichtung historisch-politischer Bildungsarbeit, ließen sich – in Anlehnung an Thesen von Annette Kuhn[90], Kurt Gerhard Fischer[91] u. a. – Qualifikationen[92] benennen, zu deren Erwerb und Entwicklung durch die Teilnehmer historisch-politische Lernprozesse und damit auch die durchgeführten Seminare beitragen sollen:

- die Fähigkeit zur Selbstbestimmung,
- die Fähigkeit zur Kommunikation,
- die Fähigkeit zu ideologie-kritischem Denken,
- die Fähigkeit zur Einsicht in gesellschaftliche Zusammenhänge,
- die Fähigkeit zur Identitätsfindung.

Als Fähigkeit zur *Selbstbestimmung* wird die Bewußtheit über die eigene Bedürfnis- und Interessenlage und – davon ausgehend – die Bereitschaft zur verantwortlichen Gestaltung der eigenen Lebensmöglichkeiten verstanden. Dieses Ziel umfaßt sowohl die Forderung nach einer Entwicklung und Reflexion von Werthaltungen für die eigene Lebenspraxis durch die Teilnehmer als auch eine Handlungsorientierung, die sich aus den Bestrebungen zur Lösung aus verzichtbaren Fremdbestimmungen und einseitigen Abhängigkeiten ergibt. Handlungsorientierung wird hier nicht als Festlegung auf bestimmte Handlungsweisen verstanden, sondern sehr viel eingeschränkter als Ermutigung zu gesellschaftlichem Engagement. Eingeschlossen in dieses, den Weimar-Seminaren zugrundeliegende Verständnis der Fähigkeit zur Selbstbestimmung ist die „Selbstverortung" in der Gesellschaft und in der Geschichte und die möglicherweise daraus erwachsende begründete Parteinahme für bestimmte Gruppen und Personen in der heutigen Gesellschaft und der Geschichte.

Erwachsenenbildung zur gesellschaftlichen Emanzipation, in: Horst Siebert (Hrsg.), Begründungen gegenwärtiger Erwachsenenbildung, Braunschweig 1977, S. 122–131. Im zweiten Fall wird von einer anderen gesellschaftspolitischen Analyse der Bundesrepublik her die systemverändernde Komponente von Emanzipation problematisiert. Vgl. z. B. Jörg-Dieter Gauger, Bürger für die Demokratie – Zur Neuorientierung politischer Bildungsarbeit in Deutschland, in: Peter Gutjahr-Löser/Hans-Helmuth Knütter (Hrsg.), Die realistische Wende in der Politischen Bildung, München 1979, bes. S. 73–77.

[90] Annette Kuhn, Einführung in die Didaktik der Geschichte. München 1974, S. 70–73.
[91] Kurt Gerhard Fischer, Emanzipation als Lernziel der Schule von morgen, in: ders. (Hrsg.), Überlegungen zur Didaktik des Politischen Unterrichts, Göttingen 1972, S. 80–92.
[92] Als Qualifikationen werden „Dispositionen und Fähigkeiten für die Bewältigung von Lebenssituationen, beruflichen Anforderungen, fachlichen Aufgaben" (Joachim Rohlfes) verstanden. In unserem Zusammenhang sind vor allem die „Fähigkeiten für die Bewältigung von Lebenssituationen" wichtig. Vgl. ausführlicher zum Begriff „Qualifikationen": Joachim Rohlfes, Lernziele, Qualifikationen, in: Handbuch der Geschichtsdidaktik, Bd. 1, a. a. O., S. 300–305.

Kommunikation bildet die Basis der Verständigung und kann als „die fundamentale Qualifikation" (Annette Kuhn) betrachtet werden, die in historisch-politischen Lernprozessen vermittelt wird. Kommunikationsfähigkeit meint die Möglichkeit, eigene Werthaltungen und Einstellungen verstehbar auszudrücken, sich dadurch anderen mitzuteilen und gleichzeitig in der Lage zu sein, entsprechende Mitteilungen anderer aufzunehmen und so in einen Austauschprozeß einzutreten. Diese Fähigkeit bildet eine „elementare Bedingung des Überlebens"[93], da sie zwischen Einzelnen wie gesellschaftlichen Gruppen die Voraussetzung aller Formen relativ gewaltfreier Einigung und Anerkennung darstellt. Ihre Einübung bildete ein zentrales Anliegen der Weimar-Seminare. Diese Fähigkeit sollte dabei ergänzt werden durch die Bereitschaft, in erster Linie rational begründbare Werthaltungen in den Kommunikationsprozeß einzubringen.

Ideologien können, im Anschluß an Karl Marx und Friedrich Engels[94], verstanden werden als systematische, verkehrte Widerspiegelungen gesellschaftlicher Realität. Sie dienen in der Regel der Legitimation und Sicherung bestehender Herrschaftsverhältnisse. Gerade für unterprivilegierte Menschen und soziale Gruppen bilden sie in allen Gesellschaften ein entscheidendes Hemmnis für ein realitätsgerechtes Verständnis der eigenen Lebenssituation und zur Einschätzung von Entwicklungsmöglichkeiten. Daraus ergibt sich für die Gestaltung historisch-politischer Lernprozesse die Zielsetzung, zum ideologie-kritischen Denken zu befähigen[95]. Sowohl als Methode als auch als inhaltliche Zielsetzung − etwa durch die ständige Frage nach dem „Cui bono" historischer Entscheidungen und Entwicklungen − fand Ideologiekritik Eingang in die Weimar-Seminare.

Einsicht in gesellschaftliche Zusammenhänge ist unverzichtbar für die Erkenntnis des eigenen Platzes in der Gesellschaft und der vorhandenen, realistischen Entwicklungsmöglichkeiten. Die Funktionszusammenhänge des jeweiligen gesellschaftlichen Gefüges müssen zumindest in ihren Grundzügen bekannt sein, um zu realitätsgerechten Werturteilen und Verhaltensweisen zu kommen. Die Weimar-Seminare sollten wie alle historisch-politischen Lernprozesse dazu beitragen, die Teilnehmer zu befähigen, für das historische Untersuchungsfeld und damit − vermittelt − auch für die heutige Lebenswelt gesellschaftliche Zusammenhänge und Wechselwirkungen zu erkennen und zu verstehen.

Identitätsfindung ist ein Prozeß, der sich bei einzelnen Menschen auf zwei Ebenen vollzieht: Auf der Ebene der personalen Identität und der der sozialen Identität. „Personale Identität erlangt das Individuum, wenn es ihm gelingt, in lebensgeschichtlicher Perspektive eine unverwechselbare Biographie aufzubauen und als handelndes Subjekt die Lebensgeschichte als sinnvoll zusammenhängend zu gestal-

---

[93] Jürgen Habermas, Zur Logik der Sozialwissenschaften, Frankfurt/M. 1970, S. 278.
[94] Vgl. Karl Marx/Friedrich Engels, Die deutsche Ideologie, in: Karl Marx/Friedrich Engels Werke, Bd. 3, Berlin (DDR) 1958, S. 9−530, hier bes. S. 18−27.
[95] Vgl. auch Klaus Bergmann/Hans Jürgen Pandel, Geschichte und Zukunft, a. a. O., S. 123.

ten... Soziale Identität erlangt das Individuum durch seine in Sympathie verankerte und in Loyalität oder Solidarität sich ausdrückende Zugehörigkeit zu verschiedenen Bezugsgruppen"[96]. Beide Ebenen müssen miteinander in Balance gehalten werden, um eine Deformierung der Persönlichkeit, genauer gesagt, der „Ich-Identität" (Sigmund Freud) zu verhindern. Identität existiert aber nicht nur bezogen auf einzelne Menschen, sondern – als kollektive Identität – auch bei gesellschaftlichen Gruppen, die über eine eigene Geschichte und ein ausgeprägtes Gruppenbewußtsein verfügen. Individuen wie soziale Gruppen entwickeln im Laufe ihrer Sozialisation eine historische Identität, die sich im Zugehörigkeitsgefühl zu bestimmten historischen Gruppen oder Personen ausdrückt. In den Weimar-Seminaren sollten durch Problematisierung und Diskussion vorhandener Identifikationsmuster den Teilnehmern Denkanstöße und Hilfen im Prozeß der Identitätsfindung gegeben werden, z. B. durch den Abbau irrationaler Feindbilder.

4.2. Lernzielkatalog für die Bildungsurlaubsseminare zum Thema „Weimarer Republik"

Diese angestrebten, grundlegenden Lernziele und Qualifikationen bedurften für die Seminarpraxis einer Konkretisierung. Dazu war zum einen der Bezug zum Themenfeld „Weimarer Republik" herzustellen, zum anderen mußten die begrenzten Lernchancen in einwöchigen Erwachsenenbildungsseminaren als restriktive Größe berücksichtigt werden.

Vor diesem Hintergrund ließen sich aus den oben beschriebenen grundlegenden Lernzielen und Qualifikationen sowie in Anknüpfung an die Lernzielkataloge von Schmiederer[97] und Süssmuth[98] die folgenden Lernziele als angestrebte Zielsetzungen der Seminare zum historisch-politischen Themenfeld „Weimarer Republik" entwickeln. Dabei konnte in der Seminarpraxis selbstverständlich nur eine möglichst weitgehende Annäherung an diese Ziele angestrebt werden. Mit den Seminaren sollte am historischen Beispiel ein Beitrag dazu geleistet werden, die Teilnehmer zu befähigen:

- eigene Wertvorstellungen, Interessen und politische Optionen zu entwickeln,
- eigene Bedürfnisse, Wünsche und Ängste zu erkennen,

---

[96] Klaus Bergmann, Identität, in: Handbuch der Geschichtsdidaktik, Bd. 1, a. a. O., S. 48.
[97] Rolf Schmiederer, Anmerkungen zur Curriculmentwicklung für den politischen Unterricht, in: Curriculum-Entwicklungen zum Lernfeld Politik, hrsgg. v. d. Bundeszentrale für politische Bildung, Bonn 1974, S. 55–75, hier S. 72f.
[98] Hans Süssmuth, Politische Implikationen bei der Begründung von Lernzielen, in: ders. (Hrsg.), Historisch-politischer Unterricht, Planung und Organisation, Stuttgart 1973, S. 20–24.

- Einsicht in die Entwicklung, Struktur und Funktionszusammenhänge des gesellschaftlichen Systems der Weimarer Republik und seiner wichtigsten Teilbereiche zu erlangen,
- grundlegende Zusammenhänge zwischen sozio-ökonomischen, politischen, ideologischen und Bewußtseinsstrukturen zu erkennen,
- Akteure, Institutionen und Werthaltungen bezüglich ihrer Interessenbindung zu hinterfragen,
- Partizipationsmöglichkeiten des einzelnen Bürgers am Prozeß der politischen Willensbildung und der Umsetzung politischer Entscheidungen kennenzulernen,
- Folgewirkungen politischer Entscheidungen zu erkennen,
- restriktive Bedingungen wie auch Realisierungsmöglichkeiten gesellschaftspolitischer Zielsetzungen zu untersuchen,
- die Möglichkeiten und Grenzen der Leistungsfähigkeit des historischen Beispiels für das Verständnis der Gegenwart zu erkennen,
- die politische Bedeutung der fortdauernden Wirksamkeit tradierter Ideologien, Werthaltungen und Problemlösungsmuster zu erkennen,
- die Frage nach den Möglichkeiten und Grenzen der Wiederholbarkeit von Problemstellungen und Konflikten der Weimarer Republik zu stellen und zu diskutieren,
- zu einer begründeten Beurteilung der Tragfähigkeit von Konfliktlösungsmustern aus der Weimarer Republik für heutige Konfliktformationen zu kommen.

Gleichzeitig sollten die Teilnehmer ermutigt werden und Gelegenheit erhalten, die Bereitschaft zu entwickeln:

- eigene Wertvorstellungen, Interessen und politische Optionen angstfrei auszudrücken,
- diese Positionen offen zur Diskussion zu stellen, d. h., sich kritisch hinterfragen zu lassen,
- ihre eigenen Bedürfnisse, Wünsche und Ängste zu reflektieren,
- Verhaltensformen wie Kreativität, Sensibilität, Selbstvertrauen und Solidarität zu entwickeln,
- die Verantwortlichkeit des eigenen Handelns gegenüber anderen direkt oder indirekt Betroffenen zu erfahren,
- Einsicht in die Notwendigkeit und Möglichkeiten gewaltfreier Konfliktlösungen zu erlangen.

Sowohl durch die Auseinandersetzung mit dem historischen Material als auch durch die sozialen Lernprozesse in dem jeweiligen Seminar sollten die Teilnehmer sich diesen kognitiven und affektiven Lernzielen möglichst weitgehend annähern. Für die Umsetzung in die Seminarpraxis war eine Anwendung dieser Lernziele bei der Auswahl von thematischen Schwerpunktsetzungen für das Themenfeld „Weimarer Republik" erforderlich. D. h., die auf der Grundlage der Teilnehmervoraussetzungen, gesellschaftstheoretischer und didaktischer Prämissen entwickelten Lernziele bildeten − ergänzt von geschichtswissenschaftlichen Relevanzkriterien − die Entscheidungsgrundlage für die Themenauswahl der Behandlung der Weimarer Republik in Erwachsenenbildungsseminaren mit dem beschriebenen Teilnehmerkreis.

5. Die Weimarer Republik als Thema der Erwachsenenbildung

Wie bereits oben ausgeführt, gibt es kaum Vorarbeiten zur Einbeziehung historischer Themen in die Erwachsenenbildung. Das Themenfeld „Weimarer Republik" bildet dabei keine Ausnahme. Zwar existieren eine Reihe − qualitiv sehr unterschiedlicher − Gesamtdarstellungen der Weimarer Republik, Textsammlungen und Quellen bzw. Materialsammlungen, die von Historikern als Grundlagen für politische Bildungsarbeit konzipiert sind, aber diese Arbeiten[99] eignen sich in der Regel allenfalls zur Teamer-Vorbereitung und als „didaktischer Steinbruch" bei der Suche nach Texten, die im Seminar eingesetzt werden können. Hilfen bei der Seminarkonzipierung geben diese Werke aber nur indirekt, da sie keine differenzierten didaktischen Konzepte enthalten und auf eine möglichst umfassende Erarbeitung des Untersuchungsfeldes „Weimarer Republik" zielen. Mit Ausnahme einiger Materialsammlungen bieten diese Arbeiten gegenüber fachwissenschaftlichen Publikationen, in denen nicht nur eine Detailfrage behandelt wird, im Grunde keine wesentliche Erleichterung bei der Seminarvorbereitung. Auch Augenzeugenberichte[100] und fachwissenschaftlich fundierte populärwissenschaftliche Werke[101] vermitteln bisweilen mehr Denkanstöße, als die erneute Zusammenfassung von grundlegenden Ereignissen und Entwicklungen „für ein breiteres Publikum".

Im Gegensatz zur Erwachsenenbildung existieren für die Einbeziehung des Themenfeldes „Weimarer Republik" in den Geschichtsunterricht an Schulen, insbesondere in der Sekundarstufe II, eine Reihe von didaktischen Vorarbeiten. So gibt es sowohl zum Gesamtthema „Weimarer Republik" als auch zu wichtigen Abschnitten bzw. Teilfragen Unterrichtseinheiten oder andere didaktische Entwürfe[102]. Diese Modelle enthalten viele Anregungen für Erwachsenenbildungsseminare, nicht nur

---

[99] Vgl. z.B.: Karlheinz Dederke, Reich und Republik, Deutschland 1917−1933. Stuttgart 1969; Walter Tormin (Hrsg.), Die Weimarer Republik. Hannover 1973 und Jens Flemming/Claus-Dieter Krohn/Dirk Stegmann/Peter-Christian Witt (Hrsg.), Die Republik von Weimar, Bd. 1: Das politische System, Bd. 2: Das sozialökonomische System, Düsseldorf 1979.

[100] Vgl. etwa: Axel Eggebrecht, Der halbe Weg. Zwischenbilanz einer Epoche, Reinbek bei Hamburg 1975.

[101] Vgl. etwa: Bernt Engelmann: Einig gegen Recht und Freiheit. Deutsches Anti-Geschichtsbuch. 2. Teil, Frankfurt/M. 1977.

[102] Vgl. die Literaturliste im Anschluß an dieses Kapitel.

bezüglich der relevanten Materialien, sondern auch hinsichtlich der Abfolge von Lernschritten u. a. Allerdings können sie aufgrund verschiedener Teilnehmervoraussetzungen, wie auch der völlig anderen zeitlichen und organisatorischen Rahmenbedingungen nicht einfach auf Erwachsenenbildungsseminare übertragen werden. Trotz der kaum noch zu überschauenden Zahl von Publikationen zur Weimarer Republik fehlt eine didaktische Aufbereitung des Themenfeldes für die Bedürfnisse der Erwachsenenbildung.

5.1. Gründe für die Auseinandersetzung mit der Weimarer Republik in der Erwachsenenbildung

Die Weimarer Republik ist im Rahmen historisch-politischer Erwachsenenbildung vor allem unter drei Aspekten von Bedeutung:

- als historisch-politische Themenstellung, die Interesse bei Teilnehmern findet,
- als erste deutsche Demokratie und damit Vorläufer der Bundesrepublik,
- als Entstehungsfeld des Nationalsozialismus.

Daß die Weimarer Republik ein Thema ist, für das ein grundsätzliches *Interesse bei Teilnehmern* besteht bzw. geweckt werden kann, zeigen – wie oben beschrieben – u. a. die Nachfrage nach Seminaren zu diesem Thema und die zu Beginn der Seminare geäußerten, konkreten thematischen Erwartungen der Teilnehmer an die Seminare. Dieses Interesse bietet einen guten Ansatzpunkt für einen historisch-politischen Lernprozeß, in dem historisches, politisches, soziales und individuelles Lernen eine Einheit eingehen.

Da die Weimarer Republik die *erste deutsche Demokratie* ist und sie nur zwölf Jahre von der Gründungsphase der Bundesrepublik trennen, liegt es nahe, bei dem Bemühen der Nutzbarmachung geschichtlicher Erfahrungen für die Lösung heutiger Probleme und politischer Fragen die Erfahrungen aus der Weimarer Republik als Bezugs- und Vergleichspunkt heranzuziehen. So wird in unterschiedlichen Zusammenhängen nicht nur auf demokratische Errungenschaften der Weimarer Republik, wie das Frauenwahlrecht, das Betriebsrätegesetz, Schulreformen u. a. verwiesen, sondern immer wieder auch nach Kontinuitäten von Werthaltungen, Strukturproblemen und Problemlösungsmustern der Weimarer Zeit im Hinblick auf heute gesucht. Dabei wird oft beteuert, daß „von vornherein nicht erwartet werden kann, daß einfache, geradlinige, direkte Kontinuitäten bestehen"[103]. Aber die

---

[103] Helge Pross, Was ist heute deutsch? Wertorientierungen in der Bundesrepublik, Reinbek b. Hamburg 1982, S. 70. Gleichwohl gibt es auch solche geradlinigen Kontinuitäten. Vgl.: Reinhard Kühnl, Deutschland zwischen Demokratie und Faschismus, München 1969, bes. S. 83–142 sowie Reiner Diederich/Richard Grübling/Max Bartholl, Die rote Gefahr. Antisozialistische Bildagitation 1918–1976, Berlin (West) 1976.

grundlegende Erkenntis, daß die Bundesrepublik und die Weimarer Republik in den meisten Fragen nicht oder nur sehr eingeschränkt miteinander zu vergleichen sind, schließt punktuelle Vergleiche ebensowenig aus wie den Blick zurück, in der Hoffnung, für die eigenen Probleme Lösungen zu finden oder zumindest früher begangene Fehler zu vermeiden.

In diesem Sinne sind in den letzten Jahren — quer durch das parteipolitische Spektrum der Bundesrepublik — politische und wirtschaftliche Probleme wie z. B. Veränderungen des Wahlsystems, der Umgang mit politischen Extremisten, die Überwindung der Wirtschaftskrise und die Bekämpfung der Arbeitslosigkeit sowie die Frage nach der Stabilität der Demokratie unter ausdrücklichem Bezug auf „die Weimarer Verhältnisse" diskutiert worden[104]. Diese Diskussionen haben sich auch in den Einstellungen und Werthaltungen der Teilnehmer in Erwachsenenseminaren niedergeschlagen, wie die durchgeführten „Weimar"-Bildungsurlaubsseminare zeigen. Eine Aufarbeitung der Frage, inwieweit Schlußfolgerungen aus bestimmten Entwicklungen in der Weimarer Republik für anscheinend vergleichbare Problemstellungen in der Bundesrepublik zu Recht gezogen werden können, gehörte daher mit zu den Zielsetzungen für die „Weimar-Seminare", um so zum einen bestehende Kontinuitäten aufzuzeigen und zum anderen einer „Legendenbildung" entgegenzuwirken.

Der Verweis auf die Erfahrungen von „Weimar" erfolgt aber nicht nur zur Legitimation heutiger politischer Entscheidungen und bei der Suche nach Problemlösungen, sondern auch, um politisch-ideologische Traditionslinien nachzuzeichnen. Sowohl für das Grundgesetz der Bundesrepublik als auch für politische Parteien und die Gewerkschaften werden die engen Verbindungen mit Weimarer Institutionen und Oganisationen betont, sei es, um z. B. nachdrücklich zu versichern, daß die Verfasser des Grundgesetzes ihre „Lehren aus den bitteren Erfahrungen mit der Weimarer Verfassung gezogen"[105] haben, oder aber, um z. B. wie SPD und KPD in der unmittelbaren Nachkriegszeit die eigene antifaschistische Grundhaltung als tradierte, unverzichtbare Grundposition zu unterstreichen und so jede Mitverantwortung für die Machtergreifung des Nationalsozialismus auszuschließen[106]. Die Untersuchung der Legitimierung solcher Traditionslinien und -pflege kann, im Rahmen des Möglichen, in historisch-politischen Seminaren zur Weimarer Republik ihren Platz haben.

---

[104] Vgl. als ein Beispiel aus vielen: Freimut Duve/Wolfgang Kopitzsch (Hrsg.), Weimar ist kein Argument oder Brachten Radikale im öffentlichen Dienst Hitler an die Macht? Reinbek bei Hamburg 1976.
[105] Klaus W. Wippermann, Verfassungsgeschichte Weimars, in: Das Parlament, Nr. 49, 11.12.1982, S. 19.
[106] Vgl. für die SPD z. B.: Wolfgang Borchardt, SPD und Einheit der Arbeiterbewegung. Zur Diskussion um die Einheit der Arbeiterbewegung in der Gründungsphase der Bundesrepublik Deutschland (1945 bis 1948/49), Masch. Hamburg 1976, bes. S. 98–110.

Ein besonders großes Interesse kommt in den geäußerten Teilnehmererwartungen wie auch in der fachwissenschaftlichen Auseinandersetzung der Weimarer Republik aber als *Umfeld des Nationalsozialismus* zu. Die Frage nach den Bedingungsfaktoren und den Hintergründen des Aufstiegs des Nationalsozialismus bis zur formal legalen Machtübernahme prägt nahezu alle Diskussionen über die Weimarer Republik. Aus diesem Grunde kann wohl zurecht festgestellt werden, daß die Weimarer Republik vor allem von ihrem Ende her zur Aufarbeitung herausfordert. „Die rührende Geschichte von Adolf Hitler und seinen ersten sechs Getreuen, mit denen er zusammen die Partei gründete, und wie dann aus diesen sieben Männern erst eine Million wurde, und dann sechs Millionen, und dann dreizehn, und dann vierzig, und dann das ganze deutsche Volk"[107], bedarf der gründlichen Widerlegung, da noch heute für viele Menschen — wie auch die Einstiegsdiskussionen der Bildungsurlaubsseminare zeigen — der Nationalsozialismus im Rückblick „wie eine Naturerscheinung, wie ein Erdbeben, wie eine Elementarkraft, die aus den Herzen der Menschen herausbricht und keinen Widerstand duldet"[108], erscheint. Dies ist das politisch gefährliche Ergebnis der Tatsache, daß Antifaschismus im Vergleich zum Antikommunismus in der herrschenden Meinung wie auch lange Jahre in der politischen Bildung in der Bundesrepublik unter dem Deckmantel einer eingängigen und häufig undifferenzierten Totalitarismustheorie in der Regel als Erziehungsziel von nachgeordneter Bedeutung betrachtet wurde[109].

Wenn aber der Nationalsozialismus kein „Betriebsunfall" der Geschichte war, müssen sich die Entwicklungen und Kräfte benennen lassen, die den Aufstieg des Nationalsozialismus ermöglichten. Die politischen, wirtschaftlichen und sozialen Probleme der Weimarer Republik bilden dazu das nächstliegende Untersuchungsobjekt. Mit einer solchen Untersuchung kann gleichzeitig ein Beitrag zur Erklärung der Bedingungsfaktoren des Aufstiegs faschistischer Bewegungen geleistet werden, der sowohl für die politische Auseinandersetzung mit heutigen neofaschistischen Gruppierungen und Theorien aufschlußreich ist als auch für die allgemeinere Frage nach Gefahrenquellen für demokratische Staaten.

5.2. Die Themenwahl für die Aufarbeitung der Weimarer Republik

Notwendigerweise müssen aus dem breiten Spektrum der Themen zur politischen, wirtschaftlichen und sozialen Entwicklung der Weimarer Republik Schwerpunkte

---

[107] Arthur Rosenberg, Der Faschismus als Massenbewegung, in: ders., Demokratie und Klassenkampf. Ausgewählte Studien, Frankfurt/M., Berlin, Wien 1974, S. 221.

[108] A. a. O., S. 223.

[109] Vgl. dazu allgemein: Reinhard Opitz, Politische Ideologiekonzeptionen im Vorfeld der Gründung der Bundesrepublik, in: Beiträge zu einer Geschichte der Bundesrepublik Deutschland, Köln 1979, S. 13–39. Speziell zur historisch-politischen Bildung siehe: Reinhard Kühnl, Geschichte und Ideologie. Kritische Analyse bundesdeutscher Geschichtsbücher, Reinbek b. Hamburg 1973, bes. S. 203ff.

gesetzt werden. Dies ergibt sich vor allem aufgrund der engen zeitlichen Grenzen, die in Bildungsurlaubsveranstaltungen vorgegeben sind: Die Seminare beginnen in der Regel am Sonntagabend und enden am Freitagmittag. Pro Tag wird in zwei Arbeitseinheiten, insgesamt sechs Zeitstunden gearbeitet.

Diese Rahmenbedingungen erzwingen eine Schwerpunktsetzung, die auf der Basis folgender Auswahlkriterien vorgenommen wurde:

- die artikulierten Teilnehmerinteressen,
- die Anknüpfung am Erfahrungs- und Wissensstand der Teilnehmer,
- die Relevanz für heutige und künftige gesellschaftspolitische Problemstellungen,
- die Ergebnisse der geschichtswissenschaftlichen Aufarbeitung der Weimarer Republik.

Daß die *Interessen der Teilnehmer* im Mittelpunkt der Seminarkonzeption stehen sollen, ist — wie oben bereits ausgeführt wurde — ein Anspruch, der ebenso unverzichtbar wie schwer realisierbar ist. Eine wichtige Hilfe bieten bei diesem Bestreben die von den Teilnehmern in der ersten Sitzung angefertigten Themenlisten (vgl. Kapitel 2.3.1.). Die hier — bei allen Einschränkungen — deutlich gewordenen Interessenschwerpunkte — vor allem die Gründe für das Ende der Weimarer Republik, ihre Entstehungszeit und die Gründe für den Erfolg des Nationalsozialismus — lassen sich in Seminarthemen umwandeln.

Dabei, wie auch bei der Auswahl und Formulierung anderer Themen, muß am *Erfahrungsbereich und Wissensstand der Teilnehmer* angeknüpft werden. So empfiehlt es sich, nicht in erster Linie auszugehen von der Ebene der Haupt- und Staatsaktionen der „großen Politik". Dies erfolgte in den Seminaren auf mehreren Wegen, z. B. durch lokalgeschichtliche Geschichtsdarstellungen, durch Thematisierung des Lebensalltags von Arbeitern und Angestellten in der Zeit, wie auch — im begrenzten Maße — durch die Einbeziehung persönlicher oder überlieferter Erinnerungen der Teilnehmer. Entscheidend ist dabei, daß es gelingt, eine — wie stark auch immer vermittelte — Betroffenheit der Teilnehmer dahingehend zu erreichen, daß deutlich wird, daß sie die Auseinandersetzung mit der eigenen Geschichte nicht nur in die Lage versetzt, „gelehrte Unterhaltungen über ganz nichtige Dinge"[110] zu führen, sondern einen Bezug zu den Lebensbedingungen der Teilnehmer hat. Mit dieser Zielsetzung werden wichtige Vorentscheidungen für die Inhaltswahl getroffen: So erhalten z. B. außenpolitische, insbesondere diplomatiegeschichtliche Themenstellungen, ebenso wie verfassungstheoretische Diskussionen, trotz aller unbestreitbaren Relevanz für die Entwicklung und das Verständnis der Weimarer Repu-

---

[110] Walter Mertineit, Politische Bildung und neuere Geschichte, in: Politik und Bildung, hrsgg. v. Internationalen Arbeitskreis Sonnenberg, Braunschweig 1964 (2. Aufl.), S. 113.

blik, nur eine nachgeordnete Bedeutung im Themenspektrum der Bildungsurlaubsseminare.

Damit ist ein möglicher Reibungspunkt mit der Fachwissenschaft gegeben: Nicht alle nach geschichtswissenschaftlichen Kriterien wesentlichen Aspekte der Weimarer Republik können behandelt werden. Dieses Problem relativiert sich durch die Tatsache, daß auch die Kriterien und Werthaltungen der Geschichtswissenschaft sich nicht nur häufig verlagern und Moden unterworfen sind, sondern darüberhinaus abhängen von den wissenschaftstheoretischen und gesellschaftspolitischen Positionen der jeweiligen Historiker.

Im übrigen wurde davon ausgegangen, daß das Ziel der durchgeführten Seminare keine umfassende, geschichtswissenschaftliche Erschließung des historischen Gegenstandes sein sollte, sondern ein gegenstandsbezogener historisch-politischer Lernprozeß, in dem allerdings auch ein Basiswissen über die wichtigsten Determinanten und Entwicklungen der Weimarer Republik vermittelt werden sollte. Dennoch bleibt ein − wohl unvermeidliches − Unbehagen zurück, wenn wichtige außenpolitische, kulturpolitische oder verfassungspolitische Problemstellungen bzw. Entwicklungen nicht behandelt oder nur gestreift werden können.

In Verbindung mit den Teilnehmerinteressen und der Notwendigkeit, am Erfahrungsbereich der Teilnehmer anzuknüpfen, sind aber solche Themen zu bevorzugen, die eine Aussagekraft bzw. einen erkenntlichen *Bezug zu heutigen und zu erwartenden künftigen gesellschaftspolitischen Problemstellungen* haben. Entsprechend der grundlegenden Forderung nach Gegenwarts- und Zukunftsbezogenheit historisch-politischen Lernens[111] sind in erster Linie solche Themen zu behandeln, die in einem Ursachenzusammenhang mit der Gegenwart stehen, mit ihr vergleichbare Strukturen bzw. Problemstellungen in den Blickpunkt rücken oder auch geeignet sind, alternative Lösungs- bzw. Entwicklungswege ins Bewußtsein zu bringen. Daß die Frage, was unter diese Auswahlkriterien subsumierbar ist, keine allgemein akzeptierbare „objektive" Antwort finden kann, liegt auf der Hand: Ihre Beantwortung hängt vielmehr von den jeweils zugrundeliegenden wissenschaftstheoretischen, gesellschaftspolitischen und pädagogischen Positionen der Auswählenden ab.

Die *Geschichtswissenschaft* kann bei der Themenauswahl − wie im folgenden geschehen − in zweierlei Hinsicht zu Rate gezogen werden: Zum einen bei der Auseinandersetzung mit Entwicklungen und Problemen der Weimarer Republik und zum anderen bei der Suche nach Quellen und Materialien für die Erarbeitung der jeweiligen Fragestellungen. Unverzichtbar ist in jedem Falle die Anforderung, daß in allen Arbeitseinheiten der Seminare nur solche Aussagen zum historischen Gegenstand von den Teamern gemacht werden dürfen, die fachwissenschaftlich begründbar sind und gleichzeitig hinterfragbar bleiben.

---

[111] Vgl. dazu: Klaus Bergmann, Gegenwarts- und Zukunftsbezogenheit, in: Handbuch der Geschichtsdidaktik, Bd. 1, a. a. O., S. 184−186.

Unterrichtseinheiten und didaktische Entwürfe zur Weimarer Republik

Jörg Berlin/Dierk Joachim/Rainer Scheppelmann (Hrsg.): Wie kam Hitler an die Macht? Köln 1979

Wilhelm M. Breuer: Deutschland in der Weltwirtschaftskrise. Köln 1975

Willi Bunk/Karlheinz Dederke/Horst Neumann: 1918/19: Revolution in Deutschland. Berlin 1976

Horst Gies: Zeitgeschichte im Unterricht. Berlin (West) 1976, S. 54−68

Wolfgang Hiedels: Die Novemberrevolution 1918/19. Köln 1976

Heinz Hürten: Zwischenkriegszeit und Zweiter Weltkrieg. Stuttgart 1982

Klaus Lampe: Kapp-Putsch und Ruhraufstand vom März und April 1920, Regionalgeschichte im Unterricht der Sekundarstufe I, in: ders.: Historisch-politischer Unterricht: Zwei Beispiele. Kastellaun 1977, S. 11−66

Werner Loch/Volker Wagner: Die Weimarer Republik. Limburg 1976

Gerhart Maier/Hans-Georg Müller: Stundenblätter. Die Weimarer Republik. Sekundarstufe II. Stuttgart 1980

Dagmar Louran/Siegfried Schönle: Unterrichtsmodell: Die Auseinandersetzung um die staatliche Neuordnung in der Novemberrevolution 1918/19. Köln 1976

Karl A. Otto: Die Revolution in Deutschland 1918/19.

Herbert Prokasky: Der Erste Weltkrieg und die Inflation 1914−1923, in: Geschichtsdidaktik Nr. 3, 1980, S. 263−284

Anneliese K. Schuon-Wiehl: Faschismus und Gesellschaftsstruktur. Am Beispiel des Aufstiegs des Nationalsozialismus. Frankfurt/M. 1970

Gisela Wagner: Die Weimarer Republik: Politische Weltkunde II. Stuttgart 1972

6. Die behandelten Themen zur Weimarer Republik

Die Bedingtheit der Themenauswahl durch die Teilnehmervoraussetzungen und -interessen, den organisatorischen und institutionellen Rahmen, in dem der Lernprozeß stattfindet, wie auch durch die Werthaltungen, die didaktischen und fachwissenschaftlichen Qualifikationen der Teamer[112], gilt selbstverständlich auch für den folgenden Themenkatalog. Mit ihm wird versucht, unter fünf Leitthemen, die vor dem Hintergrund der oben benannten Teilnehmerinteressen und -voraussetzungen sowie mit Hilfe der skizzierten didaktischen und geschichtswissenschaftlichen Kriterien ausgewählt wurden, aus dem weiten Themenfeld „Weimarer Republik" solche Themen zu benennen und zu gruppieren, die historisch-politische Lernprozesse bei den Teilnehmern ermöglichen und dabei wesentliche Fakten und Zusammenhänge der Weimarer Republik vermitteln können. Dieser Themenkatalog bildete die Grundlage für die thematischen Schwerpunktsetzungen der durchgeführten Seminare. Er ist nicht als Pflichtkanon zu verstehen, mit dem alle hier genannten Probleme, Ereignisse und Entwicklungen in einem Seminar ausführlich behandelt werden können. Vielmehr bietet er eine Art Orientierungsrahmen, aus dem heraus sowohl eine erste Seminarkonzeption erstellt werden kann, der gleichzeitig aber auch bewußt Entscheidungsräume für eine Modifizierung des Programms aufgrund spezifischer Teilnehmerinteressen einräumt.

Die Leitthemen und ihre Konkretisierungsmöglichkeiten:

1. Die Voraussetzungen und Triebkräfte der Aushöhlung der Weimarer Demokratie.
Dazu gehören:

– die schwierige Ausgangssituation der Republik (der verlorene Krieg; die wirtschaftlichen und moralischen Kriegsfolgen; die innenpolitischen Unruhen),

---

[112] Dieser Faktor wird in neueren Diskussionen häufig unterschätzt. Solange es aber keine wirklich von den Teilnehmern selbstbestimmten Lernformen gibt, hat die Qualifikation des Teamers (nicht nur die fachwissenschaftliche) eine beträchtliche Bedeutung. Als Beispiele für mögliche Formen selbstbestimmten Lernens vgl. z. B.: Erhard Meueler, Lerngelegenheiten. Anregungen zum selbstbestimmten Lernen, in: Klaus Bergmann/Günter Frank (Hrsg.), Bildungsarbeit mit Erwachsenen. Handbuch für selbstbestimmtes Lernen, Reinbek b. Hamburg 1977, S. 225–237.

- der Vertrag von Versailles (seine politischen, wirtschaftlichen und psychologischen Folgen),
- die strukturellen Schwächen der Weimarer Reichsverfassung,
- die Elitenkontinuität in Bürokratie, Justiz und Militär,
- die Kontinuität der konservativen und reaktionären politischen Kräfte,
- das Fortleben überkommener Ideologien und Denkmuster aus der Wilhelminischen Zeit,
- das fehlende demokratische Bewußtsein vieler Menschen in der Zeit,
- die Spaltung der Arbeiterbewegung,
- die wirtschaftlichen Krisen und Belastungen,
- die politischen Aktivitäten von Teilen der Wirtschaft,
- die begrenzten Handlungsräume für Regierungen, Parlament, Parteien und Gewerkschaften.

2. *Die Lebensbedingungen und die politischen Handlungsmöglichkeiten des einzelnen Bürgers.* Dazu gehören:
- das Fortwirken obrigkeitsstaatlicher Traditionen und Denkmuster,
- der Einfluß wirtschaftlicher Probleme auf die Lebenssituation der Bevölkerung (Nachkriegszeit, Inflation, Weltwirtschaftskrise und Arbeitslosigkeit),
- der Zusammenhang von wirtschaftlichen Problemen und politischer Radikalisierung,
- der Zusammenhang von innenpolitischer Polarisierung und politischer Abstinenz eines großen Teils der Bevölkerung,
- die Ansatzpunkte für die nationalsozialistische Propaganda.

3. *Die Schwäche der antifaschistischen Kräfte vor dem aufsteigenden Nationalsozialismus.* Dazu gehören:
- die Ursachen und Folgen der Konfrontation zwischen den bürgerlich-demokratischen und sozialistischen Kräften,
- die Spaltung der Arbeiterbewegung (Niederschlagung der Novemberrevolution, Sozialfaschismusthese contra Legalstrategie),
- das Fehlen bzw. Scheitern tragfähiger politischer Alternativen zum Bestehenden.

4. Die Bedingungsfaktoren für den Aufstieg des Nationalsozialismus. Dazu gehören:
- die sozio-ökonomischen Entwicklungen (z. B. Wirtschaftskrisen und Arbeitslosigkeit),
- die politisch-ideologischen Faktoren (obrigkeitsstaatliche Traditionen, negative Entwicklungen in der Zeit der Republik, Großmachtträume und antisemitische Traditionen),
- die sozial-psychologischen Faktoren (soziale und psychologische Verunsicherungen, Wunsch nach starker Führung),
- die materiellen Faktoren (z. B. die Finanzierung der NSDAP).

5. Die Aufarbeitung von Schlagwörtern und „Legenden" zur Weimarer Republik und zum Aufstieg des Nationalsozialismus. Dazu gehören:

- die These von der Zerschlagung der Republik durch die Verschwörung der Extremisten von rechts und links,
- die Gleichsetzung von Sozialismus und Nationalsozialismus,
- die Erklärung des Aufstiegs des Nationalsozialismus mit der Person Hitlers,
- die deterministische Beschreibung des Verhältnisses von wirtschaftlichen Interessen und politischer Entwicklung in der Endphase der Weimarer Republik.

Diese Problemfelder bildeten den thematischen Rahmen der historisch-politischen Lernprozesse, in denen die in Kapitel 4 beschriebenen Lernziele und Qualifikationen angestrebt werden konnten. Sie bedürfen der kurzen fachwissenschaftlichen Erläuterung.

6.1. Die Voraussetzungen und Triebkräfte der Aushöhlung der Weimarer Demokratie

Der Auseinandersetzung mit der Gründungsphase der Weimarer Republik kommt für das Verständnis des Auflösungsprozesses der Demokratie entscheidende Bedeutung zu. „Die deutsche Demokratie hat Selbstmord verübt und ist gleichzeitig ermordet worden"[113]. Dieses treffende Urteil aus dem Jahre 1933 verweist darauf, daß sowohl die mangelhafte Unterstützung durch den größten Teil der Bevölkerung im Verein mit strukturellen Schwächen der ersten deutschen Demokratie als auch planmäßige Bestrebungen zu ihrem Sturz das Ende der Republik herbeiführten. Die Weichen für diese Entwicklung wurden bereits in den ersten Monaten nach der

---

[113] Franz L. Neumann, Der Niedergang der deutschen Demokratie, in: ders., Wirtschaft, Staat, Demokratie. Aufsätze 1930–1954, Frankfurt/M. 1978, S. 119.

Abdankung des Kaisers und der Fürsten gestellt. Die schlechte wirtschaftliche Lage in und nach dem verlorenen Krieg, der als Entscheidungskampf um die Weltmachtstellung des Deutschen Reiches planmäßig herbeigeführt worden war, führte zu inneren Unruhen und sozialen Spannungen. Gleichzeitig entstand durch den Rücktritt der politisch Verantwortlichen ein innenpolitisches Machtvakuum, in das die Sozialdemokraten eintraten, weniger um eine radikale Neugestaltung des Reiches vorzunehmen, oder gar ein sozialistisches Deutschland zu errichten, sondern mehr um eine als lebensnotwendig erachtete Normalisierung des politischen und wirtschaftlichen Lebens zu erreichen, an deren Ende eine parlamentarische Republik stehen sollte.

Die Führung der sozialdemokratischen Partei sah sich dabei zwischen zwei Fronten: Auf der einen Seite zeigten Militär, Justiz, Bürokratie und Teile der Wirtschaft keine Bereitschaft, sich aus ihrem im Kaiserreich entwickelten Selbstverständnis bzw. ihren gesellschaftlichen Herrschaftspositionen zu lösen und eine Erneuerung des politischen, wirtschaftlichen und sozialen Systems mitzutragen. „Der Kaiser ging, die Generäle blieben"[114] und mit ihnen nahezu alle Stützen des monarchistischen Systems. Auf der anderen Seite hatte die im Verlauf des Krieges entstandene Verelendung vor allem der Arbeiterklasse, der „kleinen" Angestellten und Gewerbetreibenden sowie der Unterschichten einen sozialen Sprengsatz geschaffen, der sich – ausgelöst durch die Revolte im Militär – in der Novemberrevolution in einer Weise entlud, wie es weder von der SPD-Führung noch von den Vertretern der alten Mächte erwartet worden war, nämlich mit politischen Massenstreiks, Revolution und der Ausrufung von Räterepubliken. In dieser revolutionären Situation stand die SPD als neue Regierungspartei vor der Alternative, sich entweder an die Spitze der revolutionären Bewegung, die innerhalb weniger Tage ganz Deutschland erfaßt hatte, zu stellen und – auch auf die Gefahr einer Intervention der Siegermächte des Weltkrieges oder eines Bürgerkrieges hin – ein sozialistisches Rätedeutschland aufzubauen, oder – im Bündnis mit den Gegnern von einst: dem kaiserlichen Militär – alle revolutionären Bestrebungen niederzuwerfen, um danach mit Hilfe fortschrittlicher Kräfte aus dem Bürgertum eine parlamentarische Demokratie aufzubauen. Die SPD-Führung unter Friedirch Ebert entschied sich für die zweite Möglichkeit. So wurden mit Hilfe militärischer Freiwilligen-Verbände, der Freikorps, nach und nach alle Räterepubliken und alle anderen revolutionären Verbindungen mit Gewalt ausgeschaltet.

Das Bündnis der SPD mit der Reichswehrführung, der entscheidenden Stütze des alten Systems, hatte zwei für die weitere Entwicklung der Weimarer Republik verhängnisvolle Folgen: Die Spaltung der Arbeiterbewegung und die nahezu ungebrochene Kontinuität der konservativen bzw. reaktionären Kräfte. Die Spaltung der Arbeiterbewegung, die sich bereits vor der Jahrhundertwende abgezeichnet hatte, vertiefte sich und wurde nahezu unüberbrückbar. Vor allem die gewaltsame Nieder-

---

[114] So der treffende Titel des Romans über die Novemberrevolution von Theodor Plievier, Berlin 1932 (Hamburg 1979).

werfung der Räterepubliken führte zu einer erbitterten Feindschaft zwischen der Mehrheits-Sozialdemokratie und den linkssozialistischen bzw. kommunistischen Kräften. Gleichzeitig bedeutete das Bestreben der SPD-Führung zum Arrangement mit den alten Eliten des Bürgertums die Voraussetzung für das Fortwirken auch solcher konservativer bis reaktionärer politischer und wirtschaftlicher Kräfte, vor allem in Bürokratie, Justiz und Militär, die zu keiner Zeit ernsthaft bereit waren, die neue politische und soziale Situation zu akzeptieren, sondern, wie keineswegs nur die NSDAP, systematisch auf die Zerstörung der Weimarer Republik hinarbeiteten.

Erfolgreich konnten diese Kräfte vor allem dadurch werden, daß es den Trägern der Weimarer Republik lediglich in einer kurzen Phase zwischen 1924 und 1928 gelang, eine wirtschaftliche und politische Stabilität herzustellen. Die wirtschaftlichen Nachkriegsfolgen – insbesondere die Inflation – sowie die damit zusammenhängenden innenpolitischen Unruhen – von der Liquidierung der Räterepubliken und dem Kapp-Putsch bis zum Hitler-Putsch von 1923 – verhinderten im Verein mit den wirtschaftlichen und politisch-psychologischen Folgen des Versailler-Vertrages bis 1924 eine relative Stabilisierung der Demokratie. Mit den Auswirkungen der Weltwirtschaftskrise und der in ihrem Gefolge rapide anwachsenden Arbeitslosigkeit wurde die erreichte, noch brüchige Stabilität der Weimarer Republik endgültig vernichtet.

Auch bisher zurückhaltende Kreise des Bürgertums, vor allem der Industrie, sahen nun in zunehmendem Maße die Rettung in der Rückkehr zu einem autoritären, alle Bereiche des gesellschaftlichen Lebens unter einem Interesse – nämlich dem der Bestandssicherung und Expansionsmöglichkeit des durch die Kriegsfolgen, die Weltwirtschaftskrise und den wachsenden Einfluß der Arbeiterbewegung bedrohten kapitalistischen Wirtschafts- und Gesellschaftssystems – zusammenfassenden politischen System. In diesen Überlegungen, die auch wachsenden politischen Ambitionen der Reichswehr entsprachen, mußte auch der Nationalsozialismus „als eine moderne, volkstümlich maskierte Form der bürgerlich-kapitalistischen Gegenrevolution"[115] eine wichtige Rolle spielen. Gleichzeitig verringerten sich die Handlungsräume für die Gewerkschaften drastisch.

Ermöglicht wurde der Erfolg der politischen Reaktion entscheidend durch:

- das – kaum überraschende – Fehlen eines demokratischen Bewußtseins bei den meisten Menschen, die ihre politische Sozialisation im Kaiserreich erhalten hatten,

- solche strukturellen Schwächen in der Weimarer Reichsverfassung, wie die Koppelung der herausragenden politischen Stellung des Reichspräsidenten mit den Bestimmungen des Artikels 48 und

---

[115] Arthur Rosenberg, Der Faschismus als Massenbewegung, a. a. O., S. 224.

- die Labilität des Bündnisses der Parteien der Weimarer Koalition, die, gemessen an den zur Bewältigung anstehenden wirtschafts-, innen- und außenpolitischen Problemen, über keinen ausreichend tragfähigen programmatischen Konsens verfügten, um sich geschlossen gegen die Angriffe von rechts zu wehren.

6.2. Die Lebensbedingungen und die politischen Handlungsmöglichkeiten des einzelnen Bürgers

Die Beantwortung der Frage nach den Bedingungsfaktoren für das Alltagsleben und die politischen Handlungsmöglichkeiten für den einzelnen Bürger, wie auch für bestimmte Klassen und Schichten in der Gesellschaft, kann nicht nur einen Beitrag zum Verständnis des Wählerverhaltens und der extremen politischen Polarisierung in der Weimarer Republik geben, sondern auch als Vergleichsgegenstand für die Diskussion heutiger Formen politischer Werthaltungen und Verhaltensweisen dienen.

Die Verknüpfung obrigkeitsstaatlicher Erziehung und Denkmuster mit den negativen materiellen Erfahrungen von Nachkriegszeit, Inflation, Weltwirtschaftskrise und Arbeitslosigkeit hatte bei vielen Menschen entweder eine völlige politische Abstinenz, verbunden mit einer deutlichen Reserviertheit gegenüber dem neuen System, zur Folge oder eine große Bereitschaft, zu extremen Mitteln der Problemlösung zu greifen. Dies zeigt u. a. der große Zulauf zu den Parteien auf dem rechten und linken Flügel des Weimarer Parteienspektrums. Insbesondere die Wirtschaftsprobleme und die offenkundige Unfähigkeit der Politiker aller Regierungsparteien, ihrer Herr zu werden[116], verstärkten diese Polarisierung. Hier lagen deutlich faßbare Anknüpfungspunkte für die demagogischen Versprechungen und Heilserwartungen der NSDAP bzw. ihrer Anhängerschaft. Vor diesem Hintergrund müssen die beachtlichen, aber eben doch nicht ausreichenden Wahlerfolge der Weimarer Koalitionsparteien, vor allem der SPD, fast schon überraschen. Viele Menschen ließen sich weder durch den Sog der ständigen Negativ-Erlebnisse − vor allem in der Anfangs- und Endphase der Weimarer Republik − noch durch überkommene Denkschablonen in ihrem überzeugten Eintreten für die Republik grundlegend verunsichern. Die Massen aber, und vor allem die wirtschaftlich stärksten Kräfte, standen entweder auf der Seite der Gegner der Republik und ermöglichten durch mate-

---

[116] Diese Unfähigkeit erklärt sich u. a. aus der Hilflosigkeit der wirtschaftswissenschaftlichen Theorie gegenüber der Weltwirtschaftskrise. Vgl. dazu: Claus-Dieter Krohn, Zur Krisendebatte der bürgerlichen Nationalökonomie in Deutschland während der Weltwirtschaftskrise 1929−1933, in: Gesellschaft. Beiträge zur Marxschen Theorie 10, Frankfurt/M. 1977, S. 51−88. Aus der Sicht eines politischen Akteurs der Zeit vgl.: Hans Staudinger, Wirtschaftspolitik im Weimarer Staat. Lebenserinnerungen eines politischen Beamten im Reich und in Preußen 1889 bis 1934, Bonn 1982, bes. S. 79 ff.

rielle, ideelle und persönliche Hilfe deren Sturz, oder sie trugen durch politische Passivität zur Abschaffung der „ungeliebten Republik"[117] bei.

6.3. Die Schwäche der antifaschistischen Kräfte vor dem aufsteigenden Nationalsozialismus

Das Ende der Weimarer Republik und die Machtübernahme der Nationalsozialisten sind ohne den Verweis auf die Zerstrittenheit und teilweise offene Feindschaft der antifaschistischen Kräfte nicht zu verstehen. Die Tatsache, daß es auch im Angesicht der unübersehbar heraufziehenden faschistischen Gefahr – trotz vielfältiger Bestrebungen auf Ortsebene[118] – kein gemeinsames Vorgehen gegen den Nationalsozialismus gab, sondern eine Zersplitterung der Parteien der Mitte und ein prinzipielles, in der politischen Praxis verhängnisvolles Festhalten an einem starren Legalitätsprinzip bei der SPD und den Gewerkschaften, erleichterte den politischen Gegnern wesentlich den Weg zur Machtübernahme. Aufgrund ihrer viel zu spät aufgegebenen Sozialfaschismustheorie und der Tatsache, daß ihre antifaschistische Einheitsfronttaktik im wesentlichen aus dem Abwerben von SPD-Mitgliedern bestand, konnten trotz aller gegenteiligen Beteuerungen auch von der KPD keine gemeinsamen Maßnahmen gegen den Nationalsozialismus eingeleitet werden.

Nachdem die liberalen bürgerlichen Parteien lediglich in der Anfangsphase der Weimarer Republik größere politische Erfolge erzielen konnten und danach ständig an politischer Bedeutung verloren, gerieten die SPD und die Gewerkschaften, vor allem durch die Weltwirtschaftskrise, in die politische Defensive. Allein mit ihrem nachdrücklichen Eintreten für die Weimarer Republik konnten SPD und ADGB, aufgrund der realen Belastungen und Unsicherheiten für die meisten Menschen, gerade in dieser Situation ab 1929 offenbar keine Mobilisierung gegen die DNVP, die NSDAP und die hinter ihnen stehenden wirtschaftlichen Kräfte erreichen. Dazu hätte es wohl einer weitergehenden Perspektive bedurft, wie sie, im Gegensatz zu den vagen Vorstellungen über einen „Umbau der Wirtschaft"[119] in der SPD, vielleicht ein detailliertes Sozialisierungsprogramm geboten hätte.

Eine überzeugende Alternative hatte aber auch die KPD nicht zu bieten. Ihr gelang es zu keiner Zeit, den größten Teil der Arbeiterschaft, geschweige denn der Mittel-

---

[117] So der treffende Titel der Dokumentensammlung von Wolfgang Michalka/Gottfried Niedhardt (Hrsg.), Die ungeliebte Republik. Dokumentationen zur Innen- und Außenpolitik Weimars 1918–1933, München 1980.

[118] Vgl. als ein Beispiel: Georg Fülberth, Die Übereinkunft zwischen SPD und KPD in Braunschweig nach den Kommunalwahlen vom 1. März 1931, in: Deutsche Arbeiterbewegung vor dem Faschismus, Berlin (West) 1981, S. 132–157.

[119] Vgl. dazu: Eberhard Heupel, Reformismus und Krise. Zur Theorie und Praxis von SPD, ADGB und AfA-Bund in der Weltwirtschaftskrise 1929–1932/33, Frankfurt/M. 1981, bes. S. 205–227.

schichten zu gewinnen. Lediglich bei den Erwerbslosen gelangen größere Erfolge. Das Ziel der KPD, ein „Sowjetdeutschland", konnte nie zu einer mehrheitsfähigen, realistischen Alternative zur Weimarer Republik werden. Im Gegensatz zur NSDAP hatten die Parteien und Organisationen der Linken ebenso wie die Gewerkschaften keine mobilisierende Alternative zum Bestehenden anzubieten. Das Bestehende erwies sich aber gerade in der Krise als unzureichend. Gleichzeitig waren beide großen Arbeiterparteien nicht in der Lage, eine realistische, differenzierte Einschätzung der faschistischen Gefahr vorzunehmen, so daß sich die politischen Auseinandersetzungen häufig intensiver gegeneinander als gegen den aufsteigenden Nationalsozialismus richteten.

6.4. Die Bedingungsfaktoren für den Aufstieg des Nationalsozialismus

Bei der Diskussion der Bedingungsfaktoren für den Aufstieg des Nationalsozialismus sind drei, unlösbar miteinander verbundene Ebenen zu verknüpfen: Die sozioökonomische, die politisch-ideologische und die sozialpsychologische Ebene. Betrachtet man die Entwicklung der politischen Erfolge der NSDAP, wie sie in den Wahlergebnissen und der zunehmenden „Salonfähigkeit"[120] der nationalsozialistischen Führer zum Ausdruck kommen, so wird der enge Zusammenhang des Aufstiegs der NSDAP mit der Wirtschaftskrise von 1929 dahingehend deutlich, daß die NSDAP verstärkten Zulauf, vor allem von proletarisierten oder von der Proletarisierung bedrohten Teilen der Mittelschichten erhielt. Und gleichzeitig wurde sie ein gesuchter Partner für die Überlegungen von Teilen der Großindustrie, „einen starken Führer in Deutschland an die Macht kommen zu sehen, der eine Regierung bilden würde, die lange Zeit an der Macht bleiben würde"[121].

Gleichzeitig bot die im Gefolge der Weltwirtschaftskrise eingetretene Massenverelendung, die durch sozialpolitische Maßnahmen nicht aufgefangen werden konnte, für die nationalsozialistische Propaganda außerordentlich günstige Ansatzpunkte für ihre antirepublikanische, antiparlamentarische und antidemokratische Stimmungsmache. Diese demagogischen politischen Kampagnen konnten aufgrund der fehlenden Verankerung demokratischer Grundwerte im politischen Bewußtsein vieler Menschen bzw. des – trotz intensiver Bemühungen um die Entwicklung einer demokratischen politischen Kultur, vor allem seitens unterschiedlicher sozialisti-

---

[120] Vgl. die Dokumente bei Reinhard Kühnl (Hrsg.), Der deutsche Faschismus in Quellen und Dokumenten, Köln 1980, 5. Aufl., S. 139–175.
[121] So der Wunsch großer Teile der Industrie. Zitiert nach: Eidesstattliche Erklärung des Freiherrn Kurt von Schroeder, Köln, vom 21. Juli 1947, abgedruckt in: Eberhard Czichon, Wer verhalf Hitler zur Macht? Zum Anteil der deutschen Industrie an der Zerstörung der Weimarer Republik, Köln 1967, S. 77–79, hier S. 78.

scher und anderer demokratischer Kräfte[122] – grundsätzlichen Mangels an politischer Bildung leicht erfolgreich sein. Die problembeladene, für manche existenzbedrohende Wirklichkeit hätte allenfalls bei ausreichender politischer und wirtschaftlicher Bildung in ihren Ursachen und Gründen erfaßt werden können. Sie mußte notwendigerweise, da immer noch gilt: „nicht das Bewußtsein bestimmt das Leben, sondern das Leben bestimmt das Bewußtsein"[123], die betroffenen Menschen stärker in ihrem Verhalten beeinflussen, als eine noch so engagierte und differenzierte demokratische Gegenpropaganda und Aufklärung. Aus der Verunsicherung vieler Menschen erwuchs – in Ermangelung einer konkreten, vorstellbaren, überzeugenden Alternative – der Wunsch nach starker Führung[124]. Diesem Wunsch kam die NSDAP mit ihrem „Führer" entgegen.

Auch maßgebliche Teile der Wirtschaft, insbesondere der Schwerindustrie, die durch die Weltwirtschaftskrise in ernste ökonomische Schwierigkeiten geraten war, traten für diese Zielsetzung ein. So war „für die führenden Vertreter der Schwerindustrie – und zwar nicht nur für die exponierten NSDAP-Anhänger – ein Arrangement mit der NSDAP einem Paktieren mit der SPD grundsätzlich vorzuziehen, wenn jene nur durch wirtschaftspolitische Minimalgarantien und konservative Bündnispartner einigermaßen gebunden erschien"[125]. Denn: „das wirtschaftliche Programm Hitlers war der Wirtschaft allgemein bekannt und wurde von ihr begrüßt"[126]. Aus diesem Grund finanzierten zahlreiche, prominente Vertreter von Industrie und Banken nicht nur die Wahlkämpfe der NSDAP, sondern verwendeten sich auch politisch für die „Übertragung der verantwortlichen Leitung eines mit den besten sachlichen und persönlichen Kräften ausgestatteten Präsidialkabinettes an den Führer der größten nationalen Gruppe"[127].

Der Aufstieg des Nationalsozialismus aus der wirtschaftlichen und gesellschaftlichen Krise der Weimarer Republik wurde durch dieses Engagement von Vertretern der Wirtschaft entscheidend gefördert.

---

[122] Vgl. etwa die Referate der „Staatsbürgerlichen Woche" 1923 in: Kurt Gerhard Fischer (Hrsg.), Politische Bildung in der Weimarer Republik, Frankfurt/M. 1970 sowie die Aktivitäten um die Zeitung „Das Andere Deutschland". Vgl. dazu: Das Andere Deutschland. Eine Auswahl (1925–1933), Königstein/Ts. 1980.
[123] Karl Marx/Friedrich Engels, Die deutsche Ideologie, a. a. o., S. 27.
[124] Vgl. zu diesem Zusammenhang: Erich Fromm, Die Furcht vor der Freiheit, Frankfurt/M. 1966, bes. S. 203–215; Wilhelm Reich, Die Massenpsychologie des Faschismus, Frankfurt/M. 1981, bes. S. 57–84.
[125] Bernd Weisbrod, Schwerindustrie in der Weimarer Republik. Interessenpolitik zwischen Stabilisierung und Krise, Wuppertal 1978, S. 500.
[126] Eidestattliche Erklärung des Freiherrn Kurt von Schroeder..., a. a. O., S. 79.
[127] Eingabe von Industriellen, Bankiers und Großagrariern an Reichspräsident von Hindenburg vom November 1932, abgedruckt in: Eberhard Czichon, Wer verhalf Hitler zur Macht?, a. a. O., S. 69/70, hier S. 70.

6.5. Die Aufarbeitung von Schlagwörtern und „Legenden" zur Weimarer Republik und zum Aufstieg des Nationalsozialismus

Über die Geschichte der Weimarer Republik, insbesondere über ihr Ende und den Aufstieg des Nationalsozialismus existieren zahlreiche „Legenden" und Vereinfachungen, die zum Teil aus der mangelhaften Kenntnis der tatsächlichen gesellschaftlichen Strukturen und Probleme der Zeit entstanden sind, zum anderen Teil aber als bewußte, häufig politisch motivierte Verabsolutierungen einzelner Faktoren der gesellschaftlichen Entwicklung der Weimarer Republik in tagespolitische oder gesellschaftspolitische Auseinandersetzungen eingebracht werden. Diese verzerrten Darstellungen der Weimarer Republik bzw. einzelner Probleme, Organisationen oder Personen aus der Zeit von 1918 bis 1933 bilden sehr häufig einen Bestandteil des „Vorwissens" der Seminarteilnehmer. Sie mußten daher thematisiert werden.

Oberflächliche, unzulässig verallgemeinernde Interpretationen mit totalitarismustheoretischem Hintergrund, personalisierende Geschichtsdeutungen und deterministische Ableitungen geschichtlicher Entwicklungen aus den besonderen Interessenlagen einzelner Klassen oder Schichten finden sich dabei mit erstaunlicher Regelmäßigkeit sowohl im wissenschaftlichen und politischen Meinungsstreit wie auch in Seminardiskussionen.

Zum ersten Typus gehören solche Themen, wie die von der Zerstörung der Republik durch die gemeinsame Arbeit der Extremisten von links und rechts[128] und die Gleichsetzung von Sozialismus und Nationalsozialismus[129]. In beiden Fällen wird die Erklärung der gesellschaftlichen Entwicklung der Weimarer Republik, insbesondere ihres Endes, reduziert auf den Verweis auf Parallelitäten und Ähnlichkeiten im Erscheinungsbild, in der Wahl politischer Mittel und/oder in einzelnen Programmpunkten zwischen den Flügelparteien des Weimarer Parteienspektrums. Da mit diesen Thesen einzelne Erscheinungsformen und Aktionen aus ihrer Einbindung in den jeweiligen tagespolitischen, parteipolitischen und gesellschaftspolitischen Zusammenhang herausgelöst werden und so weitgehend ihr politischer Inhalt unberücksichtigt bleibt, halten sie einer wissenschaftlichen Überprüfung nicht stand. Dennoch finden sie sich heute immer noch, sogar in Geschichtsbüchern[130].

---

[128] Vgl. als exemplarische Auseinandersetzung mit dieser These: Joachim Oltmann, Das Paradepferd der Totalitarismustheorie. Der Streik der Berliner Verkehrsarbeiter im November 1932, in: Blätter für deutsche und internationale Politik, 27.Jg., 1982, Nr.11, S. 1374–1390.

[129] Vgl. zur Kritik dieser absurden, im Vorfeld des Bundestagswahlkampfes 1980 wieder aufgelegten These z.B.: Eugen Kogon, „Haut nur drein..", in: Der Spiegel, Nr. 42 v. 15.10.1979, S. 24f.

[130] Vgl. Werner Gestigkeit: Die Totalitarismus-Legende von der Zerstörung der Weimarer Republik in den bundesdeutschen Schul-Geschichtsbüchern, in: Reinhard Kühnl/Gerd Hardach (Hrsg.), Die Zerstörung der Weimarer Republik, Köln, 1979, 2. Aufl., S. 253–290.

Tendenzen zu einer personalisierenden Geschichtsdeutung sind in der letzten Zeit, vor allem in den Diskussionen um die Frage nach dem Anteil Adolf Hitlers am Erfolg des Nationalsozialismus, deutlich geworden. Eine Fülle von Hitler-Biographien überschwemmt den Büchermarkt. Stärker noch als durch diese — als Teilaspekte einer umfassenden Auseinandersetzung mit dem Nationalsozialismus zum Teil sicherlich wertvollen — Publikationen wurde durch den mit großem Erfolg laufenden Hitler-Film von Joachim Fest eine Überbewertung der Bedeutung der Person Hitlers für die Machtübernahme durch die NSDAP vorgenommen. Im Ergebnis wird damit eine Entpolitisierung der Faschismusdiskussion und Verschleierung der gesellschaftlichen Ursachen, Triebkräfte und Förderer des Nationalsozialismus in Kauf genommen[131].

Ein vergleichbares Ergebnis, nämlich die Vernachlässigung wesentlicher Bedingungsfaktoren zugunsten eines einzelnen, wenn auch zentralen Problems, folgt in der Regel auch aus der deterministischen Beschreibung des Verhältnisses von wirtschaftlichen Interessen und politischer Entwicklung in der Endphase der Weimarer Republik. Vor allem in der offiziellen Geschichtsschreibung der DDR[132], aber auch in vulgärmarxistischen Arbeiten aus der Bundesrepublik findet sich im Kern die sicherlich nur einen — wenn auch wichtigen — Teil der Realität wiedergebende These: „die Monopolkapitalisten und die Großagrarier haben das deutsche Volk in die Katastrophe geführt"[133].

Eine solche Erklärung kann aber trotz des grundlegend richtigen Verweises auf den engen Zusammenhang von Faschismus und Kapitalismus keine differenzierte Erklärung des Endes der Weimarer Republik und des Aufstiegs des Nationalsozialismus liefern, da sich wesentliche Elemente des historischen Prozesses, wie etwa die sozialpsychologischen Voraussetzungen für den Nationalsozialismus, die Entwicklung einer faschistischen Massenbewegung, die Selbstblockade der Arbeiterbewegung und selbst die Interessendivergenzen zwischen den verschiedenen Gruppierungen des Kapitals, so nicht erklären lassen.

Neben diesen wichtigsten, weil am häufigsten im Seminar auftauchenden „Legenden" oder Fehlinterpretationen können auch andere Geschichtsfälschungen, wie etwa die „Dolchstoßlegende" oder der Mythos der „Goldenen zwanziger Jahre", durch eine Aufarbeitung im Seminar zerstört werden und damit ein wichtiges Ziel historisch-politischer Lernprozesse erreicht werden.

---

[131] Vgl. dazu ausführlicher: Jörg Berlin/Dierk Joachim/Bernhard Keller/Volker Ullrich, Was verschweigt Fest? Analysen und Dokumente zum Hitler-Film. Köln 1978.
[132] Vgl. dazu den Beitrag von Kurt Neumann (Kapitel 9).
[133] So z. B. Joachim Petzold: Generalprobe für Hitler. Berlin (DDR) 1980, 2., überarb. Aufl., S. 41. Ein solcher ökonomischer Determinismus läßt sich mit der Berufung auf den historischen Materialismus sicherlich nicht begründen. Vgl. dazu: Helmut Fleischer, Marxismus und Geschichte, Frankfurt/M. 1970, 3. Aufl., S. 128–152.

Ausgewählte Literatur zur Weimarer Republik

Quellen- und Materialsammlungen sind mit einem Q gekennzeichnet. In den Fußnoten dieses Kapitels enthaltene Literatur ist nicht noch einmal aufgeführt.

Wilhelm Alff: Thesen zum Kontinuitätsproblem der deutschen Geschichte, in: ders.: Materialien zum Kontinuitätsproblem der deutschen Geschichte. Frankfurt/M. 1976, S. 13–22

Siegfried Bahne: Die KPD und das Ende von Weimar. Frankfurt/M. 1976

Peter Berger: Brunonia mit rotem Halstuch. Novemberrevolution in Braunschweig 1918/19. Hannover 1979   Q

Jörg Berlin (Hrsg.): Die deutsche Revolution 1918/19. Quellen und Dokumente. Köln 1979   Q

Peter Brandt (Hrsg.): 1918/19. Ein Lesebuch. Berlin (West) 1979   Q

Gerard Braunthal: Der Allgemeine Deutsche Gewerkschaftsbund. Zur Politik der Arbeiterbewegung in der Weimarer Republik. Köln 1981

Ingke Brodersen/Klaus Humann/Susanne von Paczensky (Hrsg.): 1933: Wie die Deutschen Hitler zur Macht verhalfen. Reinbek b. Hamburg 1983   Q

Karl Buchheim: Die Weimarer Republik. München 1981

Werner Conze/Hans Raupach (Hrsg.): Die Staats- und Wirtschaftskrise des Deutschen Reiches 1929/33. Stuttgart 1967

Frank Deppe/Witich Roßmann: Wirtschaftskrise, Faschismus, Gewerkschaften. Dokumente zur Gewerkschaftspolitik 1929–1933, Köln 1981   Q

Ernst Deuerlein (Hrsg.): Der Aufstieg der NSDAP in Augenzeugenberichten. München 1980, 4. Aufl.   Q

Deutsche Arbeiterbewegung vor dem Faschismus. Berlin (West) 1981 (= Argument Sonderband AS 74)

Tankred Dorst (Hrsg.): Die Münchner Räterepublik – Zeugnisse und Kommentar. Frankfurt/M. 1966   Q

Hans-Peter Ehni: Zum Parteienverhältnis in Preußen 1918–1932. Ein Beitrag zu Funktion und Arbeitsweise der Weimarer Koalitionsparteien, in: Archiv für Sozialgeschichte, XI. Bd., 1971, S. 241–288

Karl Dietrich Erdmann: Die Weimarer Republik. München 1980

Ders./Hagen Schulze (Hrsg.): Weimar. Selbstpreisgabe einer Demokratie. Düsseldorf 1980

Fritz Fischer: Bündnis der Eliten. Zur Kontinuität der Machtstrukturen in Deutschland 1871–1945. Düsseldorf 1979

Ders.: Juli 1914: Wir sind nicht hineingeschlittert. Reinbek b. Hamburg 1983

Ossip K. Flechtheim: Die KPD in der Weimarer Republik. Frankfurt/M. 1969, 2. Aufl.

Harald Focke/Hartmut Hohlbein (Hrsg.): Stationen auf dem Weg zur Macht. Von der Weimarer Republik zum NS-System. Hamburg 1983 (2. durchgesehene Aufl.)

Erich Fromm: Arbeiter und Angestellte am Vorabend des Dritten Reiches. Stuttgart 1980

Georg Fülberth/Jürgen Harrer: Die deutsche Sozialdemokratie 1890–1933. Darmstadt u. Neuwied 1974

Peter Gay: Die Republik der Außenseiter. Geist und Kultur in der Weimarer Zeit 1918–1933. Frankfurt/M. 1970

Hermann Glaser: Spießer-Ideologie. Von der Zerstörung des deutschen Geistes im 19. und 20. Jahrhundert und dem Aufstieg des Nationalsozialismus. Frankfurt/M., Berlin, Wien 1979

Hans H. Glismann/Hors Rodemer: Die Bundesrepublik ist nicht Weimar. Ein Vergleich der wirtschaftlichen Entwicklung, in: Frankfurter Allgemeine Zeitung, Nr. 220 v. 23. 9. 1982, S. 14

Sebastian Haffner: 1918/1919. Eine deutsche Revolution. Reinbek b. Hamburg 1981

Heinrich Hannover/Elisabeth Hannover-Drück: Politische Justiz 1918–1933. Mit Beiträgen von Fritz Bauer und Richard Schmid. Hamburg 1977

Helmut Heiber: Die Republik von Weimar. München 1981 (14., durchgesehene und ergänzte Aufl.)

Dirk Hemje-Oltmanns: Arbeiterbewegung und Einheitsfront. Zur Diskussion der Einheitsfronttaktik in der KPD 1920/21. Berlin (West) 1973

Eike Henning: Bürgerliche Gesellschaft und Faschismus in Deutschland. Frankfurt/M. 1977

Volker Hentschel: Weimars letzte Monate. Hitler und der Untergang der Republik. Düsseldorf 1978

Beatrix Herlemann: Kommunalpolitik der KPD im Ruhrgebiet 1924–1933. Wuppertal 1977

Hans. H. Hermann: Weimar – Bestandsaufnahme einer Republik. Reinbek b. Hamburg 1969

Oswald Hirschfeld (Hrsg.): Auf dem Weg ins Dritte Reich. Kräfte – Tendenzen – Strömungen. Hrsgg. v. d. Bundeszentrale für politische Bildung. Bonn 1981

Friedrich Hitzer: Der Mord im Hofbräuhaus. Unbekanntes und Vergessenes aus der Baierischen Räterepublik. Frankfurt/M. 1981

Ulrike Hörster-Philipps: Konservative Politik in der Endphase der Weimarer Republik. Die Regierung Franz v. Papen. Köln 1982

Dies.: Wer war Hitler wirklich? Großkaptial und Faschismus 1918–1945. Dokumente. Köln 1978   Q

Carl-Ludwig Holtfrerich: Die deutsche Inflation 1914–1923. Ursachen und Folgen in internationaler Perspektive. Berlin, New York 1980

Klaus Horn: Zur politischen Psychologie des Faschismus in Deutschland, in: Reinhard Kühnl (Hrsg.): Texte zur Faschismusdiskussion I. Reinbek b. Hamburg 1974, S. 164–175

Ernst Rudolf Huber: Deutsche Verfassungsgeschichte seit 1789. Bd. VI: Die Weimarer Reichsverfassung. Stuttgart 1981

Rose-Marie Huber-Koller: Die kommunistische Erwerbslosenbewegung in der Endphase der Weimarer Republik, in: Gesellschaft. Beiträge zur Marxschen Theorie 10. Frankfurt/M. S. 89–140

Illustrierte Geschichte der Deutschen Revolution. Berlin 1929 (Nachdruck Frankfurt 1970) Q

Charles P. Kindleberger: Die Weltwirtschaftskrise 1929–1939. München 1979, 2. Aufl.

Otto Kirchheimer: Von der Weimarer Republik zum Faschismus. Die Auflösung der demokratischen Rechtsordnung. Frankfurt/M. 1981, 2. Aufl.

Guido Knopp/Bernd Wiegmann (Hrsg).: Warum habt ihr Hitler nicht verhindert? Frankfurt/M. 1983

Eberhard Kolb (Hrsg.): Vom Kaiserreich zur Weimarer Republik, Köln 1972

Jürgen Kocka: Klassengesellschaft im Krieg. Göttingen 1978, 2. durchges. erg. Aufl.

Henning Köhler: Geschichte der Weimarer Republik. Berlin (West) 1981

Fritz Krause (Hrsg.): Arbeitereinheit rettet die Republik. Dokumente und Materialien zur Niederschlagung des Kapp-Putsches im März 1920. Frankfurt/M. 1970 Q

Peter Kuckuck: (Hrsg.): Revolution und Räterepublik in Bremen. Frankfurt/M. 1969 Q

Reinhard Kühnl/Gerd Hardach (Hrsg.): Die Zerstörung der Weimarer Republik. Köln 1979, 2. Aufl.

Egon Larsen: Die Weimarer Republik. Ein Augenzeuge berichtet. München 1980

Karsten Laursen/Jørgen Pedersen: The German Inflation 1918–1923. Amsterdam 1964

Annette Leppert-Fögen: Arbeiterbewegung und Kleinbürgertum vor dem deutschen Faschismus, in: Claudio Pozzoli (Hrsg.): Jahrbuch Arbeiterbewegung, Bd. 4: Faschismus und Kapitalismus. Frankfurt/M. 1976, S. 44–65

Richard Löwenthal: Bonn und Weimar: Zwei deutsche Demokratien, in: Heinrich August Winkler (Hrsg.): Politische Weichenstellungen im Nachkriegsdeutschland 1945–1953. Göttingen 1979, S. 9–25

Wolfgang Luthardt: Sozialdemokratie und Legalstrategie. Überlegungen zu ihrem Verhältnis in der Weimarer Republik, in: Jürgen Bergmann/Klaus Megerle/Peter Steinbach (Hrsg.): Geschichte als politische Wissenschaft. Stuttgart 1979, S. 142–174

Ders. (Hrsg.): Sozialdemokratische Arbeiterbewegung und Weimarer Republik. Materialien zur gesellschaftlichen Entwicklung 1927–1933, 2 Bde., Frankfurt/M. 1978 Q

Werner Maser: Der Sturm auf die Republik. Frühgeschichte der NSDAP. Frankfurt/M., Berlin, Wien 1981

Erich Matthias/Rudolf Morsey (Hrsg.): Das Ende der Parteien 1933. Düsseldorf 1960

Alfred Milatz: Wahlen und Wähler in der Weimarer Republik. Bonn 1965   Q

Susanne Miller: Die Bürde der Macht. Die deutsche Sozialdemokratie 1918–1920. Düsseldorf 1978

Hans Mommsen: Die Sozialdemokratie in der Defensive: Der Immobilismus der SPD und der Aufstieg des Nationalsozialismus, in: ders. (Hrsg.): Sozialdemokratie zwischen Klassenbewegung und Volkspartei. Frankfurt/M. 1974, S. 106–133

Ders./Dietmar Petzina/Bernd Wiesbrod (Hrsg.): Industrielles System und politische Entwicklung in der Weimarer Republik, 2 Bde. Düsseldorf 1977

Erich Mühsam: Von Eisner bis Leviné. Die Entstehung und Niederlage der bayrischen Räterepublik. Hamburg 1978 (2. Aufl.)

Robert Neddermeyer: Es begann in Hamburg. Ein deutscher Kommunist erzählt aus seinem Leben. Berlin (Ost) 1980

Sigmund Neumann: Die Parteien der Weimarer Republik. Stuttgart 1977, 4. Aufl.

Josef Olbrich: Arbeiterbildung in der Weimarer Zeit. Konzeption und Praxis. Braunschweig 1977

Manfred Overesch/Friedrich Wilhelm Saal: Die Weimarer Republik. Düsseldorf 1982 (= Chronik deutscher Zeitgeschichte Bd. 1)

Joachim Petzold: Wegbereiter des deutschen Faschismus. Die Jungkonservativen in der Weimarer Republik. Köln 1978

Dietmar Petzina/Werner Abelshauser/Anselm Faust: Sozialgeschichtliches Arbeitsbuch. Bd. III: Materialien zur Statistik des Deutschen Reiches 1914–1945. München 1978   Q

Theo Pirker: Komintern und Faschismus 1920–1940 Dokumente zur Geschichte und Theorie des Faschismus. Stuttgart 1965   Q

Politische Plakate der Weimarer Republik 1918–1933. Hrsgg. v. Hessischen Landesmuseum Darmstadt. Darmstadt 1980   Q

Ludwig Preller: Sozialpolitik in der Weimarer Republik. Düsseldorf 1978

Franz Ritter: Theorie und Praxis des Demokratischen Sozialismus in der Weimarer Republik. Frankfurt/M. 1981

Ludwig Ritter von Rudolph: Die Lüge, die nicht stirbt. Die „Dolchstoßlegende" von 1918. Nürnberg 1958

Witich Rossmann: Die Weltwirtschaftskrise und das Ende von Weimar. Zur Aktualität eines deutschen Alptraums, in: Deutsche Volkszeitung, Nr. 45, 4. 11. 1982, S. 8

Joseph Rovan: Geschichte der deutschen Sozialdemokratie. Frankfurt/M. 1980

Wolfgang Ruge: Weimar – Republik auf Zeit. Köln 1980

Wolfgang Runge: Politik und Beamtentum im Parteienstaat. Die Demokratisierung der politischen Beamten in Preußen zwischen 1918 und 1933. Stuttgart 1965

Wolfgang Saggau: Faschismustheorien und antifaschistische Strategien in der SPD. Köln 1981

Michael Salewski: Das Weimarer Revisionssyndrom, in: Aus Politik und Zeitgeschichte. B 2/80 v. 12.1.1980, S. 14–25

Ders.: Reichswehr, Staat und Republik, in: Geschichte in Wissenschaft und Unterricht, Nr. 5, 1980, S. 271–288

Gert Schäfer: Die Kommunistische Internationale und der Faschismus. Offenbach 1973

Manfred Scharrer (Hrsg.): Kampflose Kapitulation. Arbeiterbewegung 1933. Reinbek b. Hamburg 1984

Gerhard Schulz: Revolution und Friedensschlüsse 1917–1920. München 1980, 5. durchges. u. erg. Aufl.

Hagen Schulze: Weimar. Deutschland 1917–1933. Berlin (West) 1982

Hartmut Schustereit: Linksliberalismus und Sozialdemokratie in der Weimarer Republik. Düsseldorf 1975

Kurt Sontheimer: Antidemokratisches Denken in der Weimarer Republik. München 1962

Sozialistische Studiengruppen (SOST): Spaltung der Arbeiterbewegung und Faschismus. Sozialgeschichte der Weimarer Republik. Hamburg 1980

Dirk Stegmann: Zum Verhältnis von Großindustrie und Nationalsozialismus 1930–1933, in: Archiv für Sozialgeschichte, Bd. XIII, 1973, S. 399–482

Alexander Graf Stenbock-Fermor: Deutschland von unten. Reisen durch die proletarische Provinz 1930. Luzern und Frankfurt/M. 1980   Q

Hartmut Pogge von Strandmann: Die deutsche Revolution von 1918, in: Deutschlandstudien II. Fallstudien und didaktische Versuche. Zusammengestellt von Robert Picht. Bonn 1975, S. 49–74

Michael Stürmer (Hrsg.): Die Weimarer Republik. Belagerte Civitas. Königstein/Ts. 1980

Günter Trautmann: Zwischen Fortschritt und Restauration. Liberale Doktrin und Parteienentwicklung in Deutschland 1861–1933. Hamburg 1975

Kurt Tucholsky: Deutschland, Deutschland über alles. Berlin 1929 (Nachdruck Reinbek b. Hamburg 1980)   Q

Ursachen und Folgen. Vom deutschen Zusammenbruch 1918 und 1945 bis zur staatlichen Neuordnung Deutschlands in der Gegenwart. Eine Urkunden- und Dokumentensammlung zur Zeitgeschichte. Bd. 1–8. Berlin (West) o. J. (1958 ff)   Q

Weimarer Republik. Hrsgg. von. Kunstamt Kreuzberg und dem Institut für Theaterwissenschaft der Universität Köln. Berin (West), Hamburg 1977   Q

7. „Weimarer Republik" – Erfahrungen aus der Seminarpraxis

Die bereits entwickelten Lernziele, Qualifikationen und thematischen Schwerpunktsetzungen bildeten in Verbindung mit den Teilnehmerinteressen und -voraussetzungen die Grundlage für die Erstellung von Seminarprogrammen. Dabei sind in der Seminarpraxis die organisatorischen und institutionellen Rahmenbedingungen der jeweiligen Seminare ebenso zu berücksichtigen, wie besondere Interessen von Veranstaltern oder Trägereinrichtungen. So werden Bildungsurlaubsseminare im Internationalen Haus Sonnenberg häufig in Zusammenarbeit mit Volkshochschulen aus Niedersachsen durchgeführt, die als Träger der Kurse auch die pädagogische Verantwortung mittragen und daher auf die Programmgestaltung Einfluß nehmen können. In den durchgeführten Seminaren ließen sich aber keine grundlegenden inhaltlichen Differenzen mit diesen Trägerorganisationen feststellen, so daß das vorgestellte Lernsystem auch in diesen Kooperationsseminaren erprobt werden konnte. Im folgenden soll die praktische Arbeit mit dem Thema „Weimarer Republik" in den Bildungsurlaubsseminaren dargestellt werden. Dabei ist es erforderlich, auch auf die organisatorischen Rahmenbedingungen etwas detaillierter einzugehen, da ihre Kenntnis eine wesentliche Voraussetzung für die Beurteilung der Übertragbarkeit des vorgestellten Ansatzes ist.

7.1. Rahmenbedingungen und Themenstellungen der Seminare

Alle Seminare, deren Teilnehmerkreis in Kapitel 2.3.1. beschrieben wurde, fanden im Internationalen Haus Sonnenberg bei St. Andreasberg/Oberharz statt. Sie dauerten jeweils von Sonntagabend bis Freitagmittag. Jedes Seminar verfügte über einen Arbeitsraum für die Plenumsveranstaltungen sowie – je nach Belegungssituation des Internationalen Hauses – über zwei bis drei Gruppenarbeitsräume. Der Tagesablauf war geprägt durch zwei je dreistündige Arbeitseinheiten. Die erste fand am Vormittag, die zweite abends statt. Das Besondere des Tagesablaufs bei den hier beschriebenen Seminaren liegt – wie bei fast allen Sonnenberg-Seminaren – in den programmfreien Nachmittagen, die den Teilnehmerwunsch nach kommunikativer Freizeitgestaltung und der Ausnutzung der schönen Lage der Ausbildungsstätte entgegenkommen.

Die Themenformulierungen der Seminare sind oft in Abstimmung mit den beteiligten Volkshochschulen vorgenommen worden. Daraus und aus Gründen der Teilnehmerwerbung erklären sich die unterschiedlichen Formulierungen wie: „Demokratie und Faschismus zwischen den Weltkriegen", „Deutschland zwischen den Weltkriegen", „Die Weimarer Republik und die Entwicklung des Nationalsozialismus". Diese unterschiedlichen Akzentuierungen schlugen sich auch in der Behandlung der Themen nieder. Allerdings waren alle Seminare – aufbauend auf dem schon beschriebenen Lernsystem – durch die gleichen Schwerpunktsetzungen strukturiert. So wurden die Leitthemen in folgende vier Themenblöcke umgesetzt, die in der Regel an je einem Tag behandelt wurden:

- Das Ende des Kaiserreichs und die Novemberrevolution,
- Träger und Gegner der Weimarer Demokratie,
- Der Zusammenhang von wirtschaftlicher und politischer Instabilität,
- Der Aufstieg und die Programmatik der NSDAP.

Der Sonntagabend diente – neben dem gegenseitigen Kennenlernen – der Feststellung von Teilnehmerinteressen und -voraussetzungen sowie dem Einstieg ins Thema. Der Freitagvormittag wurde durch eine Diskussion offener Fragen, eine auswertende Zusammenfassung der Arbeitsergebnisse des Seminars und eine Seminarkritik ausgefüllt.

7.2. Die Einstiegsphase

Die maximal 30 Teilnehmer der jeweiligen Bildungsurlaubsseminare meldeten sich über die Geschäftsstelle des Internationalen Arbeitskreises Sonnenberg in Braunschweig bzw. über die beteiligten Volkshochschulen zu den Seminaren an. Sie erhielten auf Anfrage oder spätestens mit der verbindlichen Anmeldung eine kurze Erläuterung des Seminarthemas und einen „Vorläufigen Arbeitsplan" zugesandt. Wie sich in den Gesprächen im Seminar immer wieder bestätigt hat, werden diese Unterlagen sehr unterschiedlich aufgenommen. Während viele Teilnehmer vor allem den Programmvorschlag aufmerksam durchlesen und für unverzichtbar halten, würdigen andere Teilnehmer ihn kaum eines Blickes. Die erste Gruppe besteht in der Regel aus den Seminarteilnehmern, die sich gezielt für diese Themenstellung entschieden haben, während die zweite Gruppe primär an der Wahrnehmung des Bildungsurlaubsanspruches interessiert ist und sich erst bei Seminarbeginn näher mit dem Thema befaßt.

Die Teilnehmer reisen im Laufe des Spätnachmittags zum Seminar an. Der erste gemeinsame Programmpunkt ist das Abendessen um 18.00 Uhr, das bereits Gelegenheit bietet, zumindest zu den Tischnachbarn Kontakt aufzunehmen und einen ersten Eindruck vom Teamer zu bekommen, der von Tisch zu Tisch geht und organisatorische Hinweise für den weiteren Ablauf des Abends gibt. Zwischen Abendessen und der ersten Arbeitseinheit ziehen sich die meisten Seminarteilnehmer noch einmal in die Sicherheit *ihrer* Zimmer zurück.

Zu Beginn der ersten Arbeitseinheit ist deutlich zu spüren, daß viele Teilnehmer, vor allem diejenigen, die zum ersten Mal an einem Seminar teilnehmen, sehr angespannt und aufgeregt sind. Für die Teamer — die Sonnenberg-Seminare werden jeweils von zwei Teamern durchgeführt — stellt sich die Aufgabe, durch ein entspanntes, ebenso freundliches wie sachliches Auftreten und offenes Zugehen auf die Teilnehmer die Voraussetzungen für einen Abbau dieser Verkrampfungen und Ängste zu schaffen. Die Begrüßung und die Erläuterung der organisatorischen Abläufe sowie der unvermeidlichen „Spielregeln" des Hauses bieten dazu Gelegenheit. Insbesondere kann hier bereits die verbreitete Furcht vor einem verschulten Seminarablauf abgebaut werden.

Nach der kurzen Begrüßung und den organisatorischen Hinweisen erfolgte eine Vorstellungsrunde. Diese Ankündigung verursachte bei vielen Teilnehmern noch einmal einige Aufregung, da die meisten es überhaupt nicht gewohnt waren, vor einer größeren Gruppe zu sprechen. Unter Verzicht auf — gerade von Bildungsurlaubsteilnehmern mit deutlicher Abwehr beantworteten — „Kennenlernen-Spiele" wurde in den Seminaren mit Partnerinterviews, oder bei kleineren Gruppen (bis etwa 15 Teilnehmer) auch mit einer herkömmlichen Vorstellungsrunde gearbeitet. Bei den Partnerinterviews wurden je zwei Teilnehmer per Los zusammengebracht, die sich erst miteinander bekannt machten und sich dann gegenseitig dem Seminar vorstellten. Der Ablauf dieses ersten Teils der Eröffnungssitzung ist ungemein wichtig für den weiteren Seminarverlauf. Hier muß es gelingen, eine möglichst angstfreie, aber in der Sache verbindliche Atmosphäre zu schaffen, die als Voraussetzung für die Annäherung an die in Kapitel 4.1. und 4.2. genannten Lernziele bzw. Qualifikationen unerläßlich ist.

Nach der Vorstellungsrunde und einer Pause wurde mit dem Einstieg ins Thema begonnen. Dazu wurden zunächst Kleingruppen (3—4 Teilnehmer) gebildet, die folgende Fragen beantworten sollten:

1. Welche Themen aus der Zeit der Weimarer Republik interessieren Euch besonders bzw. welche Themen sollten wir unbedingt im Seminar behandeln?

2. Wo habt Ihr schon Informationen über diese Zeit bekommen?

Mit diesen Fragen sollte zum einen ein Prozeß der Selbstverständigung der Teilnehmer initiiert werden. Die Teilnehmer sollten über ein Abrufen eigener Bezugspunkte, Kenntnisse und Interessen einen Zugang zum Thema finden. Zum anderen sollten sie in der Kleingruppe in einen ersten Austausch untereinander, d.h. in einen Kommunikationsprozeß eintreten, in dessen Verlauf die in Kapitel 4.2. genannten, stärker affektiven Lernziele hinsichtlich steigender Bereitschaft zu Selbstbestimmung, Kommunikation und Identitätsfindung zum ersten Mal angestrebt werden konnten. Darüberhinaus lieferte diese erste Gruppenarbeitsphase den Teamern wichtige Erkenntnisse über die Interessen der Teilnehmer und ihre Lernvoraussetzungen. Die Ergebnisse dieser etwa halbstündigen Gruppenarbeitsphase wurden von den Arbeitsgruppen stichwortartig auf Plakaten festgehalten, die im Tagungsraum aufgehängt und von den Gruppen erläutert wurden. Auf der Basis dieser Arbeitsergebnisse konnte dann der von den Teamern vorgelegte „Vorläufige Arbeitsplan" hinzugezogen und daraufhin durchgesehen werden, ob sich alle artikulierten Teilnehmerinteressen in diesem Rahmen wiederfanden.

In der Regel waren Akzentverschiebungen und geringfügige Umstellungen des Arbeitsplans erforderlich. In zwei Fällen wurde – von den Teilnehmern vorgeschlagen – eine zusätzliche Arbeitseinheit am Nachmittag in das Programm aufgenommen. Die Teilnahme an diesen Zusatzangeboten – in beiden Fällen das Thema: Geschichte des Antisemitismus – war freigestellt, dennoch beteiligten sich fast alle an diesen Sitzungen. In einzelnen Fällen ließen sich Teilnehmerinteressen aber auch nicht im Seminar berücksichtigen. Entweder weil der zeitliche Rahmen des Seminars nicht ausreichte und der Vorschlag, ein anderes Thema für einen speziellen Themenwunsch zu streichen, keine Zustimmung im Seminar fand, oder weil die Teamer nicht in der Lage waren, eine Arbeitseinheit zu einem speziellen Themengebiet kurzfristig anzubieten. Letzteres kam zweimal vor: Einmal bei dem Wunsch eines Teilnehmers, die Geschichte der deutsch-polnischen Beziehungen in der Zeit der Weimarer Republik ausführlicher zu behandeln, ein anderes Mal bei dem Wunsch, die Verflechtung der deutschen und der amerikanischen Industrie in der Weimarer Zeit differenziert, am besten am Beispiel einzelner Firmen, darzustellen.

In beiden Fällen erklärten die Teamer, noch vor der Entscheidung über dieses Thema im Plenum, daß sie sich nicht in der Lage sähen, das jeweilige Thema ohne größere Vorbereitung anzubieten. Den interessierten Teilnehmern wurden in beiden Fällen im Laufe des Seminars Materialien und Literaturhinweise zu den Fragen gegeben.

In den Gruppenarbeitsergebnissen zeigte sich, daß die Teilnehmer über sehr verschiedene Lernvoraussetzungen und Vorkenntnisse zum Thema verfügten. Gleichzeitig bewährten sich die vorgesehenen thematischen Schwerpunktsetzungen. Dies erklärt sich sicherlich auch dadurch, daß die Teilnehmer, die besonders am Thema interessiert waren oder über ein überdurchschnittliches Vorwissen verfügten und den „Vorläufigen Arbeitsplan" genauer gelesen hatten, auch in den Arbeitsgruppen als Ideenlieferanten wirkten. Von einer reinen Teilnehmerorientierung kann hier also – wie fast immer in der institutionalisierten politischen Bildung – keine Rede sein. Sowohl die in jedem Seminar vorgenommene Akzentverlagerung der Behandlung der Themen entsprechend den erst während der Eröffnungs-Sitzungen deutlich werdenden spezifischen Interessen der Teilnehmer als auch die Tatsache, daß fast alle Teilnehmer in den Seminaren engagiert mitarbeiteten, lassen dennoch die These vertretbar erscheinen, daß die Teilnehmerinteressen die Themenauswahl und die Intensität der Behandlung der Themen bestimmten.

Die am ersten Abend jedes Seminars vom Internationalen Haus angebotene Begrüßungsbowle bot zum Abschluß des Abends einen guten Anlaß, noch zusammenzubleiben und den Prozeß des Kennenlernens fortzuführen.

7.3. Die Aufbereitung der Leitthemen

Aufgrund der in jedem Seminar stattfindenden — zum Teil beträchtlichen — Akzentverlagerung bei der Diskussion der weitgehend gleichen Themen läßt sich im folgenden nur eine sehr allgemeine Darstellung der Behandlung der Themen in den Seminaren geben. Grundlegend ist bei den Überlegungen zur Auswahl von Arbeitsmethoden und -materialien noch einmal in Erinnerung zu rufen, daß die Teilnehmer der geschichtlichen Bildungsurlaubsseminare mit nur wenigen Ausnahmen keinen Zugang zu anderen Weiterbildungsmöglichkeiten wahrnehmen und daher „bildungsungewohnt" sind. Wie die Praxis zeigte, haben viele Teilnehmer seit ihrer Schulzeit nach eigenem Bekunden weder an Bildungsveranstaltungen teilgenommen noch versucht, sich selbst in ihrer Freizeit fortzubilden. Viele haben weder gesellschaftspolitische Texte — bisweilen nicht einmal eine Tageszeitung —, Bücher oder generell längere Texte gelesen noch irgendein konkretes Interesse an der Beschäftigung mit politischen und historischen Themen entwickelt. Gleichzeitig sind viele Teilnehmer nur schwer in der Lage, mündlichen Ausführungen, die länger als 10—15 Minuten dauern, zu folgen. Bei dem Einsatz von Filmmaterial findet sich immer wieder eine reine Konsumentenhaltung, wie sie sich im heimischen Fernsehsessel entwickelt hat: Entspannt zurückgelehnt werden die — hoffentlich spannenden — Aktionen auf der Leinwand verfolgt.

Diese Voraussetzungen, die in geringerem Ausmaß zum Teil auch bei Teilnehmern in anderen Seminartypen feststellbar sind, machten es erforderlich, auf den Einsatz von langen, fremdwortgespickten fachwissenschaftlichen Texten, auf komplizierte Statistiken und längere Referate ebenso zu verzichten wie auf unaufgearbeitete Filmvorführungen oder das Durchlaufenlassen von Dia-Serien. Auch die Vorlage eines Seminarreaders zu Beginn des Seminars, in dem Texte und Materialien zusammengefaßt sind, ist problematisch, da er, wie vielfach erwiesen, auch eine verschulende und damit äußerst problematische Wirkung auf das Seminar haben kann. Darum wurde hierauf verzichtet.

Gleichzeitig sollen die Teilnehmer aber im Sinne der affektiven Lernziele aus Kapitel 4.2. durchaus gefordert werden, denn nur so ist für sie zu erkennen, daß sie mehr können, als sie sich selbst gewöhnlich zutrauen und zumuten. Daher ist es notwendig, mit — sorgfältig ausgewählten — Texten (auch fachwissenschaftlichen), Grafiken und Statistiken, Kurzvorträgen und vor- und nachbereiteten Filmmaterialien zu arbeiten, um so einen historisch-politischen Lernprozeß für die Teilnehmer erst zu ermöglichen. Entscheidend ist dabei, daß die Teilnehmer möglichst viel eigene Lernerfahrungen sammeln, indem sie z.B. Wissen selbst erarbeiten, ihre Gedanken, Fragen und Meinungen in die Gruppe einbringen, ihre Positionen verteidigen oder auch revidieren lernen, um so ein größeres Vertrauen in die eigenen Fähigkeiten zu entwickeln. Nur so können die in Kapitel 4.1. genannten Qualifikationen erreicht werden.

Da für die meisten Teilnehmer die Arbeit im Plenum besonders viele Hemmschwellen bietet, empfiehlt es sich, möglichst viel in wechselnden Kleingruppen zu erarbeiten. Für die Textarbeit erhielten die Kleingruppen Fragestellungen vorgegeben, die anknüpften an den jeweiligen Seminarzusammenhang und eine bewertende Zusammenfassung der Texte durch die Gruppen erleichtern sollten. Gleichbleibende Kleingruppen – womöglich noch mit einem Gruppenleiter – fördern nicht nur die Cliquenbildung, sondern reproduzieren in der Regel nur die Plenumssituation und eignen sich allenfalls für die längerfristige, arbeitsteilige Erarbeitung von speziellen Themen bzw. für andere Teilnehmerkreise in der Erwachsenenbildung. In den durchgeführten Seminaren bestätigte sich wieder einmal, daß Kleingruppenarbeit im Wechsel mit Plenumssitzungen besonders gut geeignet ist, um individuelle und soziale Lernprozesse der Teilnehmer entsprechend den Lernzielen aus Kapitel 4 zu ermöglichen.

7.3.1. Das Ende des Kaiserreichs und die Novemberrevolution

Den ersten Themenblock bildete in allen Seminaren die Entstehungsgeschichte der Weimarer Republik. In der Vormittagssitzung am Montag wurde in der Regel mit einem Kurzvortrag, aus dem sich sehr schnell ein Lehrgespräch entwickelte, die Entstehungsgeschichte und der Verlauf des Ersten Weltkrieges nachgezeichnet. Dabei standen neben der Kriegsursachenfrage zwei Teilaspekte, die militärische Niederlage und die Verschlechterung der Lebensbedingungen für die Bevölkerung, im Mittelpunkt. Die militärische Niederlage konnte in engem Zusammenhang mit der „Dolchstoßlegende" diskutiert werden. Hier, wie bei allen anderen Plenumssitzungen mit Lehrgesprächen, ist es wichtig, möglichst schnell den Teilnehmern Gelegenheit zu geben, ihr vorhandenes Wissen in das Seminar einzubringen und nicht einfach durch einen Kurzvortrag bestätigt zu bekommen. Nur so können auch falsche Informationen korrigiert werden. Zur Auseinandersetzung mit der „Dolchstoßlegende" konnten, auf der Basis einer Darstellung der Entstehungsgeschichte und des Verlaufs des I. Weltkrieges, drei kurze Texte im Plenum gelesen, erläutert, zusammengefaßt und ausgewertet werden *(Dok. G 1)*[134].

Anschließend wurde der Blick auf die unmittelbaren Kriegsfolgen, vor allem den Versailler-Vertrag gelenkt. Mit Hilfe einer Karte der Gebietsabtretungen *(Dok. G 2)* und einigen kurzen statistischen Einordnungen der ökonomischen Auswirkungen des Krieges wurde versucht, das tatsächliche materielle Ausmaß der Belastungen Deutschlands nachvollziehbar zu machen, um von dortaus eine Grundlage für die Diskussion der politisch-psychologischen Folgen *(Dok. G 3)* des verlorenen

---

[134] Alle im folgenden erwähnten Texte sind im Anhang abgedruckt. Die Buchstaben und Ziffern in Klammern beziehen sich auf die Kennzeichnung der Materialien im Anhang.

Krieges, insbesondere des Versailler-Vertrages zu bekommen. Damit konnten wichtige Lernziele aus Kapitel 4.2. und 6.1. angestrebt werden.

In Verbindung mit dieser Diskussion konnte das Augenmerk auf die katastrophale Versorgungslage der meisten Menschen – vor allem gegen Ende des Krieges – gelenkt werden. Zur Illustration wurde ein Auszug aus Theodor Plieviers Roman „Der Kaiser ging, die Generäle blieben" gelesen, in dem die materielle Not am Beispiel einer Frau in Berlin gezeigt wird. Dieser Text *(Dok. G 4)* wurde in Kleingruppen gelesen und vordiskutiert. Im Plenum stellten die Gruppen noch offene Fragen zum Text und gaben ihre Eindrücke von dessen Inhalt wieder. Dabei zeigte sich, daß der Text, der – trotz seiner Länge – bereitwillig, wenn auch unter zum Teil großem Zeitaufwand, gelesen wurde, bei den Teilnehmern Interesse fand und lebhafte Diskussionen auslöste, von denen aus am Abend die sozialen und psychologischen Grundlagen der Entstehung der Novemberrevolution und der Räterepubliken erarbeitet werden konnten. Mit der Lektüre und Diskussion dieses Textes konnten u. a. zwei wichtige Lernerfolge erzielt werden:

1. Die Einsicht, daß auch die Lektüre längerer Texte zu bewältigen ist und lohnend sein kann sowie
2. die Vermittlung von Einblicken in die Lebensbedingungen von Menschen im Ersten Weltkrieg, was zur Reflexion der eigenen Lebenssituation führen kann und in der Praxis auch führte.

Das Thema am Abend: „Novemberrevolution und Räterepubliken" fand bei den Teilnehmern immer großen Zuspruch, obwohl – oder: weil? – das Vorwissen hier besonders gering war. Anknüpfend an die Diskussionen des Vormittags wurden zunächst die sozialen und politischen Wurzeln der Novemberrevolution dargestellt und anschließend der Verlauf der Revolution und die Entstehung und Ausbreitung der Räterepubliken untersucht *(Dok. G5)*. Dies geschah vor allem am Beispiel Braunschweigs.

Für dieses lokalgeschichtliche Vorgehen sprachen die Nähe der Braunschweiger Entwicklung zur Erfahrungswelt der meisten Seminarteilnehmer – die meisten Teilnehmer kennen Braunschweig gut und haben einen leichteren Zugang zur Lokalgeschichte als zu den Ereignissen in Berlin – und die gute Dokumentation der Braunschweiger Räterepublik. Zur Entstehung der Revolution in Braunschweig wurde zunächst wieder ein Text aus Plieviers „Der Kaiser ging, die Generäle blieben" *(Dok. G 6)* in Kleingruppen gelesen und diskutiert. In ihm wird in anschaulicher Weise die Entstehung der Braunschweiger Revolution dargestellt. Ergänzt wurde dieser Text durch die anschließende gemeinsame Lektüre einiger Dokumente des Arbeiter- und Soldatenrates *(Dok. G 7)*. Diese Texte informieren über den Aufbau der Räterepublik und die gesellschaftspolitischen Vorstellungen des Arbeiter- und Soldatenrates. Sie bildeten den Einstieg in eine in der Regel sehr engagierte Diskussion um die Räte als gesellschaftliche Alternative zum parlamentarischen System. In zwei Seminaren entwickelten sich lebhafte Streitgespräche zu der Frage: „Was wäre gewesen, wenn die Räte die weitere Entwicklung in Deutschland bestimmt hätten?". Die in diesen Diskussionen freigesetzte realistische Phantasie vieler Teilnehmer war teilweise verblüffend. Besonders hitzige Diskussionen löste die Rolle der SPD in der Novemberrevolution und ihr Anteil an der Liquidierung der Räterepubliken aus. Hier wurden im Gespräch im Plenum die Entscheidungs- und Handlungszwänge für die SPD und ihre politische Strategie untersucht sowie mit Hilfe mehrerer, in der Bewertung gegensätzlicher Dokumente, zeitgenössischer Karikaturen, Gedichte und Lieder diskutiert. An diesem Beispiel konnte für die Teilnehmer, die grundverschiedene Positionen in dieser Diskussion vertraten, erfahrbar gemacht werden, daß die Bewertung historischer Situationen durchaus von den eigenen Werthaltungen und Erkenntnisinteressen abhängt und eine „objektive Geschichtsinterpretation" weitgehend Fiktion bleiben muß. Damit konnten zentrale Forderungen des Lernzielkatalogs aus Kapitel 4.2. und 6.1. zumindest ansatzweise realisiert werden.

7.3.2. Träger und Gegner der Weimarer Demokratie

Anknüpfend an die Diskussion um die politische Strategie der SPD konnte am Dienstagmorgen zunächst in einem Kurzvortrag die Entscheidung für die Nationalversammlung und die Entstehung der Weimarer Reichsverfassung dargestellt werden. Danach wurde im Plenum gemeinsam eine Grafik zum Staatsaufbau der Weimarer Republik erarbeitet *(Dok. G 8)*. Der Schwerpunkt lag dabei auf den Besonderheiten gegenüber der Bundesrepublik: Die herausragende Stellung des Reichspräsidenten, die plebiszitären Elemente der Verfassung und der Artikel 48 standen dabei im Vordergrund. Ausgehend vom Parteienspektrum der Bundesrepublik wurde danach – an der Tafel – ein Überblick über das Parteiensystem der Weimarer Republik gemeinsam entwickelt.

Nach der Benennung der Parteien und ihrer groben politischen Zuordnung wurde eine kurze Gruppenarbeitsphase eingeschoben, in der Kleingruppen sich arbeitsteilig kurze Informationen zu einzelnen Parteien erarbeiteten *(Dok. G 9)*, eine Begründung für deren zu erwartende Stellung zur Weimarer Demokratie formulierten und beides ins Plenum trugen. Nach der Auswertung dieser Gruppenarbeit wurden die Reichstagswahlergebnisse der Parteien im Plenum untersucht und erklärt. Dabei wurde bereits die enge Wechselwirkung von wirtschaftlichen und politischen Entwicklungen herausgearbeitet und auch als heutiges Problem thematisiert. Zum Schluß der Vormittagssitzung, bisweilen aber auch erst zu Beginn der Abendsitzung, wurden zwei kurze Texte von Stefan Zweig bzw. Maximilian Harden zum Thema „Republik ohne Republikaner" *(Dok. G 10)* in Kleingruppen gelesen, zusammengefaßt und erläutert sowie anschließend im Plenum diskutiert. Hier stand die Frage nach den Gegnern der Republik, deren Motivation und Stärke im Zentrum des Interesses. Aber auch die darüber hinausgehende Frage: „Gibt es prinzipiell demokratiefeindliche Gruppen in der Gesellschaft?" tauchte immer wieder auf und wurde diskutiert.

In dem ganzen Themenblock vom Dienstagmorgen, der längere Informationsphasen enthielt, suchten die Teilnehmer ständig nach Parallelen zur Bundesrepublik und konnten diese partiell auch auffinden. Damit konnte u. a. die im Lernzielkatalog formulierte Aufgabe angegangen werden, die Frage nach den Möglichkeiten und Grenzen der Wiederholbarkeit von Problemstellungen und Konflikten der Weimarer Republik zu stellen und zu diskutieren.

Am Dienstagabend standen die Elitenkontinuität und das Problem eines fehlenden demokratischen Bewußtseins im Mittelpunkt des Seminars. In einigen Fällen wurde der Film „Der Untertan"[135] von Wolfgang Staudte oder die „Affäre Blum" von Erich Engel zur Illustration obrigkeitsstaatlicher Denkmuster zum Ausgang der Seminardiskussion gemacht. In anderen Fällen wurde mit Hilfe von unterschiedlichen Materialien am Beispiel Paul von Hindenburgs *(Dok. G 11)* das Thema „Elitenkontinuität" behandelt. In einem Fall wurde ein Schulfunkhörspiel des NDR zur politischen Justiz in der Weimarer Republik in den Mittelpunkt der Diskussionen gestellt. Auffällig war immer, daß die Teilnehmer sehr schnell zur Frage der Elitenkontinuität vom Nationalsozialismus zur Bundesrepublik kamen und sich hier engagierte Diskussionen entwickelten; ebenso wie das Thema „Obrigkeitsstaatliches Denken" in der Regel zur Diskussion heute auffindbarer autoritärer Denk- und Verhaltensmuster ausgeweitet wurde. Ein Versuch zur zusammenfassenden Bewertung der politischen Wirkung der Elitenkontinuität für die politische Stabilität der Weimarer Republik stand jeweils am Ende der Sitzungen.

7.3.3. Der Zusammenhang von wirtschaftlicher und politischer Instabilität

Am Mittwochmorgen wurde, anknüpfend an die bei der Untersuchung der Reichstagswahlergebnisse bereits entstandenen Diskussionen, der für die Entwicklung der Weimarer Republik entscheidende Zusammenhang von wirtschaftlicher und politischer Instabilität thematisiert. Dieses Thema bereitete in allen Seminaren Schwierigkeiten, weil im Rahmen der Auseinandersetzung mit der Weimarer Entwicklung die Erläuterung zentraler volkswirtschaftlicher Begriffe und Zusammenhänge erfolgen mußte. So mußten zunächst die weitgehend kriegsbedingten Ursachen der Inflation in Verbindung mit einer Erklärung des Begriffs „Inflation" im Plenumsgespräch erarbeitet werden. Danach konnten Verlauf und Auswirkung der Inflation für die Menschen mit Hilfe von statistischem Material *(Dok. G 12, 13)*, Auszügen aus Dokumentarfilmen von kurzen, stärker fachwissenschaftlichen Zusammenfassungen der Folgen der Inflation *(Dok. G 14)* behandelt werden.

Nach dem gleichen Verfahren wurde im zweiten Teil der Sitzung die Weltwirtschaftskrise behandelt: An die Darstellung der Ursachen und des Verlaufs der Krise

---

[135] Vgl. zur Vor- und Nachbereitung des Einsatzes dieses Films auch die Unterrichtseinheit von Ingeborg Reiners-Woch: Heinrich Mann, Der Untertan. Geeignet für die Sekundarstufe II. Köln o. J. (1981).

schloß sich die Frage nach deren Auswirkung auf die Menschen und die politischen Folgen der Krise an. Zur Illustration der persönlichen Betroffenheit der Menschen durch die weltwirtschaftlichen Entwicklungen wurde in Kleingruppen ein Auszug aus Axel Eggebrechts Roman „Volk ans Gewehr. Chronik eines Berliner Hauses 1930−34" *(Dok. G 15)* gelesen und diskutiert. Dieser Text liefert sowohl historische Sachinformationen als auch eine nachvollziehbare Darstellung eines Einzelschicksals. Er wurde immer interessiert gelesen. Gleichzeitig konnte bei vielen Teilnehmern das Interesse am weiteren Verlauf der Handlung des Romans und damit an weiteren Informationen zum Thema geweckt werden. In diesem Kontext wurden auch die politischen Aktivitäten der Wirtschaft untersucht und lebhaft diskutiert *(Dok. G 16)*.

Besonders engagiert waren die Diskussionen beim Thema „Arbeitslosigkeit". Hier wurden sofort Parallelen zur heutigen Situation gesucht. Bei keinem anderen Thema der Seminare beherrschte der Gegenwartsbezug die Sitzung so stark wie hier. Dabei konnten − ganz im Einklang mit den vorformulierten Lernzielen − Parallelen, aber auch die grundlegenden Unterschiede zur heutigen Krise der westlichen Industriestaaten und ihren Auswirkungen auf die Lebensbedingungen der Menschen deutlich gemacht werden.

Am Mittwochabend wurde in den meisten Fällen ein abendfüllender Spielfilm gezeigt, in dem − anknüpfend an die Thematik des Vormittags − die Verbindung zwischen der Verelendung vieler Menschen im Gefolge der Weltwirtschaftskrise und dem Aufstieg des Nationalsozialismus behandelt wurde. Neben solchen Filmen wie „Rotation" von Wolfgang Staudte und der Verfilmung des Romans von Anna Seghers „Die Toten bleiben jung" wurde vor allem der − trotz seiner Länge − immer wieder sehr wirkungsvolle Film „Aus einem deutschen Leben" von Theodor Kotulla gezeigt, in dem die Lebensgeschichte des KZ-Kommandanten von Auschwitz, Rudolf Höß, dargestellt wird. In die jeweils gezeigten Filme wurde mit einer Vorbesprechung im Plenum eingeführt.

Der sehr lange Film von Kotulla mußte an mehreren Stellen angehalten werden, um eine Zwischenbilanz zu ziehen. Da dieser Film aus einer Reihe in sich abgeschlossener Sequenzen aus unterschiedlichen Zeitabschnitten besteht, eignet er sich besonders gut für vertiefende Zwischendiskussionen und das Einbringen seminarspezifischer Zusatzinformationen. In jedem Fall wurde − noch am Abend − eine Auswertungsdiskussion im Plenum angeboten und von den Teilnehmern wahrgenommen. Hierbei konnten einzelne Problemaspekte, die im Film angesprochen worden waren, erklärt, verdeutlicht oder vertieft werden. Diese Sitzung ging in der Regel beträchtlich über den üblichen zeitlichen Rahmen der Arbeitseinheiten hinaus.

7.3.4. Der Aufstieg und die Programmatik der NSDAP

Im Anschluß an den Film vom Mittwochabend stand am Donnerstag die Entwicklung des Nationalsozialismus auf dem Seminarprogramm. Während in der Vormittagssitzung vorrangig nach den ideologischen Grundlagen des Nationalsozialismus,

seinen politischen Zielvorstellungen und den organisatorischen Anfängen der
NSDAP gefragt wurde, stand am Abend stärker die organisatorische Entwicklung,
die Mitglieder- und Wählerstruktur, die Finanzierung der Partei und der Weg zur
Machtergreifung im Zentrum. Mit Hilfe von Auszügen aus Adolf Hitlers „Mein
Kampf" *(Dok. G17)*, die in Kleingruppen erarbeitet wurden, sowie Ton- und Bilddokumenten *(z. B. Dok. G18)* wurden wesentliche Bestandteile der nationalsozialistischen Ideologie wie das Führerprinzip, die Kriegspropaganda und die Rassentheorie behandelt. Zur Rassentheorie und -politik *(Dok. G19)*, vor allem zum Antisemitismus, wurden in mehreren Seminaren zusätzliche, freiwillige Arbeitseinheiten am Nachmittag eingeschoben, in denen vor allem über die geschichtlichen Wurzeln des Antisemitismus informiert und diskutiert wurde. Bei der Vorführung von
Ton- und Bildmaterial zeigte sich regelmäßig die Schwierigkeit, daß die Inhalte der
Hitler-Reden für die Seminarteilnehmer überlagert wurden von der als „lächerlich,
hysterisch und exaltiert" empfundenen Art der rhetorischen Präsentation.

Die im Lehrgespräch im Plenum vorgenommene Nachzeichnung der organisatorischen Entwicklung der NSDAP stand in enger Wechselwirkung mit der Beantwortung der Frage nach der Finanzierung und der Mitgliedschaft der Partei sowie der –
in der Regel von den Teilnehmern gestellten – Frage nach den Gründen für das
Scheitern der antifaschistischen Kräfte. Die Diskussion der Sozialstruktur der Partei wurde in Kleingruppen vorbereitet, die eine in Prozentzahlen konkretisierte Prognose über die erwartete Mitgliederstruktur entwickeln sollten. Die zum Teil deutlichen Differenzen zwischen den Erwartungen der Teilnehmer und der Realität
boten im Plenum gute Ansatzpunkte für die Untersuchung von spezifischen gesellschaftlichen Gruppen, die zu den sozialen Säulen des NS-Systems gerechnet werden
können. Die Auseinandersetzung mit dem Verhalten der Parteien und anderer
Organisationen der Arbeiterbewegung vor dem aufkommenden Nationalsozialismus bildete stets den thematischen Abschluß der Seminare. Ein Abschluß, der noch
einmal zu emotional aufgeladenen Diskussionen führte, die Frage nach den Konsequenzen für heute stellte und die Frage aufwarf „Was wäre gewesen, wenn...?". In
diesem Rahmen wurde in fast allen Seminaren auch über die Gefahren des Neofaschismus in der Bundesrepublik gesprochen.

7.4. Die Auswertungsphase

Die Phase der Zusammenfassung und Auswertung erstreckt sich in Bildungsurlaubsseminaren in der Regel auf die letzte Sitzung bzw. den größten Teil der letzten
Sitzung. Zu Beginn dieser Sitzung wurde jeweils Gelegenheit gegeben, noch offen
gebliebene Fragen ins Seminar einzubringen. Danach konnte in einigen Fällen ein
die Zeit der Weimarer Republik und des Nationalsozialismus in einer Gesamtschau
darstellender Film – meist Erwin Leisers „Mein Kampf" – gezeigt werden. Meistens wurde nur der erste Teil dieses Films (Der Weg in die Diktatur 1914–1933)

vorgeführt. Von diesem Film aus konnten die Arbeitsergebnisse des Seminars erst in Kleingruppen zusammengetragen und auf Plakaten festgehalten und dann im Plenum diskutiert und systematisiert werden. Wenn kein zusammenfassender Film gezeigt wurde, begann in den Kleingruppen das Sammeln und Zusammenfassen der Arbeitsergebnisse.

Die Gruppen sollten dazu zwei Fragen beantworten:

1. Welches sind die Gründe für die Auflösung der Weimarer Republik?
2. Welche Errungenschaften der Weimarer Republik sind aus heutiger Sicht positiv zu bewerten?

Auch diese Gruppenarbeitsergebnisse wurden im Plenum zusammengefaßt und systematisiert. Damit sollten die Teilnehmer zum einen die Arbeits- und Diskussionsergebnisse der Woche rekapitulieren und zusammenfassen, um so eine bessere Voraussetzung für eine individuell unterschiedliche Nutzbarmachung des Seminars entsprechend den angestrebten Lernzielen zu schaffen. Zum anderen sollte noch einmal Gelegenheit gegeben werden, am Beispiel des Themenfeldes „Weimar" sich in einer diskursiven Auseinandersetzung über historisch-politische Fragen zu üben. Die Ergebnisse der Gruppenarbeit zeigten in fast allen Fällen, daß es gelungen war, sowohl ein grundlegendes Wissen über die wesentlichen Entwicklungen und Ereignisse der Weimarer Republik zu vermitteln als auch einen Bezug zur Gegenwart herzustellen. Das so entstandene Interesse zeigte sich u. a. an der im Verlauf der Seminare ständig stärker werdenden Nutzung des Büchertisches, auf dem Literatur zum Thema (Fachbücher, Biographien, Bildbände und Romane über die Zeit) ausgelegt war. Die Teilnehmer konnten diese Bücher am Nachmittag bzw. Abend mitnehmen oder auch für die Seminardauer ausleihen. Von diesem Angebot ist in allen Seminaren reger Gebrauch gemacht worden.

In der Seminarkritik, die meist in der letzten Stunde der Vormittagssitzung durchgeführt wurde, standen der Seminaraufbau, die Themenwahl und Präsentation, die Materialien, die eingesetzten Methoden, das Teamerverhalten und das Zusammenleben in der Gruppe zur Diskussion. Dazu wurde in einigen Seminaren zunächst in Kleingruppen vordiskutiert, in den meisten Fällen erfolgte die Seminarkritik aber lediglich im Plenum – unter weitgehender Zurückhaltung der Teamer.

Es gelang in den durchgeführten Seminaren für die meisten Teilnehmer, eine stärkere Annäherung an die vorgegebenen Lernziele zu erlangen; d. h., zumindest in der Seminar-Situation eine Auswertung der Qualifikationen, Kenntnisse und Fähigkeiten zu realisieren, die in Kapitel 4 und 6 beschrieben wurden. In den konzentriert durchgeführten Arbeitseinheiten wie in den Gesprächen in der Freizeit wurde dieses Ergebnis, das für die einzelnen Teilnehmer natürlich sehr unterschiedlich aussieht, deutlich. Für wohl alle kann aber davon ausgegangen werden, daß

– vielfältige Denkanstöße gegeben wurden,
– tradierte Einstellungen und Geschichtsinterpretationen hinterfragt wurden,

- neue Informationen vermittelt wurden,
- eine beträchtliche Ausweitung der bisherigen Argumentations- und Diskussionserfahrungen erfolgte.

Darüberhinaus — und das war für viele Teilnehmer wohl die überraschendste Erkenntnis — wurde erfahrbar, daß historisch-politisches Lernen Spaß machen und einen persönlichen Nutzen bringen kann.

Die Teilnehmeräußerungen am Ende der Seminare, wie vor allem die Tatsache, daß viele Teilnehmer aus den Bildungsurlaubsseminaren mit historischen Themen später wieder an anderen Bildungsurlaubsseminaren — z. T. wieder mit historischen Fragestellungen (z. B. Nationalsozialismus oder Geschichte der Bundesrepublik) — teilnahmen, können als Indizien dafür betrachtet werden, daß es mit dem oben entwickelten Lernsystem gelungen ist, einen historisch-politischen und sozialen Lernprozeß zu initiieren, der auch über das Seminar hinaus wirken kann.

8. Exkurs I

Bericht über die Bildungsurlaubsveranstaltung
zum Rahmenthema „Die Frau in der Gesellschaft −
vom Kaiserreich zur Bundesrepublik"

Bericht über die Bildungsurlaubsveranstaltung zum Rahmenthema: „Die Frau in der Gesellschaft − vom Kaiserreich zur Bundesrepublik"

Als Beispiel für die Integration des Themas „Weimarer Republik" in historisch-politische Bildungsurlaubsseminare, die sich primär an eine spezifische Zielgruppe richten, kann der im folgenden Exkurs wiedergegebene Bericht über eine Bildungsurlaubsveranstaltung zum Thema „Die Frau in der Gesellschaft − vom Kaiserreich zur Bundesrepublik" gesehen werden. Dieses Seminar, das gemeinsam mit der Kreisvolkshochschule Wolfenbüttel durchgeführt wurde, fand im November 1981 statt, nachdem bereits im Mai 1981 ein Seminar mit derselben Themenstellung durchgeführt worden war. Die Frage nach der historischen Veränderung der Stellung der Frauen in der Gesellschaft ist unter zwei Aspekten für die historisch-politische Bildung bedeutsam: Zum einen kann die Beschäftigung mit Problemen von Frauen in verschiedenen geschichtlichen Perioden einen Beitrag zum besseren Kennenlernen der jeweiligen Zeit und ihrer wichtigsten sozialen, ökonomischen und politischen Entwicklungen leisten; zum anderen kann die heute stark diskutierte Frage nach Wegen und Zielen der gesellschaftlichen Emanzipation der Frauen sowohl auf ihre historischen Entwicklungsbedingungen hin als auch im Hinblick auf Konsequenzen aus den bisherigen Erfahrungen untersucht werden. Damit können die Bestrebungen zur ernsthaften Auseinandersetzung mit diesem immer noch ungelösten gesellschaftspolitischen Problem unterstützt werden.

In den beiden Bildungsurlaubsseminaren wurde für verschiedene Abschnitte der jüngeren deutschen Geschichte der Frage nach den Lebens- und Arbeitsbedingungen von Frauen sowie dem herrschenden „Frauenbild" in der jeweiligen Zeit nachgegangen. An ausgewählten Beispielen wurde auf der Grundlage einer Bestandsaufnahme der heutigen Situation von Frauen in der Gesellschaft die Stellung der Frau im Kaiserreich, in der Weimarer Republik, unter dem Faschismus und in den Anfangsjahren der Bundesrepublik unter der Fragestellung nach dem Charakteristischen und den feststellbaren Veränderungen thematisiert. Filme, Bilder, Hörspiele, biographische Texte und Romanauszüge illustrierten die historischen Probleme. Die historischen Themenfelder waren so ausgewählt, daß über sie ein Einstieg in die Diskussion um die heutigen Probleme von Frauen in der Bundesrepublik möglich sein sollte.

Beide Seminare richteten sich in erster Linie an Frauen, aber auch Männer wurden zugelassen. Insgesamt nahmen 33 Frauen und 9 Männer an den Seminaren teil. Deutliche Unterschiede gegenüber den oben beschriebenen Bildungsurlaubsseminaren gab es – neben dem sehr hohen Frauenanteil – vor allem hinsichtlich des beruflichen Hintergrundes, des Ausbildungsniveaus und des Organisationsgrades der Teilnehmerinnen und Teilnehmer. So betrug der Anteil der Angestellten in diesen Seminaren 52 % (gegenüber 27 % in den Bildungsurlaubsseminaren zum Thema „Weimarer Republik"), ca. 20 % der Teilnehmerinnen und Teilnehmer hatten einen Hochschulabschluß (gegenüber 6,3 %), gleichzeitig lag der Organisationsgrad mit 45 % deutlich unter der Vergleichszahl für die übrigen Bildungsurlaubsseminare (71 %). Die Zusammensetzung dieser Seminare entsprach eher den Teilnehmerstrukturen in Volkshochschulen.

An der Bildungsurlaubsveranstaltung im November 1981 nahmen 28 Bildungsurlauber aus Niedersachsen bzw. Hamburg teil[136]. Die Zusammensetzung war insofern ungewöhnlich, als themenbedingt 20 Frauen und 8 Männer in dem Seminar waren. Das Seminar begann am Sonntagabend mit der Begrüßung und den üblichen organisatorischen Hinweisen zum Haus Sonnenberg und den Zeitabläufen im Seminar sowie einer Vorstellungsrunde, in der, nach einer Phase von Partner-Interviews, die Teilnehmerinnen und Teilnehmer einzeln im Plenum vorgestellt wurden. Im zweiten Teil der Sitzung wurde bereits in Gruppen zum Thema gearbeitet. Die Gruppen wurden nach thematischen Interessen besetzt und arbeiteten zu drei unterschiedlichen Fragestellungen.

Die erste Arbeitsgruppe ging der Frage nach, inwieweit sich das Leben der im Seminar anwesenden Teilnehmerinnen von dem Leben ihrer Mütter bzw. Großmütter unterscheidet. Zu dieser Frage sollte ein Plakat erstellt werden, in dem die wesentlichen Unterschiede aufgelistet werden sollten. Die zweite Arbeitsgruppe sollte mit einer Collage das Bild der Frau in der Gesellschaft heute nachzeichnen. Die dritte Arbeitsgruppe, in der die Männer zusammengefaßt waren, sollte der Frage nachgehen, welche Eigenschaften als typisch weiblich betrachtet werden können bzw. als typisch weiblich gelten. Diese Aufgabenstellung und die Zusammenfassung der Männer in einer Arbeitsgruppe führte zu Protesten bei einigen Männern, die befürchteten, sie sollten mit der Antwort auf diese Frage als „Kanonenfutter" in der anschließenden Plenumsdiskussion herhalten. Der Vorwurf, die Teamer wollten sie „ins offene Messer rennen lassen", konnte in einem längeren Gespräch mit der Gruppe soweit entkräftet werden, daß sich auch die Skeptiker bereit erklärten, zu dieser Thematik zu arbeiten und ein Plakat anzufertigen. Der Vorschlag, auch einige Frauen in die Arbeitsgruppe mit einzubeziehen, fand bei den Frauen allerdings keinen Widerhall.

Am Montagmorgen wurden die Ergebnisse der Arbeitsgruppen vorgestellt und dis-

---

[136] Der folgende Text ist eine Kurzfassung des unmittelbar nach dem Seminar für hausinterne Zwecke verfaßten Seminarberichts.

kutiert. Dabei zeigte sich, daß die ersten beiden Arbeitsgruppen sehr intensiv gearbeitet hatten und daher auch sehr detaillierte Arbeitsergebnisse vorlegten, während die dritte Arbeitsgruppe ein Plakat vorlegte, das im wesentlichen aus einem großen Fragezeichen bestand, durch das, geringfügig erläutert, ausgesagt wurde, man wisse nicht, was typisch weiblich sei. Diese Aussage wurde im Verlauf der Darstellung der Gruppenarbeit allerdings relativiert. So wurden doch noch einige Elemente benannt, die von der Gruppe als typisch weiblich betrachtet wurden. Das Themenspektrum ging dabei von „mangelnder Fähigkeit zur Solidarität" über „Frauen sind eitel" bis „Frauen sind leicht beeinflußbar". Auf die Möglichkeit, darzustellen, was gemeinhin als typisch weiblich gilt, ging die Gruppe nicht ein. Sondern es wurde auf der Ebene der Offenlegung eigener Werthaltungen gearbeitet, die am ersten Abend so große Ängste hervorgerufen hatte.

Von der Arbeitsgruppe, die den historischen Vergleich der Situation von Frauen erarbeitet hatte, wurde ein informatives Plakat vorgelegt, in dem vor allem die Folgen der veränderten Bedeutung der Berufstätigkeit von Frauen hervorgehoben wurde, wie auch die Veränderung in der Belastung durch den Haushalt (technischer Fortschritt – neue Tätigkeiten).

Die Arbeitsgruppe, die sich mit der „Frau in der Gesellschaft heute" beschäftigt hatte, stellte in ihrer Collage die Frau vor allen Dingen in drei Funktionen dar: Als Sexualobjekt, als billige Arbeitskraft/Haushaltsführerin und als Mutter.

Über alle drei Plakate wurde engagiert diskutiert. Dabei brach in der Diskussion des Plakats der Männergruppe ein offener Konflikt zwischen einem Teil der Frauen und einigen Männern aus. Die Berichterstattung der Gruppen erstreckte sich noch auf einen Teil der Abendsitzung.

Im Mittelpunkt der abendlichen Sitzung stand aber der Film „Lena Rais", der im ZDF an diesem Abend gezeigt wurde. In diesem Film wird der Emanzipationsprozeß einer Frau dargestellt, die sich aus ihrer Ehe löst.

Dieser Film stellte einige Anforderungen an die Teilnehmerinnen und Teilnehmer: Zum einen war er vom Handlungsaufbau, der schonungslosen Darstellung von Ehekonflikten und ihrer teilweise gewaltsamen Austragung sowie von der kaum effekthaschenden Kameraführung her nicht einfach zu verfolgen; zum anderen machte sich die späte Abendstunde bei einigen Teilnehmern in deutlichen Konzentrationsschwierigkeiten bemerkbar. Die meisten Seminarteilnehmer verfolgten den Film jedoch sehr interessiert und engagiert. Im Anschluß an den Film gab es, trotz der weit fortgeschrittenen Zeit, noch lange Diskussionen zum Gesehenen.

Am Dienstagmorgen konnte zu Beginn der Sitzung eine gemeinsame Auswertung des Films vorgenommen werden, die überraschend intensiv war. Der Film hatte offensichtlich bei den Teilnehmerinnen und Teilnehmern, die ihn bis zum Schluß aufmerksam verfolgt hatten, einen hohen Grad an Betroffenheit ausgelöst. Insbesondere die Frage nach den privaten und gesellschaftlichen Ursachen von Gewalt in der Ehe wurde engagiert diskutiert.

Im Mittelpunkt der Vormittagssitzung, wie auch in der folgenden Abendsitzung, stand der historische Rückgriff auf die Rolle der Frau im Kaiserreich und in der Weimarer Republik. Dazu wurde mit unterschiedlichen Methoden gearbeitet. Angeknüpft werden konnte an den Bericht der Arbeitsgruppe, die sich mit der historischen Veränderung der Stellung der Frau in der Gesellschaft beschäftigt hatte. Ein Schulfunkhörspiel des NDR über die Stellung der Frau im Kaiserreich bildete einen guten Ansatz für eine differenzierte Erarbeitung der Thematik. In dem Hörspiel werden — am Beispiel einer Frau — die beruflichen und gesetzlichen Möglichkeiten von Frauen im Kaiserreich, wie auch ihre sozialen und gesellschaftlichen Einbindungen, plastisch dargestellt. Das kurze Hörspiel stieß auf große Resonanz und löste Diskussionen zu verschiedenen Aspekten aus. Nach der Diskussion des Hörspiels wurde in Arbeitsgruppen zu den folgenden Themen gearbeitet: „Die Einbeziehung der Frauen in die Industrieproduktion im Ersten Weltkrieg"; „Die neue Rolle der Frauen in der Politik"; „Das Frauenbild in der Weimarer Zeit — Propaganda und Wirklichkeit"; „Reaktionen auf die sich verstärkende Frauenbewegung". Diese Arbeitsgruppen wurden nur nach thematischem Interesse zusammengesetzt. Jede Arbeitsgruppe erhielt mehrere Materialien. Die Arbeit in diesen themenorientierten Arbeitsgruppen verlief sehr konzentriert und engagiert. In der, vor allem am Abend, stattfindenden Auswertung der Gruppenarbeit konnte eine ganze Palette von Problemen zur veränderten Situation der Frauen in der Weimarer Republik im Vergleich zum Kaiserreich diskutiert werden. Dabei wurden immer wieder Parallelen zur heutigen Situation von Frauen gesucht und gefunden.

Anknüpfend an diese Diskussionen konnte am Mittwochmorgen die Diskussion um den § 218 in der Weimarer Republik und heute begonnen werden. Die Koppelung von hohem innenpolitischen Stellenwert dieser Diskussion in der Weimarer Republik mit der Betroffenheit heutiger Teilnehmerinnen ließen dieses Thema besonders diskussionswürdig erscheinen. In dieser Sitzung wurde wiederum mit Arbeitsgruppen gearbeitet, die sich nach eigener Wahl zu unterschiedlichen Themenaspekten zusammensetzten. In einer Arbeitsgruppe wurde die Diskussion des § 218 in der Weimarer Republik anhand von Materialien aufgearbeitet; in der zweiten Arbeitsgruppe wurde ein Bericht über eine Aufklärungsveranstaltung über den § 218 aus der Weimarer Zeit gelesen und diskutiert; in der dritten Arbeitsgruppe wurde die heutige Situation ins Zentrum der Diskussion gestellt. Die Auswertungsdiskussion nach der Darstellung der Gruppenergebnisse konzentrierte sich sehr stark auf das Nachweisen von Parallelen zwischen den Weimarer Diskussionen und den heutigen. Dabei wurde insbesondere die Rolle der Kirchen, der Ärzte und der Rechtsprechung ausgiebig diskutiert. Die Vielzahl von Parallelitäten überraschte die Teilnehmer ganz offensichtlich und führte immer wieder zu der verblüfften Feststellung, daß — so eine Teilnehmerin — „die ja schon die gleichen Diskussionen geführt haben wie wir!". Daneben wurden aber auch allgemeine Probleme rund um die Empfängnisverhütung diskutiert. In dieser Sitzung gelang es in besonderem Maße, die Aussagekraft historischer Problemstellungen und Erfahrungen für heutige Diskussionen nachvollziehbar zu machen.

Am Mittwochabend wurde das Thema „Frauen im Nationalsozialismus" auf zwei Ebenen zur Diskussion gestellt. Zum einen wurde im Plenum ein Materialienblatt diskutiert und erläutert, in dem grundlegende Aussagen zum Selbstverständnis und zur Praxis nationalsozialistischer Frauenpolitik deutlich wurden. Dabei konnte vor allem der eklatante Widerspruch zwischen dem postulierten Frauenbild und z. B. dem wirtschaftlichen Einsatz der Frauen im Krieg herausgearbeitet werden. Nach diesen grundlegenden, einleitenden Darstellungen und Diskussionen wurde eine Hör-Collage zum Thema „Mädchenerziehung im Nationalsozialismus" gehört. In dieser vom NDR III aufgenommenen Hör-Collage berichtet eine Frau über ihre Entwicklung und Erziehung im Nationalsozialismus. Das Hörspiel enthält eine Menge Informationen und Diskussionsstoff. Die Aufarbeitung wurde allerdings erschwert durch die komplizierte Machart (als Collage) sowie durch die Tatsache, daß dieses Hörspiel entgegen den ursprünglichen Planungen am Abend zu verarbeiten war. Aus diesen Gründen wurde das Hörspiel mehrfach unterbrochen und Gelegenheit zur Zwischendiskussion bzw. zur Bestandsaufnahme des bisher Gehörten gegeben. Dieses Verfahren bewährte sich. Es entstanden engagierte Diskussionen, die unter anderem durch die in dem Hörspiel enthaltenen Auszüge aus Reden von Hitler, Baldur von Schirach, Goebbels, Gertrud Scholz-Klink u. a. zur Rolle der Frau ausgelöst wurden. Das Hörspiel wurde von den meisten Teilnehmern in der Seminarkritik als außerordentlich interessant, aber ebenso anstrengend bewertet.

Am Donnerstagmorgen wurden die Ergebnisse der Beschäftigung mit dem Thema „Frauen im Nationalsozialismus" noch einmal zusammengefaßt. Anschließend wurde wiederum in Neigungsgruppen zu verschiedenen Themenfeldern gearbeitet. Eine Arbeitsgruppe arbeitete das Thema „Frauen im antifaschistischen Widerstand" mit Hilfe eines Textes, dem Erinnerungsbericht einer antifaschistischen Widerstandskämpferin, auf und trug es ins Plenum. Ergänzend wurden dazu einige grundlegende Charakteristika der deutschen antifaschistischen Widerstandsbewegung und ihrer unterschiedlichen Strömungen dargestellt.

Zwei weitere Arbeitsgruppen beschäftigten sich mit dem politischen Wiederbeginn in Deutschland nach 1945 und der Rolle der Frauen in diesem Prozeß. Dabei wurde von einer Arbeitsgruppe ein Text über einen politischen Frauenausschuß in Marburg gelesen und diskutiert, eine andere Arbeitsgruppe las und diskutierte die Forderungen des „Zentralen Frauenausschusses beim Magistrat von Groß-Berlin" für einen politischen Neuaufbau. Ergänzt wurde die Lektüre und die Diskussion dieser beiden Texte durch eine von einem Teamer gegebene kurze zusammenfassende Darstellung der politischen und wirtschaftlichen Situation und Diskussionen in Deutschland im Jahre 1945/46.

Die Gruppe zum antifaschistischen Widerstand und die Gruppe, die den „Marburger Bericht" bearbeitet hatte, hatten sehr intensiv gearbeitet und noch eine Menge Fragen vorrätig, die gar nicht mehr im Plenum diskutiert werden konnten. Die dritte Arbeitsgruppe hatte sich mit dem Text des Aufrufs des „Zentralen Frauenausschusses Berlin" sehr schwer getan. Das lag zum einen offensichtlich an dem fehlenden Hintergrundwissen, zum anderen an der sprachlichen Gestaltung des Textes. Diese Sitzung blieb insgesamt etwas unbefriedigend, da sehr viele Aspekte, die eine ausführlichere Diskussion erforderlich gemacht hätten, nicht ausreichend verfolgt werden konnten. Vieles wurde nur andiskutiert.

Diese Bereitschaft, einige historische Aspekte nicht weiter zu verfolgen, ließ sich begründen mit der Notwendigkeit, am Abend noch einmal auf die heutige Situation der Frauen in der Gesellschaft einzugehen. Dabei sollte − vor dem Hintergrund des historischen Wissens − gearbeitet werden zu den Fragen „Was sind die wichtigsten Veränderungen für die Frauen?" und „Welches sind die nächsten, wichtigsten Ziele für die Gleichstellung der Frau in der Gesellschaft?". Im Gegensatz zur Bearbeitung der vergleichbaren Themenstellung am Montagmorgen wurde am Donnerstagabend dieses aktuelle Thema nicht nur engagiert, sondern auch sehr sachlich von allen Teilnehmerinnen und Teilnehmern diskutiert. Dabei herrschte in der Bewertung der Wichtigkeit einzelner Ergebnisse oder künftiger Ziele eine weitgehende Übereinstimmung innerhalb des Seminars. Gelegentlich aufbrechende Differenzen in der Bewertung wurden sachlich und fair ausgetragen.

Dies war zu Beginn des Seminars nicht immer so. Vielmehr kam es in einigen Sitzungen zu einer massiven Konfrontation zwischen den Männern im Seminar und einer größeren Gruppe von Frauen. Dabei zeigte sich, wie schwierig es ist, so emotional besetzte Themen wie das Verhältnis von Männern und Frauen in der Gesellschaft auch am historischen Beispiel sachlich und ohne Klischeedenken zu diskutieren. Diese Konflikte und Verständigungsschwierigkeiten, die durch pädagogische Kunstgriffe nicht zu lösen sind, da ihnen eigene Lebenserfahrungen zugrundeliegen, führten bei einigen Frauen zu dem Appell, in Zukunft Seminare zu Frauenthemen nur für Frauen durchzuführen. Trotz dieser aufgebrochenen Konflikte im Seminar kann gesagt werden, daß es gekennzeichnet war durch einen hohen Grad an Motivation bei den Teilnehmerinnen und Teilnehmern, eine deutlich erfahrbare Betroffenheit durch das Thema und den gelungenen Versuch, historisches Lernen nicht nur als Eigenwert (mit dem Ansammeln historischer Kenntnisse) zu verstehen, sondern am Beispiel historischer Themen und Fragestellungen heutige Probleme von Frauen zu diskutieren, deren Hintergründe zu erarbeiten und Zusammenhänge aufzuzeigen.

In der Seminarkritik wurde von den Teilnehmern besonders die Gruppenarbeit positiv bewertet. Die Zeit für die Arbeitsgruppen hätte bisweilen länger sein können. Vorgeschlagen wurde, bei künftigen Seminaren vielleicht noch stärker Filmmaterial einzusetzen. Etliche Teilnehmer informierten sich am Ende der Sitzung über das Bildungsurlaubsprogramm des nächsten Jahres. Einige erbaten auch bereits Programme zu bestimmten, meist historisch-politischen Themen.

9. Exkurs II

Grundzüge der Darstellung
der „Weimarer Republik" in der Geschichtsschreibung
der DDR (Kurt Neumann)

Grundzüge der Darstellung der „Weimarer Republik" in der Geschichtsschreibung der DDR (Kurt Neumann)

Die Erbschaft von Weimar prägt nicht nur die Bundesrepublik Deutschland. Auch die DDR als Teil des nach dem Ende des Deutschen Reiches verbliebenen Deutschlands befindet sich in der geschichtlichen deutschen Kontinuität. Sie aus der Arbeit auszuklammern hieße, ihre Realität, damit aber auch ihre eigene Interpretation von Weimar unzulässigerweise zu ignorieren – wie immer man diese ideologisch eingegrenzte Interpretation auch beurteilen mag. Der nachfolgende Exkurs ist nicht das Ergebnis DDR-kundlicher Seminare, er liefert auch kein unmittelbar verwendbares Material für diesen Zweck. Seine Absicht ist vielmehr, das in der DDR am „Marxismus-Leninismus" orientierte Interpretationsmuster der Weimarer Republik und ihre Folgen zu skizzieren und damit eine Handreichung für den Vergleich mit westdeutschen Aufarbeitungen zu liefern. So kann auch die Voraussetzung dafür geschaffen werden, dem häufig von Teilnehmern geäußerten Interesse an einer Darstellung der „DDR-Position" zur Weimarer Republik gerecht zu werden.

1. Grundsätze und Rahmenbedingungen

Die Geschichtsschreibung im anderen deutschen Staat ist, wie jede Historiographie, Wandlungen unterworfen. Darin liegt aber nicht ihre Besonderheit. In jedem Land verändern sich die Fragestellungen und Perspektiven, werden die Forschungsansätze und -richtungen immer wieder neu definiert und ihre Ergebnisse im Gesamtzusammenhang der Entwicklung in modifizierter Weise interpretiert und bewertet. Eine für alle Zeiten gültige Geschichtsschreibung ist undenkbar.

Das Besondere und Unterscheidende der DDR-Geschichtsschreibung liegt, im Vergleich etwa zu der in der Bundesrepublik Deutschland, darin, daß sie ideologisch eingebunden ist in die von der herrschenden Partei, der Sozialistischen Einheitspartei Deutschlands (SED), formulierten Ansprüche, Interpretationserwartungen und Beurteilungsmaßstäbe. Die Tätigkeit der historischen Fachdisziplin läßt keine Beliebigkeit zu, keine subjektiven Entscheidungen unter Außerachtlassung des durch die Parteiideologie gewiesenen Rahmens. Vielmehr findet der DDR-

Historiker – paradoxerweise – in der Einpassung in die übergreifenden oder aus aktuellen Beweggründen erteilten Deutungsvorgaben sein Betätigungsfeld. Dabei braucht er sich nicht unfrei zu fühlen. In Anwendung des in der DDR oft wiederholten Satzes von Engels, wonach Freiheit Einsicht in die Notwendigkeit sei, sieht der Historiker seine Freiheit in der Operationalisierung der vom politischen und ideologischen Machtträger vermittelten Einsichten in die erkannten Notwendigkeiten. Die DDR-Historiker sind Parteiarbeiter. Sie haben es dort am entschiedensten zu sein, wo es um die historische Rechtfertigung der DDR als des ersten deutschen Arbeiter- und Bauernstaates mit der behaupteten neuen sozialistischen Gesellschaftsordnung geht. Der Zeitgeschichte vor und nach der Gründung der DDR gilt demnach die größte Aufmerksamkeit. Die Weimarer Republik ist darin ein wichtiger Abschnitt. Dies nicht in erster Linie deshalb, weil sie Untersuchungsfeld für das Schicksal der parlamentarischen Demokratie in Deutschland wäre, sondern um nachzuweisen, inwieweit es der Arbeiterbewegung gelang, die Macht ihrer gesellschaftspolitischen Widersacher einzuschränken und auf dem Wege zu einer sozialistischen Umgestaltung der Gesellschaft voranzukommen.

Parteiliche, auf KPD bzw. SED eingeschworene Historiker gab es in der Anfangszeit der kommunistischen Führung in der Sowjetischen Besatzungszone und in den ersten Jahren der DDR, nach ihrer Gründung 1949, nur wenige. Unterstützt von der Partei galt ihr Augenmerk der Bekämpfung „revisionistischer" und „bürgerlicher", jedenfalls „nicht-marxistischer" Auffassungen, auch mit den Mitteln der Nötigung und der Maßregelung gegen ihre Träger, die dadurch zum Verlassen der SBZ bzw. DDR veranlaßt wurden. Zur gleichen Zeit mußte eine deutliche Abgrenzung gegenüber der „reaktionären" westdeutschen Geschichtsschreibung vorgenommen werden. Aber auch Negativbilder deutscher Geschichte, die – wie Alexander Abusch – auf die nationale Vergangenheit bezogen, von der „deutschen Daseinsverfehlung" sprachen, mußten zugunsten einer positiven Deutung revidiert werden. Es galt, eine Identifizierung mit den als progressiv bezeichneten Tendenzen der deutschen Geschichte zu ermöglichen, um darin die Vorläufer der DDR zu erkennen, die DDR als „staatliche Verkörperung der besten Traditionen der deutschen Geschichte" (Erich Honecker) darzustellen. Spätestens mit der Entscheidung der SED-Führung, die nationale Frage nicht mehr als eine gesamtdeutsche zu betrachten, sondern sie im Sinne der Begründung einer DDR-Nation zu lösen, hatten sich die Historiker dann darauf einzustellen[137] und die staatliche Abgrenzung zur Bundesrepublik historisch zu begründen. Dazu gehörte auch, die Einbeziehung der DDR in die sozialistische Staatengemeinschaft (Warschauer Pakt und Rat für gegenseitige Wirtschaftshilfe) gutzuheißen und insbesondere die enge Anbindung an die Sowjetunion als folgerichtige Nutzanwendung der zeithistorischen Lehren zu loben.

---

[137] Günther Heydemann, Marxistisch-leninistische Zeitgeschichte in der DDR, in: Beilage zur Wochenzeitung „Das Parlament" B 36/82, S. 17ff.

Worin bestehen nun, neben dem ideologischen Rechtfertigungsauftrag, die nationale Existenz der DDR aus allen fortschrittlichen Tendenzen der deutschen Geschichte und der Hilfe der Sowjetunion[138] herzuleiten, die für DDR-Historiker maßgebenden Denkmuster?

Zunächst in der uneingeschränkten Anerkennung und Anwendung der Kategorien des „Marxismus/Leninismus"[139]. Marx hatte den Geschichtsverlauf als eine Höherentwicklung der menschlichen Gattung von der Urgesellschaft über Sklavenhalter-, Feudal- und bürgerlich-kapitalistische Gesellschaft bis hin zu Sozialismus und Kommunismus beschrieben, Lenin den Imperialismus als höchstes und letztes Stadium des Kapitalismus dargestellt, an dem der Übergang zum Sozialismus erfolge. Dazu hatte er, Lenin, die Parteitheorie geliefert, nach der der gesetzmäßige Prozeß des Übergangs zum Sozialismus nur durch das revolutionäre Handeln der Arbeiterklasse und der anderen Werktätigen unter Führung der marxistisch-leninistischen Partei erfolgen könne. Diese festgefügte, in sich logische Anschauung trägt alle Merkmale eines Dogmas (mit Ausschließlichkeitsanspruch): Die menschliche Geschichte bewegt sich nicht willkürlich oder zufällig, sondern gesetzmäßig, vergleichbar einem Naturgesetz. Entsprechend dieser Lehre des Marxismus-Leninismus entwickelt sich die menschliche Gesellschaft nach „objektiven Gesetzmäßigkeiten"[140]. Marx, Engels und Lenin haben diese Gesetzmäßigkeit erkannt. Die Arbeiterklasse (oder das „Proletariat") erfüllt ihre historische Mission aber nicht, indem sie sich auf den „Selbstlauf" der Geschichte verläßt, sondern indem sie einen revolutionären Klassenkampf zum Sturz der zum Untergang verurteilten bürgerlichen Gesellschaft führt. Garant der revolutionären Umgestaltung ist die marxistisch-leninistische Partei. Unter ihrer Führung erreicht der Klassenkampf in der „Diktatur des Proletariats" seinen Höhepunkt. Die Machtpositionen in Wirtschaft, Politik und Kultur der ehemals herrschenden Klassen, der Bourgeoisie, werden in dieser historischen Phase zugunsten des siegreichen Proletariats beseitigt. Die sozialistische Gesellschaft kann errichtet werden.

Da diese grundlegenden gesellschaftlichen Veränderungen zuerst mit der Großen Sozialistischen Oktoberrevolution in Rußland stattfanden, gelten Sowjetrußland und die spätere Sowjetunion als Vorbild und „Pionier des Menschheitsfortschritts". Die kommunistische Partei der Sowjetunion genießt den Rang einer Lehrmeisterin.

---

[138] Ulrich Neuhäußer-Wespy, Die SED und die Historie, Probleme und Aspekte der gegenwärtigen Umorientierung in der Geschichtswissenschaft der DDR, in: Beilage zur Wochenzeitung „Das Parlament" B 41/76. S. 30 ff.

[139] „Der Marxismus-Leninismus bewährt sich als die einzige Lehre, mit deren Hilfe die Arbeiterklasse ihre historische Mission erfüllen kann". Programm und Statut der SED von 1976 Seminarmaterial des Gesamtdeutschen Instituts, Bonn, o. J., S. 3.

[140] a. a. O.

2. Urteile über Weimar

Damit liegen auch die Hauptkriterien für die Beschreibung und Bewertung der Weimarer Republik durch die DDR-Geschichtsschreibung fest. Die DDR-Historiker brauchen sich dabei nicht in Zurückhaltung und Bescheidenheit zu üben. Sie fühlen sich in der „beneidenswerten" Lage, durch die Anwendung des Marxismus-Leninismus für diese historische Epoche den passenden Schlüssel zu den zutreffenden geschichtlichen Erkenntnissen zu besitzen. Der für ihre eigene DDR-Ordnung geltend gemachte reale Sozialismus – gegenüber der Gesellschaft der Bundesrepublik Deutschland sei sie eine historische Stufe höher – besitzt nach dieser Logik auch die günstigere Ausgangsposition zur Beurteilung geschichtlich-gesellschaftlicher Prozesse und im Arsenal des Marxismus-Leninismus die überlegeneren geistigen Waffen. Mögen ihre bürgerlichen Kollegen in der Bundesrepublik ein noch so eingehendes Quellenstudium betrieben haben, noch so detaillierte Analysen liefern, allein aufgrund ihrer Klassenlage und des andersartigen gesellschaftlichen Auftrags können sie nach dieser Denkweise historisches Geschehen eben nur mehr oder weniger eingeschränkt begreifen: Ihnen fehlen der authentische Klassenstandpunkt, die Mittel des wissenschaftlichen Sozialismus (Marxismus-Leninismus), folglich die richtige Perspektive.

Wurden in der Phase der Verselbständigung in der DDR-Geschichtsschreibung die westdeutschen Autoren noch unterschiedslos als Agenten einer verfälschenden Geschichtsschreibung gebrandmarkt, so setzte mit der Konsolidierung der DDR und ihrer De facto-Anerkennung durch die Bundesrepublik eine Differenzierung ein: Das Spektrum der „Auseinandersetzung" mit den Beschreibungen der Weimarer Republik durch Historiker der Bundesrepublik reichte nun von gewohnter Herabsetzung über völlige Ignorierung bis zur versachlichenden Unterscheidung zwischen den politischen Standorten der Autoren[141]. Für die DDR-Geschichtsschreibung lassen sich etwa folgende Gesichtspunkte und Fragestellungen für die Weimarer Republik ermitteln:

1. Wie reagierte die Arbeiterklasse, wie deren Parteien und Führer auf die für sie historisch günstige Lage, als das Deutsche Kaiserreich mit dem Verlust des von seinen herrschenden Klassen mit angezettelten Weltkrieges zerbrach?

2. Wie entwickelten sich die Machtverhältnisse, wie gestaltete sich der Klassenkampf im Verlaufe der Weimarer Republik?

---

[141] In der „Geschichte der SED" (1978) wie auch im „Grundriß der Deutschen Geschichte" (1979) wird westdeutsche Geschichtsschreibung überhaupt nicht erwähnt. Wolfgang Ruges Standardwerk „Weimar – Republik auf Zeit" erwähnt westdeutsche Autoren kaum. Vgl. auch Hagen Schulze, Weimar – Deutschland 1917–1933, Berlin (West) 1982, S. 413, wo er der jüngeren Historikergeneration in der DDR eine Tendenz zur Versachlichung und Differenzierung in bezug auf Weimar bescheinigt, allerdings im vorgegebenen Rahmen.

3. Welche Ursachen führten zum Aufstieg des Nationalsozialismus, zu seiner Machtübernahme, und weshalb gelang es der Arbeiterklasse nicht, die einschneidenden Krisen der Weimarer Epoche zu ihren Gunsten zu nutzen?
4. Welche Kräfte und welche Politik setzten sich nach 1945 im Gebiet der SBZ/DDR fort bzw. fanden dort ihre Entfaltung und Erfüllung?

Wie ein roter Faden zieht sich bis zur letzten Fragestellung die Beurteilung der Führungen der Organisationen der Arbeiterbewegung hin. Mit Sympathie werden der Spartakus-Bund und die Kommunistische Partei Deutschlands (KPD), in die er bei ihrer Gründung Anfang 1919 aufging, beschrieben und bewertet, mit andauernder heftiger Kritik dagegen die sozialdemokratischen Führer, darunter ebenfalls die maßgebenden Leute der zeitweilig von der SPD, den „Mehrheitssozialdemokraten", abgespaltenen „Unabhängigen" (USPD). Handelte die Führung jeweils „im Einklang mit der Geschichte"[142] oder „opportunistisch", d. h. im Sinne der Wiederherstellung und Sicherung der Macht des Finanz- und Industriekapitals, des Großgrundbesitzes, des preußisch-deutschen Militarismus und der reaktionären Staatsbürokratie? Danach werden alle Handlungen beurteilt. Und bei allen Unterschieden oder gar zeitweiligen Gegensätzen innerhalb dieser Kräftekonstellation wird die Einheit des Gesamtinteresses konstatiert und als bürgerlich-kapitalistisch-imperialistisches Klasseninteresse bezeichnet, demgegenüber die Arbeiterklasse den Auftrag des entschiedenen Klassenkampfes hätte erfüllen müssen.

Die Arbeiterklasse ist jedoch, laut Lenin, aus sich selber heraus politisch unfähig, das ihr historisch Gemäße zu erkennen und danach zu handeln. Sie bedarf der Führung durch eine klassenbewußte Partei, die ihrerseits die entsprechend geschulten, die historischen Möglichkeiten erkennenden und danach handelnden Führer benötigt, um den historischen Situationen gewachsen zu sein. Den sozialdemokratischen Führern fehlten nach DDR-Sicht diese Eigenschaften und Tugenden, und sie vernachlässigten die mit dem Klassenkampf aufs engste verbundene Machtfrage. Als ihnen im November 1918 die Regierungsgewalt förmlich in die Hände fiel, begingen sie den verhängnisvollen Fehler, die entstandene revolutionäre Situation nicht zur völligen Entmachtung der den deutschen Imperialismus verkörpernden Kräfte zu betreiben.

Nach der ersten Todsünde, der Zustimmung zu den Kriegskrediten 1914, folgte die zweite. Die DDR-Autoren stimmen in ihrem Vorwurf an die sozialdemokratischen Führer darin überein, daß diese angesichts des Machtvakuums zwischen der zerbrochenen alten kaiserlichen Ordnung und der Neuordnung der im Entstehen begriffenen Republik sich nicht an die Spitze der bewaffneten Arbeiter gestellt und eine revolutionäre Massenpartei entwickelt haben, um einen Arbeiter- und Bauernstaat nach russischem Vorbild zu errichten, sondern unter dem Vorwand, Ruhe und Ordnung herzustellen, mit der Reichswehr (General Groener) paktierten, die Befehls-

---

[142] Geschichte der SED. Berlin (Ost) 1978, S. 42.

gewalt der kaiserlichen Offiziere wiederherstellten und die reaktionären Freikorps zur Zerschlagung der bewaffneten revolutionären Arbeiter einsetzten. Den führenden Sozialdemokraten Ebert, Scheidemann, Landsberg, Haase, Dittmann, Noske wird deren Einstellung zugunsten eines Ausbaus der parlamentarisch-sozialen Republik als Verrat an ihrer geschichtlichen Verantwortung ausgelegt, unter Ausnutzung der durch Kriegsverlust und Massenelend entstandenen revolutionären Situation die Machtverhältnisse neu zu ordnen, mit der Sozialisierung der Produktionsmittel und der Einführung der Planwirtschaft zu beginnen.

Es wird zwar zugegeben, daß die Mehrheit der Arbeiter sich der SPD und der USPD verbunden fühlte und deshalb den von den Führern ausgegebenen Parolen vertraute. Damit aber konnte die „Umwälzung Deutschlands in einen sozialistischen Staat, der mit Sowjetrußland und dem internationalen Proletariat verbunden war"[143], nicht erfolgen. Einzig Spartakus-Bund und KPD hätten aufgrund der richtigen Erkenntnisse ein Kampfprogramm entwickelt, das konsequent von der Grundfrage, der Revolution, der Frage der Macht ausgehend, die unmittelbaren Aufgaben zur Brechung der politischen und ökonomischen Macht des Imperialismus und Militarismus sowie zum Aufbau einer neuen Staatsordnung formulierte. Damit ist der Aufbau einer eigenständigen politischen Kraft innerhalb der Arbeiterbewegung, die ja auch als Spaltertätigkeit ausgelegt werden könnte, offenbar ausreichend legitimiert.

In der Sichtweise der DDR-Autoren gelten die Absichten der sozialdemokratischen und der „rechten" USPD-Führung, mit der Stabilisierung der Lage an den Aufbau einer parlamentarischen, sozialen Republik heranzugehen und über freie Wahlen das Volk in seiner Gesamtheit entscheiden zu lassen, als opportunistisch verfehlte Handlungen. Die mit dieser Einstellung einhergehende Angst vor der Ausbreitung der russischen Revolution, die sich in „Hetzparolen" gegen „Rätediktatur", „Spartakus" und „Bolschewismus" kundtat, wird mit unversöhnlicher Kritik bedacht. Den Klassengegensatz zwischen Arbeiterklasse und imperialistischer Bourgeoisie habe man in einen Kampf zwischen Demokratie und Diktatur umzufälschen versucht. Zwar bestreitet man nicht, daß die Ereignisse von 1918 einige Fortschritte gebracht haben — eine fortschrittliche Verfassung schaffe günstigere Bedingungen für den parlamentarischen und außerparlamentarischen Kampf der Arbeiterklasse und ihrer Verbündeten —, doch komme es hier wie anderswo auf die konkrete Entfaltung des Klassenkampfes und auf die Gestaltung des Kräfteverhältnisses im Lande an, um die Verfassungsbestimmungen mit Leben zu erfüllen.

Bis heute haben die deutschen Kommunisten Rechtsstaatlichkeit, das Handeln nach parlamentarischen Spielregeln und nach den Bestimmungen der Verfassung ebenso wie die Frage nach der Selbstbestimmung des Volkes (also auch der ansonsten vielbeschworenen werktätigen Massen) durch freie Wahlen und in einer freien gesellschaftlichen Atmosphäre geringer bewertet als die kämpferische Ausnutzung

---

[143] Grundriß der deutschen Geschichte, Berlin (Ost) 1979, S. 369.

des von ihnen konstatierten unversöhnlichen gesellschaftlichen Antagonismus. Wolfgang Ruge geht sogar so weit, die Weimarer Republik „als eine parlamentarisch-demokratische Tarnung der Diktatur des Monopolkapitals" zu interpretieren und die Pressefreiheit in erster Linie – unter Berufung auf Lenin – als „die Freiheit für die Reichen, die Presse zu kaufen und zu korrumpieren, die Freiheit für die Reichen, das Volk mit dem Fusel der bürgerlichen Zeitungslüge betrunken zu machen" zu charakterisieren[144]. Mit solchen Feststellungen, die keine Ausnahme darstellen, wird ein Urteil über die parlamentarische Demokratie gefällt, das das Verhältnis der deutschen Kommunisten von der Weimarer Zeit bis heute zu ihr verständlich macht: Gefangen in ihrer eingeschränkten Sichtweise vernachlässigen und unterschätzen sie die für Marxisten durchaus zulässige Billigung der parlamentarischen Demokratie und des politischen Pluralismus einschließlich der durch sie gegebenen Veränderungsmöglichkeiten. Sie bewegen sich dadurch ideologisch und politisch am Rande eines Systems, das sie – übrigens auch aus einer Abgrenzungs- und Verteidigungsposition gegenüber der Sozialdemokratie heraus – viel stärker bekämpfen als tolerieren.

In der Weimarer Republik mußte die diesem Urteil folgende Politik zu einer Schwächung der Demokratie und zu einer Stärkung der Kräfte ausschlagen, gegen die ein Klassenkampf eigentlich hätte geführt werden sollen. Eine Bändigung oder Integration dieser Kräfte in die Republik wurde dadurch gerade erschwert bzw. unmöglich gemacht. Die DDR-Autoren tun sich hier besonders schwer, eine immanente Betrachtungsweise gelten zu lassen, und die Politik der Kommunistischen Partei Deutschlands, wo sie sich auf die Sozialdemokratie und die freien Gewerkschaften bezog, selbstkritisch angesichts der Machtübernahme des deutschen Faschismus und des wenig ruhmreichen Untergangs der deutschen Arbeiterbewegung zu bewerten. Während Wilhelm Pieck auf der sogenannten „Brüsseler Konferenz" der KPD 1935 in aller Offenheit die Fehler der KPD bei der Einschätzung der faschistischen Gefahr am Ende der Weimarer Republik zugab und auch eingestand, die KPD habe fälschlicherweise den Hauptstoß ihres Kampfes viel zu lange gegen die Sozialdemokratie gerichtet, statt die faschistische Gefahr in ihrem ganzen Ausmaß zu erkennen[145], finden sich in den DDR-Publikationen allenfalls sehr zurückhaltende Eingeständnisse dieser Fehlhaltung. Stattdessen macht man wiederholt den Versuch, Einheitsfrontangebote der KPD an die Vorstände der SPD und des Allgemeinen Deutschen Gewerkschaftsbundes in den letzten Wochen der Weimarer Republik hochzuspielen, ein Argument, das Wilhelm Pieck, der es ja wissen mußte, durch seine Aussagen in seiner Ernsthaftigkeit bestreitet. Der SED ist vielmehr an einer Rechtfertigung der KPD-Politik gelegen.

---

[144] Wolfgang Ruge, Weimarer Republik auf Zeit, Berlin (Ost) 1969, S. 30ff.
[145] Bericht von Wilhelm Pieck, Erfahrungen und Lehren der deutschen Parteiarbeit im Zusammenhang mit den Beschlüssen des VII. Weltkongresses der Kommunistischen Internationale, in: K. Mammach (Hrsg.), Die Brüsseler Konferenz der KPD (3.–15.10.1935), Frankfurt/M. S. 74–83, S. 101/108.

Schwankungen und Richtungsänderungen dieser Partei werden mit dem „stufenweisen Erkenntnisprozeß" erklärt. Es ist von einer „deutlichen Höherentwicklung" die Rede[146], vor allem, seitdem die KPD unter der Führung Ernst Thälmanns geschlossen und solidarisch zur KPdSU gestanden habe. Daß diese Anbindung an die russische Partei der Selbstisolierung der KPD noch mehr Vorschub leistete und ihre Manövrierfähigkeit offensichtlich den Bedürfnissen der russischen Staatspartei unterordnete, kann natürlich von den DDR-Historikern nicht kritisch behandelt werden: Gehört doch die uneingeschränkte Anerkennung der KPdSU und der Politik der Sowjetunion zu den unantastbaren Grundregeln der SED – und damit der DDR-Historiker.

So gesteht Wolfgang Ruge zwar zu, daß die Tendenz in der KPD damals vorhanden gewesen sei, „die rechten Führer der SPD zum Feind Nr. 1 zu erklären" und daß „in den Entschließungen des 12. Parteitages (1929) der verhängnisvollen Rolle der Sozialdemokratie weitaus mehr Raum gewidmet (wurde), als dem Hitler-Faschismus" – die Sozialdemokraten wurden von den deutschen Kommunisten jahrelang als Sozialfaschisten diffamiert – doch er schwächt sogleich wieder ab, indem er von „Rudimenten korrigierter Unzulänglichkeiten" spricht, die das Wesen der KPD-Politik, die „zutiefst schöpferische Reaktion auf die objektiven Veränderungen in der Klassenkampfsituation" nicht einschränkte[147]. Faktisch galt die Hauptstoßrichtung des Kampfes der KPD der Sozialdemokratie, deren Führer stets nur mit negativsten Attributen charakterisiert wurden und die für das Vordringen des Faschismus in Deutschland verantwortlich gemacht wurden[148].

DDR-Historiker haben auch Schwierigkeiten zu erklären, weshalb die KPD nicht in der Lage war, die verschiedenen Regierungen der Weimarer Republik vom späteren etablierten Faschismus auseinanderzuhalten, weshalb sie die Republik als Ausgangsbasis ihres politischen Kampfes nicht anerkannte, sondern permanent bekämpfte. Bei ihrem letzten Endes als überragend dargestellten ideologischen und politischen Rang, den sie sich dank der Aneignung der ideologischen, politischen

---

[146] Günter Katsch, Die deutsche Novemberrevolution in der ideologischen Tätigkeit der KPD (1919–1933), in: Beiträge zur Geschichte der Arbeiterbewegung, 21.Jg., 1979, Nr.6, S. 841–854.

[147] Wolgang Ruge, a.a.O., S. 264ff.

[148] Hierzu gibt es eine Anzahl von Belegen, so etwa in der „Programmerklärung zur nationalen und sozialen Befreiung des deutschen Volkes", 24. August 1930, in der Resolution der Parteikonferenz der KPD der Tagung vom 15. bis 17. 10. 1932, nicht zu vergessen auch im Wahlaufruf der KPD bereits aus dem Jahre 1928, wo der SPD-Vorsitzende Wels als „blutiger Kumpan Noskes" und der langjährige preußische sozialdemokratische Ministerpräsident Braun als Staatsmann des „Arbeiterverrats" bezeichnet wird, in: Ossip K. Flechtheim, Die KPD in der Weimarer Republik, Kassel 1948. Die einflußreiche Clara Zetkin bezeichnet in einem Brief an die Partei schon 1924 als die „Voraussetzung für die Niederwerfung der bürgerlichen Klassenherrschaft und die Überwindung der Sozialdemokratie, den tückischen politischen Schutztrupp der Bourgeoisie innerhalb der Arbeiterklasse selbst".

und organisatorischen Grundsätze des Leninismus einschließlich der Kampferfahrungen der Bolschewiki erworben habe, muß es doch verwundern, daß solche entscheidenden Fehler überhaupt gemacht werden konnten. Die Nazis waren mit der Verkündigung ihrer Pläne nach der Machtergreifung nicht zurückhaltend, und in den blutigen Auseinandersetzungen mit nationalsozialistischen Schlägertrupps mußte spürbar werden, was geschehe, wenn diese erst zu Organen einer faschistischen Staatsmacht werden würden[149]. Die Naivität, mit der die KPD-Führung mit den Begriffen Diktatur und Faschismus noch vor der eigentlichen Machtergreifung umging, steht im krassen Widerspruch zu dem an anderen Stellen erhobenen Absolutheitsanspruch zur Führung der deutschen Arbeiterklasse[150].

Auch die Darstellungen des politischen Kampfes der KPD in der Weimarer Republik lesen sich als Rechtfertigungen der im Grunde richtigen Theorie und Politik dieser Partei, obwohl sie niemals die Mehrheit der deutschen Arbeiterklasse und noch viel weniger Teile des Bürgertums für sich zu gewinnen vermochte und sich schließlich dem faschistischen Machtantritt gegenüber als hilflos erwies.

Mit Stolz vermerken die DDR-Autoren das Anwachsen der KPD von der Splittergruppe am Anfang der Weimarer Republik zur Massenpartei mit 6 Mio. Wählern an ihrem Ende, als sie mit der SPD fast gleichziehen konnte und auch einen beachtenswerten Faktor im kulturellen Leben bildete. Es werden die zahlreichen Opfer erwähnt, die die Partei von ihrem Beginn an bringen mußte, als ihre bedeutenden Führer Rosa Luxemburg, Karl Liebknecht, Leo Jogiches und Eugen Leviné von Rechtsterroristen umgebracht wurden.

Für die DDR-Historiker wurde die Weimarer Republik durch die Machtergreifung der Nazis endgültig vernichtet, weil Großbourgeoisie (Großindustrielle, Finanzmagnaten, Junker) und Generalität es so wollten.

Die politischen und sozialen Grundlagen der Republik seien von diesen Kräften mehr und mehr ausgehöhlt worden, doch genügte dies ihren ökonomischen Interessen und imperialistischen Ansprüchen noch nicht. Sie trachteten nach einer Diktatur, die die Errungenschaften der Revolution von 1918 vollends zunichte machen und der Gefahr einer sozialistischen Lösung der wirtschaftlichen innen- und außenpolitischen Krise begegnen sollte. Widerstände aus den eigenen Reihen gegen den Führungsanspruch der Nationalsozialisten werden zwar angeführt, doch schwächten sie sich — so die DDR-Interpretation — zusehends in dem Maße ab,

---

[149] Geschichte der SED, a.a.O., S. 43, und Grundriß der deutschen Geschichte, a.a.O., S. 409, 443.
[150] Zum Beispiel in der schon zitierten Resolution der Parteienkonferenz der KPD aus der Tagung vom 15. bis 17. 10. 1932, in: Ossip K. Flechtheim, a.a.O., S. 287, aber auch in der Reichstagsrede Wilhelm Piecks am 8. 12. 1932, in: Kommunisten im Reichstag, Berlin (Ost) 1980, S. 376.

- in dem die „soziale Demagogie" der Nazis verschwand,
- die Deutschnationalen ihre Massenbasis an die Nationalsozialisten verloren,
- die Kabinette Brüning, v. Papen und v. Schleicher nicht energisch und erfolgreich genug den Weg der faschistischen Diktatur beschritten,
- die einflußreichen Kräfte der herrschenden Klasse sich schließlich für Hitler als Reichskanzler einsetzten,
- der Reichspräsident von Hindenburg zur Ernennung Hitlers bereit war[151].

3. Die Lehren aus Weimar

Es ist wohl unbestreitbar, daß die Machtübernahme des Nationalsozialismus, seine innen- und außenpolitischen „Erfolge" und seine Kriegführung, solange es sich um Siege und Eroberungen handelte, durchaus nicht die Gegnerschaft von Großindustrie, Finanzkapital und Generalität hervorriefen. Auch die Verbrechen gegen die Menschlichkeit, die die NS-Herrschaft von Anfang an begleiteten, bildeten für diese Kreise keinen Anlaß zum Aufbegehren. Erst später, als die Wende des Kriegsglücks absehbar war und die Folgen für die eigenen Interessen erkennbar wurden, begann sich, wenn auch spärlich, Zweifel zu regen, gar Widerstand zu formieren, freilich erfolglos.

Diese Mitschuld an Nationalsozialismus und Krieg war eine der Hauptbegründungen für die deutschen Kommunisten, unmittelbar nach der Kapitulation Hitlerdeutschlands auf dem Gebiet der sowjetischen Besatzungszone unter der Anleitung und dem Schutz der Besatzungsmacht entschädigungslose Enteignungen im großen Stil vorzunehmen.

Die Existenz- und Machtgrundlage der „herrschenden Klassen" in Industrie, Finanz- und Landwirtschaft sollten damit beseitigt werden. Als vielzitierte Legitimation für diese Maßnahmen wird neben den Ergebnissen der Potsdamer Konferenz der Regierungschefs der drei Großmächte UdSSR, Großbritannien und USA der Volksentscheid im damaligen Lande Sachsen genannt, bei dem sich 77,6 % der an der Abstimmung teilnehmenden zugunsten der Enteignungen aussprachen[152]. Das Potsdamer Abkommen enthält Passagen über die Liquidierung der Rüstungsindustrie und die Beseitigung der Monopole. Daß diese Vorhaben in den Westzonen von den Besatzungsmächten vereitelt wurden, was in der Bundesrepublik Deutschland dann zur Restauration der Machtgrundlagen des deutschen „Imperialismus" geführt habe, gehört zum ständigen Repertoire der DDR-Begründung ihrer

---

[151] Wolfgang Ruge, a. a. O., S. 346 ff.
[152] Grundriß der deutschen Geschichte, a. a. O., S. 530 ff.

sozialökonomischen und politischen Andersartigkeit. Sie habe konsequent die Wurzeln für Krieg und Faschismus beseitigt, die Bundesrepublik nicht[153].

Die Art und Weise, wie die gesellschaftliche Neuordnung in SBZ/DDR erfolgte, unterliegt keinerlei Zweifel oder Infragestellung. Mit der Berufung auf die Weimarer KPD, spätestens seitdem sie sich die Grundsätze des Marxismus/Leninismus zu eigen machte, wird die kommunistische Politik in SBZ und DDR bestätigt und gerechtfertigt. Alle anderen gesellschaftspolitischen Lösungsansätze sowohl im eigenen Bereich als auch im Westteil Deutschlands verfallen dem Verdikt des Opportunismus oder des Revisionismus. Diese Strömungen leugneten die Allgemeingültigkeit des Leninismus und die Erfahrungen der KPdSU sowie die Gesetzmäßigkeiten des Übergangs vom Kapitalismus zum Sozialismus und arbeiteten der Wiederherstellung der Macht des Monopolkapitals zu. Dessen Re-Installierung in Westdeutschland wird als Hauptgrund für die Spaltung Deutschlands angegeben. Wieder wird die antikommunistische, opportunistische Politik der rechten SPD- und Gewerkschaftsführer mit einem Teil der Verantwortung an dieser Entwicklung belastet[154]. Und es waren „die imperialistischen Besatzungsmächte, die deutsche Großbourgeoisie und rechtsopportunistische Führer", die den revolutionären Prozeß in der SBZ/DDR „mit allen Mitteln" rückgängig zu machen versuchten[155].

Die Interpretationslinie der Nachkriegsentwicklung gleicht der der Weimarer Zeit. Wieder wird die Vielfalt gesellschaftlicher Vorgänge, zu denen nicht nur objektive Konstellationen und Bedingungen, sondern eben auch subjektive Faktoren der Befindlichkeit der Menschen gehören, auf wenige reduziert. Die Frontlinien werden klar abgesteckt. Offen-kritische Bewertungen des eigenen Weges, den so viele nicht mitgehen möchten, fehlen. Auseinandersetzungen über die eigenen Fehlentwicklungen finden − trotz oder gerade wegen der marxistisch-leninistischen Leitmotive − (noch) nicht statt.

Der Mangel an offener interner Diskussion, Kritik und Selbstkritik kennzeichnen die DDR-Veröffentlichungen auch dort, wo sie sich bestimmten Erscheinungen der Weimarer Republik besonders eingehend widmeten, wichtiges Material zu Tage förderten und hervorragend aufbereiteten. Der Sieg des „Leninismus" in der KPD, also die Diktatur der Parteiführung, die ihre vorgefaßten, dogmatischen Ansichten der Partei oder wie in der DDR der Gesamtgesellschaft einschließlich der Wissenschaft auferlegen, erweist sich in Wirklichkeit als die Niederlage einer Theorie, die dadurch ihrer wesentlichen emanzipatorischen Bestandteile beraubt wurde. Gerade an der Weimarer Republik und ihrem Ende − der faschistischen Diktatur mit allen ihren Opfern − besonders unter den Kommunisten, wäre zu demonstrieren, daß der Weg zum Faschismus nicht unvermeidlich war, hätte die Arbeiterbewegung einheitlich handeln und dem Faschismus machtvoll begegnen können. Mit

---

[153] Z. B.: Geschichte der SED, a. a. O., S. 80 ff o. S. 261 ff.
[154] Grundriß der deutschen Geschichte, a. a. O., S. 491.
[155] Grundriß der deutschen Geschichte, a. a. O., S. 561.

ihrer unversöhnlichen Politik gegenüber den sozialdemokratischen Führern und ihren Parolen von einem erstrebenswerten Sowjetdeutschland vertiefte die KPD nur die Spaltung der Arbeiterbewegung und schwächte sie. Die Geringschätzung der politischen Möglichkeiten der Republik führte überdies notwendigerweise dazu, daß die KPD mit den Kräften auf der Rechten eine Interessenidentität am Sturz der Republik bildete. Da für die DDR-Autoren diese bitteren Tatbestände keinen Anlaß zu einer eingehenden kritischen Reflexion der KPD-Politik bieten, widerspiegeln sie ihre eigene eingeschränkte Lage.

Auf einem anderen Blatt steht die Handlungsweise der SPD. Dazu ist gerade auch aus den eigenen Reihen viel Kritisches gesagt worden, doch nahezu alle westdeutschen Historiker und Zeitzeugen sind sich einig darin, daß die KPD bis zum Ende der Weimarer Republik keine ernsthafte Kraft zu ihrer Rettung oder gar zu ihrer sozialistischen Reformierung war. Ideologisch und politisch stand sie außerhalb der parlamentarischen Demokratie, von deren Mitgestaltung sie sich selber ausschloß. Trotz praktischer Forderungen für die Verbesserung der Lage der wirtschaftlich und sozial Benachteiligten war sie nicht bereit, sich zu den Spielregeln zu bekennen. Indem die DDR-Geschichtsschreibung diese Haltung rühmt, trägt sie bewußt das ihre dazu bei, die Herrschaftsverhältnisse in der DDR selber zu legitimieren. Diese haben einen antifaschistischen Aspekt, konservieren aber auch, indem sie sich als Erbe der KPD-Intentionen betrachten, ihre antiparlamentarischen Affekte und Ansichten.

10. Materialanhang

10.1. Seminarmaterialien

Im folgenden werden alle gedruckten Seminarmaterialien, die in den Bildungsurlaubsveranstaltungen eingesetzt wurden, wiedergegeben. Dabei wird unterschieden nach *Grundmaterialien* (Dok. G.1–G.19), d. h. Materialien, die in allen Seminaren eingesetzt wurden und *Zusatzmaterialien* (Dok. Z.1–Z.14), die ergänzend in einzelnen Seminaren eingesetzt wurden.

Liste der Materialien

G.1 Telegramm des Legationsrats von Grünau an das Auswärtige Amt, 1. Oktober 1918

General Ludendorff am 31. Oktober 1918

Gutachten des Generals der Infanterie von Kuhl im „Dolchstoß-Prozeß" *(Auszug)*

G.2 Gebietsabtretungen durch den Vertrag von Versailles *(Karte und Tabelle)*

G.3 Wahlplakat zur Dolchstoßlegende 1924

G.4 Theodor Plievier: Der Kaiser ging, die Generäle blieben *(Auszug)*

G.5 Räte in Deutschland *(Karte)*

Abdankung des Herzogs Ernst August in Braunschweig

G.6 Theodor Plievier: Der Kaiser ging, die Generäle blieben *(Auszug)*

G.7 Forderung der Streikversammlung vom 11. April 1919 in Braunschweig

Gesetz über die Arbeiter- und Soldatenräte in Braunschweig

G.8 Verfassung und Staatsorgane der Weimarer Republik
Die Parteienentwicklung in der Weimarer Republik

G.9 Das Parteiensystem in den Anfangsjahren der Weimarer Republik

G.10 Stefan Zweig: Vom republikanischen Bewußtsein
Maximilian Harden: Über die Restauration der Monarchie

G.11 Hindenburg an Reichskanzler Prinz Max von Baden vom 3. Oktober 1918
Hindenburg über den Zusammenbruch von 1918
Hindenburg an Wilhelm II. vom 28. Juli 1922

G.12 Dollarkurse 1914—1923
Preise im Juni 1923

G.13 Index der industriellen Produktion 1870—1933
Volkseinkommen 1913—1933
Entwicklung der Arbeitslosigkeit 1921—1933
Höchstzahlen der Arbeitslosen während der Weltwirtschaftskrise
Produktion wichtiger Güter 1900—1932

G.14 Ursachen und Wirkungen der Inflation

G.15 Axel Eggebrecht: Volk ans Gewehr *(Auszug)*

G.16 Freiherr Kurt von Schroeder, Eidesstattliche Erklärung, Köln, 21. Juli 1947 *(Auszug)*

G.17 Adolf Hitler: Mein Kampf *(Auszüge)*

G.18 Wahlplakat der NSDAP 1932

G.19 Adolf Hitler: Mein Kampf *(Auszüge)*
„Gesetz zum Schutz des deutschen Blutes und der deutschen Ehre"
vom 15. September 1935

Z.1 Karikaturen

Z.2 Paul Warncke: Vergessen

Z.3 Proklamation des Berliner Arbeiter- und Soldatenrats vom 10. November 1918

Z.4 Kundgebung des neuen Reichskanzlers Ebert vom 9. November 1918

Z.5 Erich Mühsam: Der Revoluzzer
Flugblatt der Sozialdemokraten 1919

Z.6 Kommunistisches Wahlboykott-Plakat 1919

Z.7 Thomas Theodor Heine: Die Republik (1927)
Gerd Arntz: Wahldrehscheibe (1932)

Z.8 Hof- und Domprediger D. Doehring zum Versailler Vertrag

Z.9 Wahlplakat der SPD 1930

Z.10 Adolf Hitler: Gewinnung von Arbeitern für die NSDAP

Z.11 Anteil der Juden an der deutschen Bevölkerung 1910–1939

Z.12 Wahlplakat des Völkischen Blocks 1924

Z.13 Gleichschaltung – Am Beispiel der Gewerkschaften
Gesetz zur Behebung der Not von Volk und Reich (Ermächtigungsgesetz)

Z.14 Empirische Befunde zum autoritären Charakter
Untersuchungen zum „Milgram-Versuch"

G.1

Telegramm des Legationsrats von Grünau an das Auswärtige Amt

1. Oktober 1918[1]

Telegramm. Großes Hauptquartier, den 1. Oktober 1918.

Abgegangen: 2 Uhr nachm. – Angekommen: 2 Uhr 40 nachm.
Dringend. Geheim.

General Ludendorff sagte mir eben in Gegenwart von Oberst Heye und Lersner, Euer Exzellenz seine dringende Bitte zu übermitteln, das Friedensangebot sofort hinausgehen zu lassen und damit nicht erst bis zur Bildung der neuen Regierung zu warten, die sich verzögern könne.

Heute hielte die Truppe noch und wir seien noch in einer würdigen Lage, es könne aber jeden Augenblick ein Durchbruch erfolgen und dann käme unser Angebot im allerungünstigsten Moment. Er käme sich vor wie ein Hasardspieler, und es könne jederzeit irgendwo eine Division versagen.

Ich habe den Eindruck, daß man hier völlig die Nerven verloren hat und möchte glauben, daß wir schlimmstenfalls nach außen hin den Schritt mit der Haltung Bulgariens begründen können.

[1]Nach: Amtliche Urkunden zur Vorgeschichte des Waffenstillstandes 1918, S. 61.

General Ludendorff
31. Oktober 1918

Ich stelle zusammenfassend fest, daß mit den Ereignissen in Bulgarien, wie sie sich bis Ende September entwickelt hatten, der Zusammenbruch unserer Verbündeten unabänderlich verbunden war. Jetzt war der Krieg verloren, daran war nichts mehr zu ändern. Hätten wir die Kraft gehabt, das Kriegsglück im Westen zu wenden, dann wäre naturgemäß noch nichts verloren gewesen. Hierzu fehlten die Mittel. Bei der starken Inanspruchnahme der Truppen an der Westfront mußten wir mit weiteren, auch eingetretenen Rückschlägen rechnen. Unsere Lage konnte sich nur noch verschlechtern, nicht mehr bessern. Neuen Kräftezuwachs gab die Heimat damals noch nicht. Unabhängig voneinander faßten der Feldmarschall und ich die Ansicht, es müsse Schluß gemacht werden. Ich trug dem Feldmarschall am 27.9. um 4 Uhr nachmittags meine Ansicht vor. Er sagte mir nur, er habe mir das gleiche alles mitteilen wollen. Wir sprachen uns abends in der Regel kurz noch aus . . .

Gutachten des Generals der Infanterie von Kuhl im „Dolchstoßprozeß"[1]

I.

Die Ursachen des Zusammenbruchs

Die Ursachen, weshalb wir den Krieg verloren haben, sind, soweit sie militärischer Natur sind, aus meinen bisher erstatteten Gutachten zu erkennen. Keinesfalls ist es angängig, zu behaupten, der Krieg sei lediglich durch die Unterwühlung des Heeres und durch die Revolution verloren worden. Vieles mußte zusammenkommen, um das deutsche Volk trotz ungeheurer, in der Geschichte nie erreichter Leistungen schließlich zu Fall zu bringen. Die Blockade mit ihrer verheerenden Wirkung, schließlich auch die geschickte feindliche Propaganda, haben an der Kraft unseres Volkes gezehrt, bis es nach heldenmütigem Kampfe erlahmte. Unserem erschöpften, bis zum äußersten Grade menschlicher Leistungsfähigkeit angespannten Heere fehlte der Ersatz. Es unterlag der außerordentlichen Überlegenheit des Feindes, nachdem die Amerikaner in ungeahnter Stärke auf dem westlichen Kriegsschauplatz erschienen waren. Der Zusammenbruch Bulgariens, der Türkei und schließlich Österreich-Ungarns raubte jede Hoffnung auf einen glücklichen Ausgang. Es soll auch durchaus zugestanden werden, daß der militärischen Kriegsleitung manche Fehler vorgeworfen werden können. Wer aus der Kriegsgeschichte weiß, daß die größten Kriegshelden, Hannibal, Friedrich der Große, Napoleon, keineswegs fehlerlos gehandelt haben, und wer aus eigener Kriegserfahrung die ungeheure Schwierigkeit der Kriegskunst kennt, wird nachher am grünen Tisch gerechter darüber urteilen.

[1] Nach: Untersuchungsausschuß, 4. Reihe, Bd. IV, S. 3 ff.

Alle Quellen aus: Ursachen und Folgen. Eine Urkunden- und Dokumentensammlung zur Zeitgeschichte. Zweiter Band. Der militärische Zusammenbruch und das Ende des Kaiserreichs, Berlin o. J.

G.2 Die durch den Friedensvertrag von Versailles verlorengegangenen deutschen Gebiete

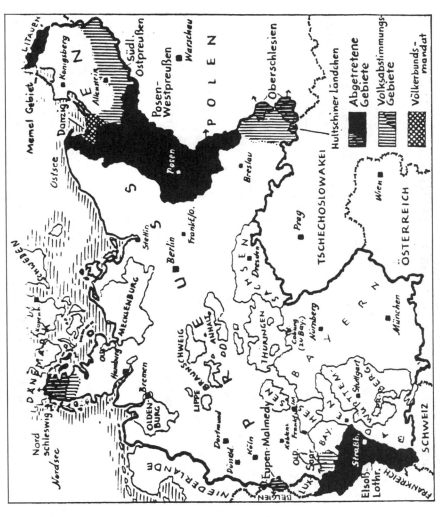

Aus: Walter Tormin (Hrsg.): Die Weimarer Republik. Hannover 1973.

G.2 Die durch den Friedensvertrag von Versailles verlorengegangenen deutschen Gebiete

abgetretene Landesteile	an Staat	Fläche in qkm	Bevölkerung 1910			davon bis 1925 in das Reichsgebiet abgewandert	
			1000	davon mit Muttersprache Deutsch[d] 1000	%	1000	%
Posen[a]	Polen	26042	1946	670	34,4		
Westpreußen[a]	Polen	15865	965	412	42,7	} 468	15,8
Südostpreußen[a]	Polen	501	25	9	36,0		
Pommern[a]	Polen	10	0,2	0,2	100,0		
Schlesien[a]	Polen	512	26	9	34,6		
Westpreußen (Danzig)[a]	Freie Stadt Danzig	1914	331	315	95,2	44	13,3
Ostpreußen (Memelgebiet)[a]	Litauen	2657	141	72	51,1	15	10,6
Ostoberschlesien[b]	Polen	3213	893	264	29,5	90	10,1
Schlesien (Hultschin)[a]	Tschechoslowakei	316	48	7	14,6	3	6,2
Nordschleswig[b]	Dänemark	3992	166	40	24,1	12	7,2
Eupen-Malmedy[b]	Belgien	1036	60	49	81,7	5	8,3
Elsaß-Lothringen[a]	Frankreich	14522	1874	1634	87,2	132	7,0
insgesamt		70579	6476	3482	53,8	770	11,9
in %		13,0	10,0				

[a] Ohne Abstimmung.
[b] Mit Abstimmung.
[c] Der Fläche und Bevölkerung des Deutschen Reiches von 1910.
[d] Deutsch als einzige Muttersprache.

Quelle: Stat. Jb. f. d. Dt. Reich 1928, S. 28 f.; 1929, S. 18.
Vgl. Kollmann, Bevölkerung und Raum, S. 175 f.

Aus: Dietmar Petzina, Werner Abelshauser, Anselm Faust (Hrsg.): Sozialgeschichtliches Arbeitsbuch III. Materialien zur Statistik des Deutschen Reiches 1914–1945. München 1978.

G.3 Wahlplakat zur Dolchstoßlegende 1924

Wer hat im **Weltkrieg** dem deutschen Heere den Dolchstoß versetzt? Wer ist schuld daran, daß unser Volk und Vaterland so tief ins Unglück sinken mußte? Der Parteisekretär der Sozialdemokraten **Bater** sagt es nach der Revolution 1918 in Magdeburg:

„**Wir** haben unsere Leute, die an die Front gingen, zur Fahnenflucht veranlaßt. Die Fahnenflüchtigen haben wir organisiert, mit falschen Papieren ausgestattet, mit Geld und unterschriftslosen Flugblättern versehen. **Wir** haben diese Leute nach allen Himmelsrichtungen, hauptsächlich wieder an die Front geschickt, damit sie die Frontsoldaten bearbeiten und die Front zermürben sollten. Diese haben die Soldaten bestimmt, überzulaufen, und so hat sich der Verfall allmählich, aber sicher vollzogen."

Wer hat die Sozialdemokratie hierbei unterstützt? Die Demokraten und die Leute um Erzberger. Jetzt, am 7. Dezember, soll das Deutsche Volk den

zweiten Dolchstoß

erhalten. Sozialdemokraten in Gemeinschaft mit den Demokraten wollen uns

zu Sklaven der Entente machen,

wollen uns für immer zugrunde richten.

Wollt ihr das nicht,
dann
Wählt deutschnational!

Aus: Anschläge. Politische Plakate in Deutschland 1900−1980. Hrsgg. von Friedrich Arnold. Ebenhausen bei München 1985.

G.4

Theodor Plievier:
Der Kaiser ging, die Generäle blieben
(Auszug)

Aber sie denkt nicht mehr an Schlafen.

Auch im Haus kann sie es nicht mehr aushalten.

Sie sucht ihre Strümpfe und Schuhe hervor und zieht sich, ohne Licht zu machen, an. Und dann fällt ihr doch nichts anderes ein, als ebenfalls nach dem Schlachthof zu gehen, um sich, wie die Nachbarstochter Lucie Lange, nach einer Ration Fleisch anzustellen.

Nach einer halben Stunde hat sie den Schlachthof erreicht. Ein riesiges, zwischen der Ringbahn und den Arbeiterquartieren des Berliner Ostens liegendes Gelände, das von einer endlosen Ziegelmauer umgeben ist. Die Schuppen und Ställe dahinter sind in der Dunkelheit nicht zu erkennen. In der Eldenaer Straße, nahe beim Bahnübergang, stößt sie auf die „Schlange" – Frauen, Urlauber, alte Männer, die sich in Reihen aufgestellt haben, um am anderen Morgen bei der Fleischausgabe nicht zu spät zu kommen. Die ersten, die schon am Nachmittag kamen, wurden von den Polizisten weggejagt, auch um fünf und um sechs wurde die Menge wieder zerstreut. Erst nachdem es vollständig dunkel geworden war, duldete die Polizei die Ansammlung. Um acht Uhr standen einige hundert an der Mauer, um zehn waren es schon über tausend.

Zu vieren stehen sie hintereinander. Viele Frauen haben sich Sitzgelegenheiten mitgebracht – Schemel, Feldstühle, Fußmatten.

Viele haben sich Decken umgehängt. In den ersten Nachtstunden versuchten sie noch miteinander zu sprechen. Die Urlauber holten auch Karten hervor und spielten miteinander. Allmählich sind alle still geworden und übereinander hingesunken.

Trude Müller stellt sich hinten an.

Sie hat sich nichts zum Sitzen mitgebracht. Gegen die Nachtkälte trägt sie einen Soldatenmantel, der ihr viel zu weit ist. Beide Hände in den zusammengeschobenen Ärmeln vergraben, steht sie auf ihrem Platz. Weiter vorn, unter einer Laterne, sieht sie Lucie Lange mit der kleinen Lene stehen. Die Kleine hält den Kopf schief, um den Dutt der neben ihr hockenden Frau nicht zu berühren. Das ist wegen der Läuse – die Tante hat ihr eingeschärft, sich endlich mal vorzusehen.

Die Frau neben Trude Müller ärgert sich über ihren Nachbar:

„Der raucht ein Kraut, da dreht sich einem ja der Magen um!"

Der Alte wendet der Frau nicht einmal das Gesicht zu. Er raucht seine Pfeife weiter und stiert ausdruckslos den Rücken seines Vordermannes an. Es ist nicht nur die Oktobernacht und der fahle Schein der Straßenlaterne, der alle Gesichter ähnlich macht.

Der Krieg ist es, dieselben Sorgen sind es:

„Ich habe die Gasrechnung noch nicht bezahlt; drei Pfund Kartoffeln kosten dreißig, der Kohl fünfundzwanzig, wenn ich dazu das halbe Pfund Fleisch bekomme – – die Schulzen ihrer hat Glück gehabt, einen Schuß durchs Bein – – wo kriege ich nur ein Bett her, ich kann den Jungen doch nicht mehr bei mir schlafen lassen, wo ich die Schwindsucht habe und jetzt die Narbe wieder aufgebrochen ist – die Liese ist schon so ein großes Mädel, wenn ich sie von der Schule freibekomme, kann sie mitverdienen . . ."

In trübes Dämmern versunken stehen die Reihen da.

Nur wenn eine Frau austreten muß, wenn ein Kind von zu Hause nachkommt und mit heißem Wasser gefüllte Steinkruken zum Wärmen der Füße bringt, oder wenn einer – wie es nicht selten vorkommt – erschöpft zusammenklappt, dann wachen die Umstehenden aus ihrem Dösen auf.

Ein feiner Regen geht nieder, und alle kriechen noch enger aneinander.

Sie haben die Luft ihrer übervölkerten Wohnungen mitgebracht, die Miasmen der an ihnen fressenden Krankheiten.

Läuse, Krätze, Furunkulose, Flechten – es gibt keine Seife mehr in Deutschland, nur fettlosen Seifenersatz aus Ton und Sand. Der Gestank offener Abszesse, der Geruch ungewaschener Kleider, der kalte Dunst schlechten Tabaks mischt sich mit den Dämpfen des Schlachthofes und bleibt wie eine schwere Wolke in der Masse hängen.

Die Menge unter der Laterne wird aufgestört. Ein paar Jugendliche drängen sich zur Mauer durch; einen Kleistertopf haben sie bei sich und Anschlagzettel, von denen sie einen ankleben.

Auch die um Trude Müller herum werden wach.

„Paß doch auf, trampel mir nich auf die Füße!"

„Entschuldigen Sie man, daß ich über Ihre Stelzen gestolpert bin!"

„Wat heest hier entschuldigen, soll ick meine Beene vielleicht in die Tasche stecken?"

„Nee, die Jugend heute . . ."

„Wat drängt die sich überhaupt hier zwischen?"

„Regen Sie sich bloß nich auf! Ich habe meinen Platz weiter vorn. Ich will ja bloß mal mit meine Nachbarn hier ein Wort reden!"

Lucie Lange hat sich vorn ihren Platz freihalten lassen und ist nach hinten gekommen, um sich mit Trude Müller unterhalten zu können.

„Haben Sie gesehen, Frau Müller, die mit ihren Plakaten? Und gestern abend, an der Ecke im Schusterkeller, da war noch Licht, da haben die wieder Sitzungen gehabt, und der Doktor aus unserm Haus, der Duncker von vorne zwei Treppen, der geht mit seiner Frau da auch immer hin; die von der USP., wat die schon wollen – – Na, und unsere Portiersche, die soll sich man nich um andere Leute kümmern. Die soll lieber sagen, wie die Karnickel im Keller immer verschwinden. Erst füttert man sie mit den paar Kartoffelschalen durch, dann sind sie mit einemmal weg – – und die Möhring mit ihrem Feldgrauen, da redet doch schon das ganze Haus von . . ."

Trude Müller wirft einen Blick auf die kleine Lene.

Doch Lucie sagt mit einer wegwerfenden Handbewegung:

„Ach die, die weeß doch schon janz jenau, wo die Jurken hängen! Aber das mit der Möhring, das stimmt doch. Und der Feldgraue, das soll ein Deserteur sein. Und dabei ist doch ihr Mann erst gefallen — — was macht denn eigentlich Ihrer. Ach ja, hören Sie, mein Vater hat mir doch so einen Krach gemacht. Ich soll dem Karl Raumschuh, was mein Bräutigam is, nich mehr schreiben, weil er Matrose is . . ."

Ein Urlauber dreht sich um, auch eine der Frauen:

„Die hat einen Redefluß!"

„Und wie die angibt!"

„Wat heeßt hier Redefluß und angeben?!

Ich werde mir wohl noch mit meine Nachbarn über meinen Bräutigam unterhalten können, oder vielleicht nich?

Und die von der Marine sind noch lange nich die Schlimmsten, die Matrosen sind alle für den Frieden!"

Sie wendet sich wieder an Trude Müller:

„Der Kerl hat mir geschrieben, daß er nach Berlin kommen will, wenn er entlassen wird. Er will sich hier Arbeit suchen. Ja, und Ihr Kleiner, was macht denn der?"

Trude Müller hat nur halb zugehört. Es quält sie, daß es ihr nicht gelingen will, sich das Gesicht ihres Kindes vorzustellen: „Ich weiß nicht — — ich hätte eigentlich telefonieren sollen — —"

Hinter der Mauer des Schlachthofes stampft eine Herde Rindvieh vorbei. Man hört die Flüche der Treiber, die Stockschläge auf die Flanken der Tiere und ganz nahe das dumpfe Brüllen eines Ochsen.

Aus einem Schuppen dringt Licht.

Es sieht aus wie roter Rauch.

Auf dem Hof fängt es an zu rumoren.

Die Schlange ist auf zweitausend Köpfe angewachsen.

Und vielleicht ebenso viele Schlangen hocken vor den Berliner Markthallen und vor den Detailgeschäften. Und in München, in Hamburg, Dresden — kohlenlose Tage, mit Sägemehl gestrecktes Brot, aus Brennesseln gefertigte Hemden, Schuhe aus Papier. In vielen Landgemeinden ist der Kienspan wieder eingeführt worden.

Es werden auch Lebensmittel im Schleichhandel verkauft.

Aber die Kriegerfrauen erhalten von einer „sozialen Gesetzgebung" 48 Mark Unterstützung, wenn sie zwei Kinder haben, und wenn die Familie zahlreicher ist 50 und 60 Mark. Davon können sie die im freien Handel verlangten Wucherpreise nicht bezahlen. Sie gehen arbeiten in Munitionsfabriken, kleiden sich in umgeänderte Militärsachen. In holzbesohlten Schuhen stehen sie Schlange — nach Fleisch, nach Margarine, nach Kriegsmus, nach Kartoffeln, nach Ersatzstoffen . . .

Die Arbeit auf dem Schlachthof hat begonnen.

Der erste Wagen rollt aus dem Tor heraus.

Weiße Schweinehälften hat der Wagen geladen. Zart und frisch gebadet liegen die langgestreckten ausgebluteten Tierleiber unter dem grau werdenden Himmel.

Die Gaslaterne an der Ecke erlischt.

Und die Polizisten sind wieder da.

Die Leute an der Mauer beginnen sich zu regen — wie Hühner, die auf der Stange erwachen und die Federn aufplustern. Die Frauen schälen sich aus den zerschlissenen Decken heraus. Die Männer ziehen die Nasen aus ihren Mantelkragen und rücken sich die Mützen aus den Gesichtern.

„Aber nun drängen Sie doch nicht so!"

„Das ist doch die Kleene hier. Die Jöhren wollen immer so durchflitschen. Nu bleib man ruhig und fang nich schon an!"

Die Frau neben der kleinen Lene sagte das.

Die Frau mit dem Dutt, auch lange Röcke hat sie an. Lene kann Frauen mit langen Röcken nicht ausstehen.

Sie hat ihre Erfahrungen — je länger die Röcke, um so mehr Ermahnungen und Ratschläge muß sie anhören! Überhaupt kann sie nicht leiden, als Kleine angesprochen zu werden. Als ob sie nicht schon bald aus der Schule käme und zu Hause fast allein die Wirtschaft versorgte. Ihr Onkel geht arbeiten, und ihre Tante — na ja, die hat doch schon einen ganz dicken Bauch, lange wird es nicht mehr dauern. Und dann hat sie noch die Bescherung mit den Windeln...

Die Durchhaltepropaganda für den Krieg hat selbst hier einen Platz gefunden. An der oben mit Glasscherben gespickten Mauer, über die sich drei Lagen Stacheldraht hinziehen, kleben Aufrufe für die neunte Kriegsanleihe — unterzeichnet vom Feldmarschall von Hindenburg, vom Prinzen Max von Baden, vom Staatssekretär Erzberger; auch ein von Scheidemann unterschriebenes Plakat ist angeschlagen, ein Spruch in schönen gotischen Lettern:

Wer Geld hat, der zeichne!
Es ist kein Opfer,
sein Geld mündelsicher
zu 5 % anzulegen.
Philipp Scheidemann

Quer über dem Plakat klebt ein Propagandastreifen der Jugendgruppe des Spartakusbundes, die sich hier in der Nacht mit dem Kleistertopf durchgedrängt hat. Zwei mit ungelenken Pinselstrichen hingesetzte Zeilen:

DER KRIEG GEHT FÜR DIE REICHEN!
DIE ARMEN ZAHLEN MIT LEICHEN!

Endlich beginnt die Fleischausgabe.

Truppweise werden die Leute in den Schuppen eingelassen, immer hundert auf einmal. Die Polizisten zählen jedesmal fünfundzwanzig Reihen ab. Ein halbes Pfund Fleisch erhält jeder. Das Fleisch stammt von Rindern, die der Beschauer als krank beanstandet hat. Das Fleisch der gesunden Tiere gelangt durch andere Kanäle, durch die Fleischerläden, an den Teil der

Bevölkerung, der die dort verlangten Preise noch aufbringen kann. Bis Trude Müller in den Schuppen eingelassen wird, ist eine weitere Stunde vergangen. Hinter ihr stehen noch siebenhundert Mann. Sie erhält ihr Fleisch, die Reihe hinter ihr auch noch. Von der nächsten Reihe erhält nur einer die Ration, – die anderen bekommen nichts mehr.

Die Vorräte sind ausgegeben. Ausverkauft!

700 Menschen stehen noch auf der Straße.

Die Polizei kann die Menge nicht mehr zurückhalten. Sie drängt an das Tor und in den Schuppen hinein. Mit eigenen Augen wollen sie sich davon überzeugen, daß nichts mehr da ist. Sie starren die Fleischhaken an den Wänden und die leeren Verkaufstische an. Die Vordersten drücken bis gegen den Hackklotz, von dem ein Gehilfe die letzten Knochensplitter herunterfegt.

Der Schuppen dröhnt wider vom Geheul der Menge:

„Solche Gauner!"

„Die Schieber!"

„Drückeberger!"

„Die haben das Fleisch schon vorher auf die Seite gebracht!"

„Ja, wer Geld hat, der kann noch alles haben!" „... und ohne Anstehen!" „Wann wird der Schwindel mal aufhören?!" „Alles kaputthauen müßte man!"

Die Frauen bleiben stehen und sehen denen nach, die noch eine Ration erhalten haben. Ein alter Mann mit einer letzten Strähne grauem Haar auf dem Kopf hat seine Mütze abgenommen und versucht, das Stück Fleisch darin zu verbergen.

Die Mütze deckt er mit der hohlen Hand zu.

Die Frauen drängen dicht an den Alten heran.

Er fühlt ihren Hunger und senkt seinen Blick.

„Die fressen einem auch noch das bißchen weg!"

„Und Milch kriegen die sogar noch von der Stadt!"

„Wozu so was bloß noch lebt?"

„Quatsch doch nicht! Dem tut der Hunger genauso weh. Die Dickköpfe fressen uns alles weg!"

„Und unsere Kinder..."

Schuldbewußt sucht der Greis sich einen Weg durch die erregten Menschenhaufen. Er ist davon überzeugt, daß sein Leben eigentlich verwirkt ist.

Die Polizei räumt den Schuppen.

„Los, nu aber raus hier!"

„Könnt ihr nicht hören?"

„Los, weitergehen!"

„Na, immer langsam, Herr Wachtmeister!" „Sie kriegen wohl noch immer genug, was?"
„Natürlich, die Herren Beamten! Aber wenn unsereiner mal ein Stück Fleisch haben will!"
„Die sollten in den Schützengraben, wo unsere Männer sind!"
„Aber bitte, nicht anfassen, erlauben Sie mal!"
„Hier wird gar nichts erlaubt, wegzuscheren habt ihr euch!"

Die Polizisten — blaue Uniformen und Pickelhauben, den Säbel in der Hand — zerstreuen die Menge und treiben sie in einzelnen Haufen die Straße entlang. In ihren dicken Mänteln, mit den Fußschemeln und Decken beladen, können die Frauen sich nur schwerfällig bewegen.

Das Schuppentor wird wieder geschlossen. Die Menge verliert sich allmählich in den Nebenstraßen.

Trude Müller ist bis zur nächsten Telephonzelle gegangen. Lucie Lange und Lene Hanke sind mit hereingekommen. Sie hat sich mit dem Krankenhaus verbinden lassen und erkundigt sich in der Kinderstation nach dem Zustand ihres Sohnes. Sie muß auf die Antwort warten, und dann hört sie die Stimme aus dem Krankenhaus ruhig und unbeteiligt sagen:

„Gestern abend um elf Uhr ist er gestorben!"

Trude Müller starrt das Telephon an und hängt den Hörer scheu an den Platz zurück.

„Na, was macht er denn?" fragt Lucie Lange.

Die Frau hat keine Antwort.

Gestern um elf, — das geht über ihre Vorstellung. Sie will den Gedanken nicht zu Ende denken. Sie will plötzlich überhaupt nichts mehr. Sie macht die Tür auf. Draußen fängt sie an zu laufen, ohne das Gewicht ihres Körpers, ohne überhaupt etwas zu spüren. An einem Platz bleibt sie stehen und liest abwesend Forckenbeck-Platz. Den Korb mit der Fleischration hält sie verwundert in den Händen. Vor einem schweren Himmel bewegen sich die fast entblätterten Wipfel der Bäume. Trude Müller sieht alles wie niemals vorher, wie zum allerersten Male.

Gestern um elf hat sie im Bett gelegen, gestern um elf hat der Nachbar Lange mit den Stiefeln gepoltert und die Tür zugeschmissen. Plötzlich denkt sie an ihren Mann. Schon mehr als ein Jahr ist es her, seit er auf Urlaub da war. Und schon so lange hat er den Jungen nicht gesehen, und er wird ihn niemals mehr ...

Sie weiß nicht, wie sie den Weg zurückgelegt hat, sie ist wieder in der Boxhagener Straße angelangt und steht vor dem Bäckerladen. Niemals mehr wird der Junge seine Nase hier gegen die Fensterscheiben pressen, niemals mehr wird er einen Groschen für ein Stück Kunsttorte von ihr verlangen!

Niemals mehr. Um elf ist er gestorben.

Sie kommt an ihr Haus, geht langsam die Treppe hoch und schließt auf. Trübe liegt das vom Hof einfallende Licht auf ihrem ungemachten Lager. Und da steht das Kinderbett, darunter die Schuhe, — sie bückt sich und nimmt sie auf. Sie waren an den Spitzen durchgestoßen; gestern hat sie sie vom Schuster zurückgeholt.

Mit den kleinen Schuhen in der Hand sitzt sie auf dem Bettrand.

So finden sie die Nachbarinnen, die Lange mit der Hanke und der Portiersfrau ...

G.5 Räte in Deutschland

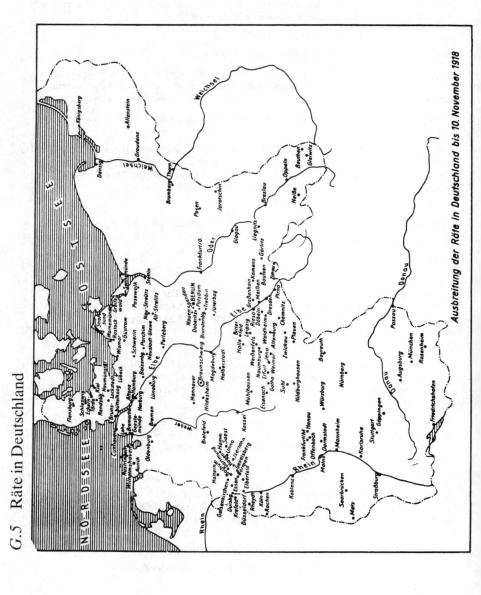

Ausbreitung der Räte in Deutschland bis 10. November 1918

Volksfreund

Republikanisches Organ für Braunschweig und Umgegend.

Braunschweig, Freitag, den 8. November 1918

Abdankung des Herzogs Ernst August

Braunschweigs Republik-Regierung
liegt in den Händen des Arbeiter- und Soldatenrates.

Ich „Ernst August, Herzog von Braunschweig und Lüneburg" erkläre, daß ich für mich und meine Nachkommen auf den Thron verzichte, und die Regierung in die Hände des Arbeiter- und Soldatenrates lege.

Ernst August.

Als Zeugen der Echtheit der Unterschrift Seiner Königlichen Hoheit des Herzogs Ernst August

Carl Wolff, Dr. Paul Knoke, Freiherr Knigge, von Grone.

Soldaten, Arbeiter, Bürger, durch die Abdankung des Herzogs ist Braunschweig **Republik**. Die regierende Gewalt liegt jetzt **vollständig** in den Händen des Arbeiter- und Soldatenrates. In welcher Weise eine Vervollständigung der Regierung vorgenommen wird, ist den weiteren Maßnahmen, der genannten Körperschaft vorbehalten.

Braunschweig ist jetzt kein Herzogtum mehr, sondern eine selbständige Provinz des republikanischen Deutschlands.

Es lebe die sozialistische Republik!

Der Arbeiter- und Soldatenrat.

Aus: Peter Berger: Brunonia mit rotem Halstuch, Hannover 1979.

G.6

Theodor Plievier:

Der Kaiser ging, die Generäle blieben

Berlin 1932 *(Auszug)*

... Einen guten Tagesmarsch weiter, 50 Kilometer von Celle entfernt, eingefriedet von tausendjährigen Wallen, liegt die alte Residenzstadt Braunschweig. Vor fünf Tagen war in Braunschweig zu einer großen Versammlung aufgerufen worden.

Am Hagenpark, am Löwenwall, an den Straßenecken schrien von den Mauern herunter Plakate: „Karl Liebknecht spricht!"

Aber Liebknecht war nicht gekommen. Ein bekannter Agitator aus Braunschweig, der frühere Schneidergeselle August Merges, hielt die Rede. Nach der Versammlung wurde ein Umzug durch die Stadt gemacht. Vom Löwenwall herunter bewegte sich der Zug am herzoglichen Schloß vorbei, machte einen Umweg durch die Fallerslebener Straße an den Dragonerkasernen entlang, und dann stauten sich die Massen, Arbeiter, Soldaten, Frauen, mitten in der Stadt auf dem Hagenmarkt. Die Anwohner rissen die Fenster auf, sie rissen auch ihre Augen weit auf. Der Schneider Merges hielt noch eine Schlußansprache und entließ die Versammelten mit den Worten: „Vielleicht schon in den nächsten Tagen wird man euch wieder brauchen!"

Seither warten die Arbeiter Braunschweigs auf das Signal. Der „Volksfreund" und die „Braunschweigischen Anzeigen" brachten noch Nachrichten vom Kriegsschauplatz, von rückwärtsgelegenen Stellungen, die aus taktischen Gründen bezogen wurden. Sie brachten Waffenstillstandsbetrachtungen und einen Erlaß des Kaisers zur Verfassungsänderung, auch einen Aufruf der Regierung an das deutsche Volk, in dem zu Ordnung und Selbstzucht gemahnt, und den Mannschaften des Landheeres und der Flotte, die durch ihre Manneszucht das Vaterland gerettet haben, der gebührende Dank ausgesprochen wird.

Aber jeder wußte: das alles ist nicht wichtig.

Wichtig ist, was die Zeitungen nicht schreiben!

Es laufen Gerüchte durch die Stadt von Unruhen in Kiel:

„Die Matrosen auf den Schiffen meutern." „Auf Cuxhaven und Hamburg soll die Bewegung übergesprungen sein."

„Wilson verlangt die Auslieferung der Kaiserfamilie."

Das so festgefügte und geruhsame Braunschweig ist plötzlich von einer heimlichen Unruhe erfüllt. Wo einer schneller als gewöhnlich durch die Straßen geht, werden Fenster aufgemacht, vor den Haustoren stehen Bürger und tuscheln sich Geheimnisse zu.

„Ich hab's von dem Sattler Radke gehört. Der war in Bremen auf der Lederversorgungsstelle..."

„Also in Bremen auch?"

„Eine große Demonstration hat er gesehen, mit einer roten Fahne vorneweg."

„Na ja, die Hafenstädte, aber Braunschweig..."

„Das sagen Sie nicht, in der Fliegerkaserne ist auch nicht mehr alles in Ordnung."

„Das ist wegen dem Prinzen Sigismund, das geht auch nicht, der ist viel zu jung als Kommandeur!"

„Und gestern sind Matrosen angekommen."

„Auch heute mit dem Vormittagszug."

„Am Petritorwall habe ich zwei gesehen..."

Einige Frauen unterhalten sich. „Haben Sie schon gehört, – die Herzogin packt ihre Koffer!"

„Was Sie nicht sagen? Ob das wahr ist?"

„Wo soll das auch noch hinführen; auf die Nährmittelkarte 35 hat's heute wieder nichts gegeben."

„Am Bahnhof soll's Kohlen geben."

„Ach, da steht man bloß, und nachher gibt 's nichts."

Ein trüber Novembertag. Die Windstöße, die in die Straßen herunterlecken, bringen eine kalte Feuchtigkeit mit.

Es klebt sich naß an die Mauern, die Fensterscheiben beschlagen. Abgefallene Blätter wirbeln aus dem Park. Es riecht faulig und süß.

Es ist der Herbst, aber es ist anders als sonst.

Es ist etwas im Anzug.

Und Braunschweig ist bereit, – die Bürger warten. Die Mitglieder der veralteten Ständevertretung, der Hof und das junge Herzogspaar sehen das Verhängnis herankommen.

Braunschweig, das in seinen Außenbezirken eine schnell aufwachsende Industrie mit einer großen proletarischen Bevölkerung aufweist, hat noch immer eine hauptsächlich agrarisch eingestellte Verfassung, an der weder die Demonstrationen und Forderungen der Arbeiter, noch die Warnungen fortschrittlich denkender Bürgerkreise etwas haben ändern können. Die durch das Reich gehende demokratische Welle ist an Braunschweig nicht vorbeigegangen. Die Arbeiter und Fortschrittler haben auf den Ernst der politischen Lage hingewiesen und auch für Braunschweig ein freiheitliches allgemeines Wahlrecht gefordert. Aber die Landesversammlung hat nicht nachgegeben.

In letzter Stunde hat der Herzog durch einen Erlaß verkündet daß er:

„... durch Fühlungnahme mit den verschiedenen Bevölkerungsschichten die Überzeugung gewonnen habe, daß alle Vorschläge zur Umgestaltung des Landtagswahlrechts nicht ausreichten und daß allein das geltende Reichstagswahlrecht möglich sei."

Dabei denkt der Herzog, der erst im Jahre 1913, nach der Beilegung einer alten Fehde mit den Hohenzollern die Regierung angetreten hatte, an die Ereignisse an der Wasserkante, die auch auf sein Land ihre Schatten werfen. Mit Besorgnis hat er die Berichte über die Stimmung in den Kasernen und Arbeiterquartieren seiner Residenz entgegengenommen.

Unter den Soldaten wächst die Kriegsmüdigkeit und die Renitenz gegen die Vorgesetzten. Und die Arbeiter stehen Gewehr bei Fuß. Der Organisator der Unabhängigen, August Merges, hat vor einigen Tagen Waffen in den Fabriken verteilen lassen. Nur das Signal zum Losschlagen, das von Berlin erwartet wird, ist noch nicht da.

Braunschweig ist bereit, – die Soldaten, die Arbeiter, die Bürger, die Mitglieder der Ständevertretung, die Regierung und der Hof warten auf das Signal.

Das Signal sollten fünf Matrosen und eine stadtbekannte Chansonette geben. Die fünf Matrosen sitzen in der Langedammstraße in einem Gasthaus. Vier waren aus Bremen gekommen, einer aus Wilhelmshaven, – der Kochsgast Hermann Rode aus der Wilhelmshavener Arrestanstalt.

Der Wirt stellt eine neue Lage Bier auf den Tisch.

„Das schmeckt wie Pisse!" bemerkt Rode.

„Worauf die im Roten Schloß bloß warten?"

„Die sind noch immer nicht so weit!"

Das „Rote Schloß" liegt ein Stück weiter, in derselben Straße. Es ist das Haus, in dem der sozialdemokratische „Volksfreund" gedruckt wird, und in dem Merges und die Unabhängigen eine permanente Sitzung abhalten.

„Der bucklige Merges, eine große Fresse hat er ja! Aber warum marschiert er nicht endlich los mit seinen Usepetern?"

„Das ist ja schon zum Kotzen!"

„Sollen wir noch einen Skat ansetzen?"

„Geh lieber noch mal rüber, nachsehen, was die machen!"

Einer der Matrosen setzt sich die Mütze auf und geht. Die übrigen bleiben gelangweilt zurück.

„Ein Glück, daß wir die Agnes da haben!"

„Agnes, komm, wir singen noch ein 'n, den von vorhin nochmal!"

Die „Guitarrenagnes" nimmt ihr Instrument auf und fängt an, daran herumzustimmen. Rode kippt das Glas Bier hinunter, dann wischt er sich den Bart ab und dreht die Schnurrbartspitzen hoch. Er hat sich, ehe er Wilhelmshaven verlassen hat, fein eingedreßt. Sogar die noch aus dem Frieden stammende Paradejacke mit den blanken Knöpfen hat er unter dem Überzieher an. Neben Rode sitzt ein Matrose mit einem großen flächigen Brandmal. Das eine Ohr ist halb weg und die Haut der einen Gesichtshälfte zeigt bis zur Nase und zum Mund hin einen tiefen, bläulichen Schein. Auf seinem Mützenband steht S. M. S. „Defflinger".

„Wo hast du das Ding eigentlich abgekriegt", fragt Rode.

„Skagerrak – – ich war Ladenummer am ‚Backbord dritten'!"

Die Guitarrenagnes ist mit dem Stimmen ihres Instrumentes fertig. Sie singt einen Schlager, den sie während des letzten Krieges in allen möglichen Kneipen vorgetragen und in ganz Braunschweig populär gemacht hat:

Die Matrosen singen den Refrain mit:

„Mensch sei helle, wenn's auch duster ist!"

Der Matrose aus dem Roten Schloß kommt zurück:

„Noch immer dasselbe, die sitzen da und reden sich das Maul fußlig und warten auf Nachricht aus Berlin!"

„Ich hab eine Idee!" sagt Rode.

„Na, was denn, raus damit!"

„Wir können hier doch nicht anwachsen. Wir warten nicht länger auf den buckligen Usepeter und auf seine Demonstration auch nicht. Wir ziehen mal erst allein durch Braunschweig, so ganz sachte und friedlich."

„Das machen wir!"

„Und die Agnes?"

„Agnes kommt mit!"

Und so ziehen die fünf durch die alten Straßen mit den schräg überhängenden Häusern, mitten auf dem Damm, in einer Reihe, eingeärmelt ineinander. Und vor ihnen her Agnes mit der Guitarre.

„Das gibt einen Hauptspaß!" meint Rode.

„Wenigstens schlafen wir nicht ganz ein!"

„Und ärgern die Braunschweiger mal ein bißchen!"

Es ist kurz vor sieben Uhr, die Kaufläden sind noch geöffnet und blicken aus trüben gelben Fenstern auf die Straße hinaus. An den Türen stehen Frauen mit Einholetaschen, auch die Ladnerinnen kommen, um sich das Spektakel anzusehen.

Die Guitarrenagnes spielt in einem fort ihre Schlager.

Die Matrosen marschieren hinterher und gröhlen:

„Mensch sei helle, wenn 's auch duster ist ...

Schon marschieren sie nicht mehr allein. Einige Soldaten und Arbeiter haben sich ausgeschlossen. Nach zehn Minuten bewegt sich ein ganzer Haufen dem Stadtinnern zu. Doch noch ahnt niemand, daß dieser Zug zu einer Demonstration anwachsen wird, die eine knappe halbe Stunde später die Gefangenen befreit, vor der die Landespolizei kapituliert, zu der die Truppen überlaufen und die dem Herzog von Braunschweig die Krone abfordern wird.

Die Zeit ist reif, – Braunschweig ist bereit.

Es bedarf nur noch eines kleinen Anstoßes.

Die schmalen Straßen füllen sich mit Menschen. Rechts und links von dem Zug, auf den Rinnsteinen, haben sie sich aufgestellt. Viele schließen sich an, viele werden mitgezogen. Die fünf Matrosen an der Spitze haben sich aus ihrer Einärmelung gelöst. Sie sehen die Menge anwachsen, und sie marschieren jetzt in festem Tritt. In ihren Köpfen brennt es wieder, wie vor Tagen in Kiel, wie gestern in Hamburg oder Bremen. Die Guitarrenagnes hat die Spitze verlassen. Ihr Instrument achtlos an der Seite, läuft sie neben dem Zug her. Die umliegenden Straßen sind alle von Arbeitern bewohnt. Der Zug schwillt immer mehr an. Der „Hauptspaß" ist in eine Demonstration umgeschlagen, wie Braunschweig noch keine gesehen hat. Im Schein der wenigen Laternen, die auf dem Kohlmarkt brennen, sieht man Gewehre in den Händen der Marschierenden.

Bei der Polizei und in der Kommandantur gehen Meldungen über riesige, teilweise bewaffnete Haufen ein, die dem Stadtinnern zuströmen.

Der Herzog und die Herzogin sitzen bei der Abendtafel.

Der Garnisonälteste, Generalmajor Baron Digeon de Monteton, macht dem Herzog persönlich Meldung. Nach einer kurzen Besprechung mit seinen Ministern hält der Herzog es für ratsam, der Bewegung keine Gewalt entgegenzustellen. Er äußert den Wunsch, Blutvergießen nach Möglichkeit zu vermeiden, und veranlaßt einen entsprechenden Befehl.

Militär und Polizei konsignieren sich in den Kasernen.

Inzwischen stauen sich die aus allen Seitenstraßen herbeiströmenden Menschenmengen auf dem Kohlmarkt. Der lange schiefwinklige Platz kann die Menschen nicht fassen; bis in die abzweigenden Straßenschluchten hinein drängen sie sich. In der Mitte, vor dem Brunnen am Sack, stehen die Matrosen.

Der Derfflingermann mit dem Brandmal steigt auf den Brunnenrand hinauf. Soweit er den schlechtbeleuchteten Platz übersehen kann, sieht er erhobene Gesichter, und auch das Dunkel dahinter lebt und bewegt sich. Der Matrose hebt den Arm und zeichnet einen Kreis in die Luft und weiß nichts von dieser Geste, – nur die gespannte Stille unter sich spürt er. Und er fühlt, daß hier ein Volk wartet, daß etwas geschehen und die Masse ein Ziel bekommen muß.

Er hört seine Stimme, wie die von einem Fremden:

„Kameraden, Arbeiter..."

Eine lange Pause, – es ist wie ein großes Atemholen. Und niemand wird ungeduldig, niemand unterbricht die Stille. Man will auch keine Rede hören, nur eine gemeinsame Parole. Es muß etwas geschehen! Dieser plötzliche Aufmarsch muß einen Sinn bekommen.

Und der Matrose setzt wieder an:

„Kameraden, Arbeiter – – wir marschieren jetzt nach dem Gefängnis – – die Militärgefangenen befreien – – sie sollen als erste die Freiheit haben, die jetzt anbricht!"

„Nieder mit dem Militarismus!" ruft Rode.

„Nieder!" kommt ein einziger Aufschrei zurück.

„Nach dem Gefängnis!"

„Nach dem Remmelberg!"

Und der Derfflingermann und Rode und die anderen Matrosen werden von dem lebendigen Strom durch die fremde Stadt getragen durch gewundene Straßen mit alten Fachwerkfronten, in die moderne Bauten eingeflickt sind. Rufe steigen hoch. Singen springt auf und reißt an den Straßenbiegungen wieder ab.

Und dann stehen sie vor dem Gefängnis.

Die Matrosen haben die Tore der Arrestanstalt in Wilhelmshaven und sie haben auch die Gefängnistore in Bremen aufgehen sehen. Sie legen die Finger zwischen die Zähne und pfeifen. Die Menge ringsherum fängt an zu toben. Und auch hier geht die Tür auf, spaltbreit zuerst, ein Gesicht mit einem farblosen Bart lugt heraus. Hände greifen nach der Tür und zwängen sie auf. Die Matrosen dringen in das Gebäude ein. Das Volk strudelt hinterher.

Ein paar Wärter und Aufseher sind da.

Der Gefängnisinspektor sitzt im Büro.

Der Inspektor und die Wärter werden in die Gänge hineingeschoben und müssen die Zellen aufschließen. Am meisten überrascht sind die Gefangenen, die im Triumph auf die Straße hinausgetragen werden.

Die Hochrufe der Menge umbranden sie.

Und dann steht einer auf einem Mauervorsprung — ein Soldat, der eine lange Strafzeit hinter sich hat. Er will reden, er streckt die Arme aus und würgt. Und dann kann er nur die Faust ballen und fängt an zu weinen und schluchzt und schluchzt. Dabei ist er ein Baum von einem Kerl. Und die Menschen um ihn herum sehen weg und werden still.

Und dann nehmen sie die Befreiten in die Mitte und ziehen weiter — nach dem Bahnhof.

Die Bahnhofswache geht zu dem aufständischen Volk über. Ein Feldwebel, der dazwischentritt, wird verhaftet. Merges und das Kommitee der USP sind jetzt auch da. Von einer Plattform des Bahnhofes herunter hält er eine Ansprache. Man sieht nur seine Arme, die wie Windmühlenflügel ausgespreizt dastehen, die er sinken läßt, um sie gleich wieder in die Luft zu heben. Der Mann ist klein und wie zusammengestaucht, er arbeitet wie ein Blasebalg. Mit lauter Stimme brüllt er seine Anklagen in die Nacht hinaus — gegen die Agrarier, die den Krieg dazu benutzt haben, das Volk auszuwuchern, gegen die Industrieherren, die sich an den Leichen der Gefallenen mästen, gegen die Landesversammlung, die nur auf Grund der reaktionären Verfassung Braunschweigs beisammensitzt, deren Tage aber jetzt endgültig gezählt sind...

Und die Menge setzt sich wieder in Bewegung.

Die an der Hauptpost stationierte Wache schließt sich an. Von der Post bis zum herzoglichen Schloß sind es nur fünf Minuten. Die hohen Fensterfluchten liegen im Dunkeln, nur seitlich sind einige Räume erleuchtet geblieben. Das Volk belagert das Gitter, die Gesichter an die Eisenstäbe gedrückt...

Auf der weiten Kiesfläche vor dem Schloß ist die Wache angetreten, zwanzig Mann in Paradeuniform. Wie Zinnsoldaten stehen sie in zwei Reihen, am rechten Flügel der Tambour, drei Schritte weiter rechts der Führer.

„Keine Feindseligkeiten!" hat der Herzog befohlen.

Diese Geste geht so weit, daß die Einfahrtstore am rechten und linken Ende des hohen Schloßzaunes auch in dieser Nacht offen geblieben sind.

Durch die beiden Tore leckt jetzt die Menge in breiten Zungen auf den Platz.

Die Matrosen verhandeln mit dem Führer.

Die Wache schließt sich der Menge an.

Kurze exakte Kommandorufe: „Stillgestanden! Das Gewehr über! Präsentiert — das Gewehr!"

Die Gewehre gehen an die Schultern hoch, drei weitere Bewegungen, die Soldaten stehen erstarrt im Präsentiergriff, machen die althergebrachte Ehrenbezeugung, nur diesmal nicht vor Seiner Hoheit, dem Herzog, und Ihrer Königlichen Hoheit, der Herzogin, oder vor hohen Besuchern des Hofes, sondern vor dem aufständischen Volk.

Die Matrosen mit den Abgesandten der Demonstration haben sich hinter den Soldaten aufgestellt. Der ehemalige Kapitulant Hermann Rode bemerkt, daß an der Zeremonie noch etwas fehlt — der Tambour rührt die Trommel nicht!

Rode steht hinter dem Tambour:

„Tambour, warum trommelst du nicht?"

Der Tambour trommelt noch immer nicht, erst ein sanfter Fußtritt in den Hintern setzt seine Hände in Bewegung. Und jetzt ist die Zeremonie vollständig: die wirbelnde Trommel, die präsentierten Gewehre, die Rufe des aufständischen Volkes, die an der dunklen Schloßfront hochsteigen bis zu der patinabedeckten Quadriga am First des Hauptportals.

Das Schloß bleibt von den Massen unberührt. Nur der Marstall wird geöffnet, die Wagen und die Pferde des Herzogs herausgeholt und in Dienst genommen.

Für die befreiten Gefangenen, die in ihren dünnen Gefängniskleidern — ein frierendes Häuflein — beieinander stehen und noch immer überrascht und befremdet von dem plötzlichen Getriebe sind, wird eine Geldsammlung veranstaltet. Die eingehende Summe ist nicht groß. Jedermann weiß, daß die Gefangenen damit nicht viel anfangen können. Aber dann wird aus der Menge heraus ein Vorschlag gemacht, der auch die Frage der Unterbringung dieser Opfer der Kriegsjustiz radikal löst.

„Nach dem Parkhotel!" ruft einer.

„Nach dem Parkhotel!" ist die Parole.

Die Gefangenen werden in die beschlagnahmten Wagen hineingesetzt und ins beste Hotel der Stadt gebracht. Eine Abordnung begleitet sie. Die Massen draußen warten, bis man ihnen mitteilt, daß ihre Schützlinge gut untergebracht sind und zu essen und zu trinken bekommen wie jeder andere Gast.

Das Volk hat jetzt den Bahnhof in der Hand. Es hat die Hauptpost besetzt und überwacht den Telephon- und Telegraphenverkehr. Um elf Uhr nachts zieht die Polizei aus den Revieren ab und überläßt auch das Polizeipräsidium den Aufständischen.

Die Bevölkerung kommt noch lange nicht zur Ruhe, noch lange wogen einzelne Züge durch die Stadt.

Ein Trupp kehrt zu dem Gefängnis zurück, um die Insassen der Frauenabteilung herauszuholen, die man vorher vergessen hatte. Auf dem Hagenmarkt und auf dem Kohlmarkt finden noch immer Versammlungen statt. Im Wilhelmsgarten tagt der provisorisch zusammengesetzte Soldatenrat unter dem Vorsitz von August Merges und arbeitet den Aktionsplan für den nächsten Tag aus: Generalstreik, Demonstration von Arbeitern und Soldaten, Absetzung des Herzogs, Ausrufung der Räterepublik.

Am nächsten Tag verläuft alles programmäßig. Die Arbeiter, die teilweise noch in die Fabriken gegangen sind, verlassen sie wieder und folgen der Generalstreikparole. Die sich entwickelnde Demonstration zieht zum Bahnhof, zur Hauptpost, marschiert vor dem herzoglichen Schloß auf und nimmt zuletzt auf dem alten Hagenmarkt Aufstellung. Die Soldaten aus der Husarenkaserne und die Mannschaften der Fliegerabteilung sind zum Volk übergegangen. Aus Hannover und Bremen sind scharenweise Matrosen aufgetaucht.

Ansprachen werden gehalten:

Niederrufe auf das alte System!

Hochrufe auf die junge Freiheit!

Im Wilhelmsgarten sitzt der erweiterte Soldatenrat und formuliert die Abdankung des Herzogs Ernst August von Braunschweig und Lüneburg. Einige Stimmen äußern Bedenken gegen diese Aktion. Aber sie werden von der Mehrheit niedergeschrien. Die Matrosen fordern stürmisch die Urkunde, um sie dem Herzog sofort zu überbringen.

Der Derfflingermann bedrängt den ersten Vorsitzenden: „August, gib her das Papier. Wir gehen gleich damit los, da wird gar nicht erst lange geredet!"

„Ich komme mit, Alex!"

„Den Herzog setzen wir ab, das wäre doch gelacht!"

Merges, der Führer der Unabhängigen, sieht die Matrosen der Reihe nach an. Die Stimmen gegen die Abdankung haben ihn nachdenklich gemacht. Vielleicht ist doch alles zu schnell gegangen und noch verfrüht. Von Berlin ist immer noch keine Parole zum Losschlagen gekommen, auch die übrigen Teile des Landes, mit Ausnahme der Städte an der Wasserkante, haben nichts von sich hören lassen. Und Merges taucht die Feder noch einmal ins Tintenfaß und macht einen Strich durch seinen Namen, den er schon unter die Urkunde gesetzt hat.

Er führt die Deputation auch nicht an und begnügt sich mit der Erklärung, daß aber auch ein Vertreter der Arbeiter dabei sein müsse.

Ein Eisenbahnarbeiter erklärt sich bereit, mitzugehen.

Die drei Matrosen mit dem Arbeiter brechen auf.

Wie sie herauskommen, fährt gerade ein Lastauto vor, vollbesetzt mit Marinern – von der „Thüringen", von der „Helgoland", vom „Großen Kurfürst", vom „Derfflinger" –, die von der Celle herübergekommen sind.

„Wo tagt der Soldatenrat?" fragt der Chauffeur.

„Hier drin, im Wilhelmsgarten!" antwortet der Matrose mit dem Brandmal.

„Mensch, Alex, das bist ja du!"

Ein Derfflingermann erkennt den mit dem Mal. Er bewohnte mit ihm dieselbe Schiffskasematte: „Wo wollt ihr denn hin, Alex?"

„Wir gehen den Herzog absetzen!"

„Den Herzog absetzen? Jungens, da müssen wir mit! Chauffeur, los dreh um!"

Aber die Matrosen sind durchfroren vom Stillstehen und der Fahrt auf dem offenen Wagen.

„Ach Quatsch, laß die mal machen!"

„Wir wollen uns erst mal aufwärmen!"

„Und mal sehen, ob wir eine Kanne warmen Kaffee kriegen!"

Eine knappe Viertelstunde später betreten die Abgesandten des A- und S-Rates das herzogliche Schloß. Der Herzog erwartet die Deputation schon, und sie gelangt ohne weiteres bis in die Vorzimmer. Ein Adjutant in Zivil fragt nach ihren Wünschen und geht sie bei Seiner Hoheit, dem Herzog, anmelden.

Sie sitzen um einen ovalen Tisch herum.

„Wie beim Zahnarzt im Wartezimmer, nur ein bißchen geräumiger!"

Rode gießt sich aus einer Karaffe ein.

„Bloß Wasser..." bemerkt er enttäuscht. Dann entdeckt er auf einem Nebentisch eine Kiste Zigarren. Er steht auf, holt die Kiste, und nachdem er sich eine herausgenommen hat, reicht er sie höflich weiter.

„Eine Herzogszigarre, kriegen wir nicht alle Tage. Ja, wie ist das jetzt eigentlich — der Herzog und die Herzogin, wie werden die eigentlich angeredet?"

Der Derfflingermann schnauzt ihn an:

„Na, mach bloß keine Menkenke. Der Herzog und die Herzogin — die heißen jetzt einfach ‚Herr Braunschweig' und ‚Frau Braunschweig', und damit fertig."

Aber es kommt zu gar keiner Anrede. Sie haben gerade ein paar Züge an ihren Zigarren gemacht. Die Tür geht auf und der Herzog tritt ein:

„Ich sehe, Sie haben sich schon bedient, das enthebt mich meiner Gastgeberpflicht. Darf ich erfahren, was Ihr Begehren ist?"

Die Abgesandten des A- und S-Rates sind aufgestanden.

Der mit dem Brandmal übergibt dem Herzog das Dokument:

„Wir haben Ihnen im Auftrag des Volkes dieses Schriftstück vorzulegen, über dessen Unterzeichnung Sie sich sofort schlüssig werden müssen!"

Der Herzog hält das Stück Papier in der Hand, einen halben Quartbogen, fünf Schreibmaschinenzeilen:

Braunschweig, den 8. Nov. 1918

Ich, „Ernst August, Herzog von Braunschweig und Lüneburg" erkläre: daß ich für mich und meine Nachkommen auf den Thron verzichte, und die Regierung in die Hände des Arbeiter- und Soldatenrates lege.

Darunter eine Unterschrift – „Zander, Vorsitzender des Soldatenrates", und eine zweite, „Merges, Vorsitzender des Arbeiterrates"; doch die zweite Unterschrift ist durchgestrichen.

„Ich bitte Sie, sich noch 30 Minuten zu gedulden. Bedienen Sie sich inzwischen!" Mit einer einladenden Handbewegung auf die Kiste Zigarren verabschiedet der Herzog sich wieder und geht mit seinen Begleitern ins Nebenzimmer zurück.

Ernst August, Herzog von Braunschweig und Lüneburg, ein begeisterter Pferdezüchter, Hundeliebhaber und ein interessierter Autosportsmann, hat sich von politischen Dingen niemals aufregen lassen. Von dem größten politischen Ereignis seiner Regierungszeit, dem Weltkrieg, hat er sich schon nach sehr kurzer Teilnahme zurückgezogen, um nach Braunschweig zu seiner Gemahlin, seinen Pferden, Hunden und Autos zurückzukehren. Auch die Frage der Thronentsagung erschüttert den Herzog nicht übermäßig. Die Besprechung mit den herbeigerufenen Ministern und obersten Beamten – Freiherr v. Knigge, v. Grone, auch die Herzogin nimmt an der Konferenz teil – dauert nicht lange. Schon nach zwanzig Minuten kommt der Herzog ins Vorzimmer zurück und überreicht dem Matrosen vom Panzerkreuzer „Derfflinger" das von ihm unterfertigte und von den Ministern gegengezeichnete Dokument.

Zehn Minuten später nimmt Merges, der Vorsitzende des A- und S-Rates, die Urkunde entgegen und verfaßt sofort einen Aufruf an die Bevölkerung, in dem Braunschweig zur selbständigen Provinz des republikanischen Deutschland erklärt wird ...

Aus: Theodor Plievier, a. a. O.

G.7

Forderung der Streikversammlung während des Generalstreiks am 9. April 1919 im »Volksfreund« vom 11. April 1919

1. Alle Macht den Arbeiterräten
2. Beseitigung der Mörderregierung Ebert – Scheidemann – Landsberg – Noske
3. Restlose Abschaffung des alten Militärsystems, der Offizierskamarilla und der Freiwilligenkorps
4. Sofortiger Anschluß an die russische Räterepublik
5. Aufhebung der Nationalversammlung nebst allen Landesversammlungen
6. Sofortiges Inverbindungsetzen mit den revolutionären Sozialisten aller anderen Länder, um Brot und Hilfe für das deutsche Proletariat zu beschaffen
7. Bewaffnung des Proletariats und Bildung einer revolutionären Armee
8. Freilassung aller politischen Gefangenen.

Gesetz- und Verordnungs-Sammlung.

Nr. 69.

Braunschweig, den 3. Dezember 1918.

Gesetz über die Arbeiter- und Soldatenräte.
Braunschweig, den 12. November 1918

§ 1.

An allen Orten der Republik Braunschweig sind Arbeiter- und Soldatenräte zu bilden. Für die Republik wird ein Landes-Arbeiter- und -Soldatenrat gebildet.

§ 2.

Die Arbeiterräte werden gewählt von allen produktivtätigen einer Krankenkasse angehörigen Arbeitern, männlichen und weiblichen Geschlechts, über 20 Jahre. Die Soldatenräte werden von den Angehörigen der „Roten Garde" gewählt. Die Arbeiter- und Soldatenräte bilden ein unteilbares Ganzes, das je zur Hälfte aus den Räten der Arbeiter und der Soldaten besteht.

§ 3.

In Orten unter 2000 Einwohnern besteht der Arbeiter- und Soldatenrat aus 3 Personen. In Orten über 2000 Einwohnern aus 10 Personen; in der Stadt Braunschweig aus 50 Personen.

§ 4.

Der Landes-Arbeiter- und -Soldatenrat setzt sich zusammen aus einem Delegierten der Orte unter 2000 Einwohner, zwei Delegierten der Orte über 2000 Einwohner und 20 Delegierten aus der Stadt Braunschweig.

§ 5.

Die Arbeiter- und Soldatenräte haben die Durchführung der sozialistischen Revolution vorzubereiten und zu überwachen. Sie kontrollieren die Tätigkeit aller Beamten, der Gemeindevertretungen und der Landesvertretung. Sie haben das Recht des aufschiebenden Einspruchs gegen Maßnahmen der Beamten und gegen Verordnungen der Gemeinde und gegen Gesetze und Verordnungen der Landesvertretung.

§ 6

Auf Grund dieses Gesetzes legen die bisherigen Arbeiter- und Soldatenräte nach erfolgter Neuwahl der Räte ihre Mandate nieder. Die Wahl der Arbeiter- und Soldatenräte muß bis zum 21. November 1918 erfolgt sein.

Braunschweig, den 12. November 1918.

Der Arbeiter- und Soldatenrat.
J. A.: Husar Emil Schütz.

Der Präsident der Republik.
August Merges.

Der Volkskommissar für das Innere und Finanzen.
Sepp Oerter.

Aus: Peter Berger, a. a. O.

G.8 Verfassung und Staatsorgane der Weimarer Republik

Aus: 1949 – 1919 – 1949. Zur Verfassungsgeschichte Deutschlands. Informationen zur politischen Bildung, Nr. 133, März/April 1969.

Die Parteientwicklung in der Weimarer Republik

Aus: Walter Tormin (Hrsg.), a. a. O.

Nach: Entwurf des Herausgebers

G.9

Das Parteiensystem in den Anfangsjahren der Weimarer Republik

Sozialdemokratische Partei Deutschlands

Die SPD ist 1875 als „Sozialistische Arbeiterpartei Deutschlands" entstanden durch den Zusammenschluß des „Allgemeinen Deutschen Arbeitervereins" mit der „Sozialdemokratischen Arbeiterpartei". Die SPD erstrebte die Umgestaltung der politischen, wirtschaftlichen und sozialen Verhältnisse unter weitgehender Ablehnung revolutionärer Maßnahmen. Unter ihrem Vorsitzenden August Bebel entwickelte sie sich schon im Kaiserreich zur ersten Massenpartei, die aus allen Reichstagswahlen von 1912 bis 1930 als stärkste Partei hervorging. Dennoch war sie in den 14 Jahren der Weimarer Republik insgesamt nur etwas über fünf Jahre an der Regierung beteiligt und hatte die Hauptlast in der Auseinandersetzung mit den Gegnern der Republik zu tragen. Schon vor 1914 keine reine Arbeiterpartei mehr, entfernte sie sich in ihrer politischen Praxis zunehmend von den Postulaten des Marxismus, wenn dieser auch weiter in den Formulierungen der Programme tonangebend blieb.

Unabhängige Sozialdemokratische Partei Deutschlands

Im April 1917 trennte sich der gegen die Bewilligung der Kriegskredite opponierende linke Flügel der SPD von der Partei und konstituierte sich als eigene Partei. Die USPD bejahte die parlamentarische Demokratie, verlangte aber umfassende Sozialisierung und lehnte die Zusammenarbeit mit bürgerlichen Parteien ab. Die USPD verfügte 1920 über 800000 Mitglieder. Im Dezember des gleichen Jahres ging eine radikale Mehrheit zu den Kommunisten über, während die gemäßigte Minderheit im Juni 1922 wieder zur SPD zurückkehrte.

Kommunistische Partei Deutschlands

Am 31. Dezember 1918 von ehemaligen Angehörigen von SPD, USPD und „Bremer Linksradikalen" gegründet, forderte die KPD anstelle der parlamentarischen Demokratie, die sie von Anfang an bekämpfte, die „Diktatur des Proletariats" durch ein Rätesystem. Sie entwickelte sich bald zur ersten autoritär geführten Massenpartei auf der Grundlage von „Betriebszellen" (Anfang 1932 über 300000 Mitglieder).

Deutsche Zentrumspartei

Die 1870 als katholisch-föderalistische Opposition gegen Bismarck gegründete Partei trug ihren Namen nach ihren Sitzen in der Mitte des Reichstages, womit zugleich der politische Standort gekennzeichnet war. Das Zentrum stellte sich von Anfang an auf den Boden der Republik und war von 1919 bis 1932 an sämtlichen Koalitionsregierungen beteiligt. Die Partei vertrat unter der Führung des linken Flügels christlicher Gewerkschafter vor allem sozialpolitische Belange bei entschiedener Ablehnung eines sozialistischen Staatswesens. Später, unter dem vorherrschend gewordenen rechten Flügel, traten autoritäre Krisenbewältigungsprogramme und Sympathien für einen Ständestaat in den Vordergrund.

Deutsche Demokratische Partei

Nach dem Zusammenbruch der Monarchie vereinigte sich die Fortschrittliche Volkspartei mit einem Teil der Nationalliberalen zur DDP, als Fortführung der bürgerlich-liberalen Tradition der „Paulskirche" von 1848. Sie hatte ihre Schwerpunkte vor allem in Süddeutschland und in den Hansestädten. Die DDP gehörte ebenfalls sämtlichen Koalitionsregierungen von 1919 bis 1932 an, wurde aber im Gegensatz zum Zentrum in der Regierungsverantwortung bis zur Bedeutungslosigkeit aufgerieben.

Deutsche Volkspartei

Die DVP, die aus Mitgliedern der Nationalliberalen Partei im Dezember 1918 gegründet wurde, trat zunächst für die Wiederherstellung der Monarchie auf parlamentarischer Grundlage ein, fand dann aber den Weg zu einer bejahenden Haltung gegenüber der Republik, die gleichwohl innerhalb der Partei stets umstritten blieb. Im Laufe der krisenreichen Jahre der Republik erwies sich der Interessenausgleich innerhalb der Mitgliedschaft zwischen Großindustriellen und Mittelstand, Beamten und Angestellten als unmöglich. Die DVP wurde schließlich im Kielwasser der Deutschnationalen zur bedeutungslosen Splittergruppe.

Deutschnationale Volkspartei

Als Sammelbecken aller konservativen Gruppen des Kaiserreiches, im Dezember 1918 gegründet, wurde die DNVP schon 1919 die entscheidende konservativ-reaktionäre Oppositionspartei gegen die Weimarer Republik. 1924 bis 1928 gab die vornehmlich von den Interessen des Großgrundbesitzes und einzelner Kreise der Großindustrie bestimmte DNVP ihre grundsätzlich staatsverneinende Haltung vorübergehend auf. In der gleichen Zeit war sie die zweitstärkste deutsche Partei im Reichstag. In den letzten Jahren der Republik vollzog die DNVP eine radikale Rechts-Wende und wurde zum Wegbereiter und Bündnispartner der NSDAP.

Seminarmaterial des IAS

G.10

Stefan Zweig: Vom republikanischen Bewußtsein[1]

Ich will versuchen, etwas deutlich zu sagen, was man vorerst nicht gerne wird wissen wollen, obwohl es jeder weiß. Daß nämlich in Deutschland die Republik noch nicht da ist, sondern nur ihre Form. Zunächst ist nichts anderes geschehen, als daß der monarchische Gedanke besiegt ist; deshalb hat die Republik noch nicht gesiegt. Das Volk ist des verhängnisvollen Irrtums gewahr, der es seit 45 Jahren täglich tiefer in die Knie gedrückt hat. Nun ist es aufgestanden. Aber es geht noch nicht den neuen Weg: es weiß ihn noch nicht. Die Republik ist da, aber noch kein republikanisches Bewußtsein. Das Volk weiß, das deutsche, daß es seine alte Staatsform haßt. Aber es liebt, es versteht nur mit seiner Hoffnung, seiner Erwartung die neue, die republikanische, es liebt sie mit einer idealistischen, aber noch nicht mit einer wissenden Liebe. Dieses – das republikanische Bewußtsein – muß erst geschaffen werden; nichts tut mehr not für die nächsten Stunden, nächsten Wochen, nächsten Jahre. Die Republik darf nicht dem Volke umgestülpt werden von außen, es muß von innen in sie hineinwachsen. Redet euch nicht ein, dies sei damit geschehen, daß ein paar Hoflieferantenschilder überklebt sind, und daß eine rote Fahne auf dem Berliner Schlosse weht. Das zeigt nur, daß die Autokratie besiegt ist, nicht den innerlichen Sieg der Republik.

Ich konstatiere dies ruhig und klar: wir haben die Republik als Staatsform, als Form des Ganzen. Noch nicht als Geist des einzelnen, als Bewußtseinsinhalt. Es ist besser, dies nicht zu leugnen. Denn wie kläglich wäre ein Umspringen über Nacht aus einem Extrem ins andere: unsere Linkspolitiker freilich sind ja Virtuosen in diesem Sprung über den Abgrund des Gewissens, aber das Volk ist bedächtiger geworden. Es hat zu viel Leidenschaft verbraucht. Es hat die Republik als eine Hoffnung auf Rettung in dem ungeheuren Elend genommen wie eine Arznei. Betrügen wir uns nicht: Es war nicht der Geist, der Glaube, die Überzeugung, die jene Wandlung bewirkten, sondern die Not, der Haß, die Erbitterung.

[1] Nach: Stefan Zweig, Meinungen oder Überzeugungen. In: „Das Forum", 3. Jg., Heft 1 vom 10. Dezember 1918. Diese Äußerungen Zweigs wurden am 5. Dezember 1918 gemacht.

Maximilian Harden:
Über die Restauration der Monarchie[1]

Die Zahl derer, die an der Wiederkunft des Ancien Régime interessiert sind oder sich interessiert glauben, ist größer als der flüchtig Hinblickende vermutet. Den hunderttausend Offizieren und Unteroffizieren, die brotlos geworden sind oder werden, gesellt sich ein beträchtlicher Teil der Bürokratie, die um Amt und Beförderungsaussicht gebracht ist, der nicht nur sozialistischer, sondern auch demokratischer Evolution feindlichen Großindustriellen und die ganze Schar der Mittelkapitalisten, die von acht- bis zwölftausend Mark bis gestern als Rentiers leidlich lebten und nun weder dieser Rente sicher sind noch mit ihr, nach der Teuerung und Geldentwertung, irgendwie auskommen können.

[1] In: „Die Zukunft" Bd. 27 (1919), S. 194.

G.11

Hindenburg an Reichskanzler Prinz Max von Baden*

Berlin, den 3. Oktober 1918

Die Oberste Heeresleitung bleibt auf ihrer am Sonntag, dem 29. September d. J., gestellten Forderung der sofortigen Herausgabe des Friedensangebotes an unsere Feinde bestehen.

Infolge des Zusammenbruchs der mazedonischen Front, der dadurch notwendig gewordenen Schwächung unserer Westreserven und infolge der Unmöglichkeit, die in den Schlachten der letzten Tage eingetretenen sehr erheblichen Verluste zu ergänzen, besteht nach menschlichem Ermessen keine Aussicht mehr, dem Feinde den Frieden aufzuzwingen.

Der Gegner seinerseits führt ständig neue, frische Reserven in die Schlacht.

Noch steht das deutsche Heer festgefügt und wehrt siegreich alle Angriffe ab. Die Lage verschärft sich aber täglich und kann die O. H. L. zu schwerwiegenden Entschlüssen zwingen.

Unter diesen Umständen ist es geboten, den Kampf abzubrechen, um dem deutschen Volke und seinen Verbündeten nutzlose Opfer zu ersparen. Jeder versäumte Tag kostet Tausenden von tapferen Soldaten das Leben.

gez. v. Hindenburg, Generalfeldmarschall

*Nach: Untersuchungsausschuß, 4. Reihe, Bd. II, S. 302; auch: Amtliche Urkunden zur Vorgeschichte des Waffenstillstandes 1918, S. 73.

Hindenburg über den Zusammenbruch von 1918[1]

Wir waren am Ende!

Wie Siegfried unter dem hinterlistigen Speerwurf des grimmigen Hagen, so stürzte unsere ermattete Front; vergebens hatte sie versucht, aus dem versiegenden Quell der heimatlichen Kraft neues Leben zu trinken. Unsere Aufgabe war es nunmehr, das Dasein der übriggebliebenen Kräfte unseres Heeres für den späteren Aufbau des Vaterlandes zu retten. Die Gegenwart war verloren. So blieb nur die Hoffnung auf die Zukunft.

[1]Niedergeschrieben 1919. Veröffentlicht in: Generalfeldmarschall von Hindenburg. Aus meinem Leben, Leipzig 1920, S. 403.

Hindenburg an Wilhelm II. vom 28. Juli 1922[1]

Allerdurchlauchtigster, Großmächtigster Kaiser!

Allergnädigster Kaiser, König und Herr!

Für den von Euerer Majestät am unseligen 9. November auf Grund des einstimmigen Vorschlages sämtlicher befugten Ratgeber gefaßten Entschluß, ins Ausland zu gehen, trage ich die Mitverantwortung.

Wie ich bereits früher näher begründet habe, drohte ernstlich die Gefahr, daß Euere Majestät über kurz oder lang von Meuterern aufgehoben und dem inneren oder äußeren Feinde ausgeliefert würden. Solche Schmach und Schande mußte dem Vaterlande unter allen Umständen erspart werden! Aus diesem Grunde habe ich im Vortrag am 9. November nachmittags in unserer aller Namen den Übertritt nach Holland, den ich damals nur für einen vorübergehenden hielt, als äußersten Ausweg empfohlen. Noch heute bin ich der Ansicht, daß dieser Vorschlag der richtige war.

Daß ich am 9. November abends zur sofortigen Abreise gedrängt hätte, ist ein Irrtum, der kürzlich gegen meinen Willen öffentlich erwähnt worden ist. Für mich besteht kein Zweifel darüber, daß Euere Majestät nicht abgereist wären, wenn Allerhöchstdieselben nicht geglaubt hätten, daß ich in meiner Stellung als Chef des Generalstabes diesen Schritt für den im Interesse Euerer Majestät und des Vaterlandes gebotenen ansähe.

Schon in dem Protokoll vom 27. Juli 1919 ist ausgesprochen worden, daß ich von Euerer Majestät Abreise erst Kenntnis erhielt, nachdem sie ausgeführt war.

Euerer Majestät bitte ich am Schluß dieser Darlegung ehrerbietigst nochmals versichern zu dürfen, daß ich mein Leben lang in unbegrenzter Treue zu meinem Kaiser, König und Herrn gestanden habe und stehen werde und daher auch immer und überall die Mitverantwortung für den Entschluß am 9. November zu tragen gewillt bin.

In tiefster Ehrfurcht und größter Dankbarkeit verharre ich allzeit als

Euerer Kaiserlichen und Königlichen
Majestät
alleruntertänigster
gez. v. Hindenburg
Generalfeldmarschall

Hannover, 28. Juli 1922.

[1] Nach: Alfred Niemann, Revolution von oben – Umsturz von unten, Berlin 1927, S. 445.
Vgl. Seite 589.

Alle Dokumente aus: Ursachen und Folgen, a. a. O., Dritter Band. Der Weg in die Weimarer Republik

G.12

Dollarkurse 1914–1923

	Mark
Juli 1914	4.2
Januar 1919	8.9
Juli 1919	14.0
Januar 1920	64.8
Juli 1920	39.5
Januar 1921	64.9
Juli 1921	76.7
Januar 1922	191.8
Juli 1922	493.2
Januar 1923	17 972.0
Juli 1923	353 412.0
August 1923	4 620 455.0
September 1923	98 860 000.0
Oktober 1923	25 260 208 000.0
15. Nov. 1923	4 200 000 000 000.0

Preise im Juni 1923

In den Berliner Markthallen kosteten am 9. Juni 1923:

1 Pfund Rindfleisch	8 500 – 12 000 Mark
1 Pfund Kalbfleisch	6 800 – 10 000 Mark
1 Pfund Hammelfleisch	7 000 – 9 000 Mark
1 Pfund Schweinefleisch	9 000 – 10 500 Mark
1 Pfund Molkereibutter	13 000 – 15 000 Mark
1 Pfund Margarine	7 600 – 9 600 Mark
1 Pfund Schmalz	12 000 – 12 400 Mark
1 Pfund Rindertalg, ausg.	9 200 – 10 000 Mark
1 Pfund Pflanzenfett, lose	9 000 – 9 500 Mark
1 Pfund Speisekartoffeln	112 – 130 Mark steig.
1 Pfund Kaffee, geröstet	26 000 – 36 000 Mark
1 Pfund Tee	30 000 – 48 000 Mark
1 Pfund Kakao	7 500 – 14 000 Mark
1 Pfund Zucker	1 400 – 1 550 Mark
1 Pfund Weizenmehl	1 900 – 2 600 Mark

Am 10. Juni 1923 kosteten in Berlin:

Markenbrot (1900 g)	2 500 Mark
Markenschrippe	80 Mark
Markenfr. Brot (1200 g)	4 500 Mark
Milch, 1 Liter	1 440 Mark
Briketts, 1 Zentner	11 430 Mark (frei Keller)
Gas, 1 cbm	1 200 Mark
Strom (Licht und Kraft)	2 000 Mark

Straßenbahn: 600, Kind 300 Mark (ab Montag)
Hochbahn: III. Kl. 250 und 350 Mark
Stadtbahn: III. Kl. 400, II. Kl. 800 Mark
Omnibus: 600 und 800 Mark (ab Montag)
Droschken: Kraftdroschke 7000, Pferd 4000 Mark Taxe
Postkarte (Porto): Berlin 20 Mark, außerhalb 40 Mark
Brief (Porto): Berlin 40 Mark, außerhalb 100 Mark
Automatengespräch: 60 Mark

Aus: Die Weimarer Republik. Informationen zur politischen Bildung Nr. 109/110. Neudruck 1982.

G.13

Index der industriellen Produktion

1913 =	100	1928 =	100
1870	18	1926	79
1880	25	1927	101
1889	39	1928	100
1900	65	1929	101
1910	89	1930	89
1913	100	1931	73
1914	83	1932	59
1918	57	1933	66

Volkseinkommen 1913–1933

	Mark pro Einwohner	1925 = 100
1913	748	81
1925	920	100
1926	957	104
1927	1065	116
1928	1138	124
1929	1131	123
1930	1030	112
1931	833	91
1932	656	71
1933	676	73

Entwicklung der Arbeitslosigkeit 1921–1933

	Arbeitslose in Mill.	Arbeitslose in v. H. der Arbeitnehmer
1921	0,354	...
1922	0,213	...
1924	0,976	...
1925	0,636	...
1926	2,000	...
1927	1,300	...
1928	1,353	7,0
1929	1,892	9,6
1930	3,076	15,7
1931	4,520	23,9
1932	5,575	30,8
1933	4,804	26,3

Die offizielle Zählung der Arbeitslosen begann erst 1928. Zahlen ab 1928 aus: B. Gleitze (Hg.); Wirtschafts- und sozialstatistisches Handbuch (1960), S. 45.

Höchstzahlen der Arbeitslosen während der Weltwirtschaftskrise

Februar 1929	3,050 Mill.
Dezember 1930	4,384 Mill.
Dezember 1931	5,668 Mill.
Februar 1932	6,128 Mill.
Januar 1933	6,014 Mill.
Januar 1934	3,773 Mill.

Nach E. Wagemann (Hg.), Kurven und Zahlen zur Wirtschaftslage in Deutschland (^{2}1935), S. 8.

Produktion wichtiger Güter 1900–1932

Produkt	Angaben für Förderung in	1900	1913	1919	1925	1930	1932
Steinkohle	Mill. t	109,3	190,1	116,7	132,6	142,7	104,7
Roheisen	Mill. t	7,5	16,8	6,3	11,6	11,6	5,3
Rohstahl	Mill. t	7,6	17,7	7,9	13,8	13,5	7,2
Elektrizität	Mill. kWh	246	2533	5067	9915	16101	13423
Neubau von Wohnungen	1000	–	–	57	179	311	141

Aus: Die Weimarer Republik, a. a. O.

G.14

Ursachen und Wirkungen der Inflation

Die Inflation begann mit einer bewußten Entscheidung der herrschenden Klassen im Weltkrieg, und zwar angesichts der Frage: Wie soll der Krieg finanziert werden? Die herrschenden Klassen des kaiserlichen Deutschlands entschieden: durch Kriegskredite, d. h. durch Verschuldung des Staates im Inland; die Rückzahlung dieser Kredite wird vorgenommen, wenn wir den Krieg gewonnen haben und den besiegten feindlichen Ländern Reparationen auferlegen werden. Damit war entschieden, wer *nicht* zur Kasse gebeten werden sollte: *eben die herrschenden Klassen selbst*, denn neue direkte Steuern wurden nicht erhoben. So trat die Regierung während des ganzen Krieges immer wieder vor den Reichstag und bat um Bewilligung neuer Kriegskredite, und der Reichstag bewilligte jedesmal, einschließlich der SPD-Fraktion.

Die militärische Niederlage des Reiches 1918 war ein Strich durch diese Rechnung: die Staatsverschuldung war auf 98 Milliarden Mark aufgelaufen, die *nicht* auf andere Nationen abgewälzt werden konnten, sondern mit denen der Besiegte selbst fertig werden mußte. Sie bedeuteten – in Gestalt der Anleihescheine – einen Anspruch auf Geld seitens der Bevölkerung, während bei den Gebrauchsgütern auf der anderen Seite der Krieg ein gewaltiges Loch gerissen hatte. Der Wert der Mark verfiel.

Entwertung der Papiermark gegenüber der Goldmark

Juni	1914	1,00
Dezember	1918	2,08
Dezember	1919	10,81
Dezember	1920	45,72
Dezember	1921	17,40
Ende Dezember	1922	1 750,87
Spätherbst	1923	1 000 494 971 000,00

Ein äußerst wichtiges Ergebnis der Inflation war die *Proletarisierung der Mittelschichten.*

1. Hausbesitzer: Zu Beginn des Krieges waren Höchstgrenzen für Mieten eingeführt worden (Zwangsmiete). Mit der Geldentwertung wurden die Mieteinnahmen der Hausbesitzer also wertlos. Deshalb nahmen sie an den Wohnungen keine Reparaturen mehr vor oder ließen die Mieter dafür aufkommen.

2. Hpothekengläubiger: Die Häuser, auf denen eine Hypothek lag, verloren an Wert, ebenso die Zinsen für die Hypotheken.

3. Mieter: Sie versuchten, von Untermietern zu leben, von denen sie hohe Mieten verlangten.

4. Besitzer von Wertpapieren, Lebensversicherungen, Leibrenten: Diese hatten nur noch wertloses Papier in der Hand.

Mit der Proletarisierung der Mittelschichten war der soziale Nährboden geschaffen, auf dem die nationalsozialistische Bewegung wachsen konnte.

Die *Arbeiter* bekamen praktisch keine Sozialversicherung mehr, weil die Reserven der Sozialversicherungsanstalten in Regierungsobligationen und Hypotheken angelegt gewesen und mit der Inflation wertlos geworden waren.

Aus: Klassenbuch 3. Hrsgg. v. H. M. Enzensberger, R. Nitsche u. a. Sammlung Luchterhand 81, Darmstadt/Neuwied 1972 S. 39−40.

G.15

Axel Engelbrecht: Volk ans Gewehr

Chronik eines Berliner Hauses 1930−34
(Auszug)

... Brüning war nun fünfzehn Monate im Amt.

In diesem Sommer kämpfte er um die wirtschaftliche Gesundung des Reiches, verbissen und erfolglos. Noch immer regierte er ohne Mehrheit im Reichstag, mit Hilfe des fragwürdigen Paragraphen 48, den einst in Weimar die Väter der republikanischen Verfassung für den äußersten Notfall eingebaut hatten. Damals dachte niemand an die Möglichkeit, daß der Notfall zum Dauerzustand werden könnte. Jetzt war genau das eingetreten. Brüning trieb keinen bewußten Mißbrauch mit der Verfassung, dazu war der Mann mit dem klugen Professorengesicht hinter der randlosen Brille zu anständig. Er wußte keinen andern Ausweg. Er spielte den starken Mann, den eine zunehmende Zahl Staatsbürger blindlings herbeisehnte. Er war es nicht. Durch seine Methode aber gewöhnte er das Volk an fortwährende Bevormundung. Zwar politisierte jedermann, aber die Politik spielte sich irgendwo hoch oben in einem luftleeren Raum ab. Vom Scheitern so manchen gutgemeinten Versuchs las man erst hinterher in den Zeitungen; das schlug dann doppelt auf den einzigen Verantwortlichen zurück.

Brüning konnte sich nur halten, weil die Sozialdemokratie ihn duldete, um Schlimmeres zu verhüten. Da er wahrhaftig keine diktatorischen Gelüste hatte, war dieser Standpunkt in einem Falle halbwegs verständlich. Nur gingen die Sozialisten zu weit. Im vorigen Jahr hatten sie durch ihre Stimmenthaltung sogar den Bau eines Panzerkreuzers ermöglicht, der zum Symbol einer neuen Aufrüstung geworden war, von der Rechten jubelnd begrüßt, von der Linken befehdet.

Jetzt, im März, hatte sich der Reichstag gleich auf sieben Monate vertagt. Brüning bekam die Arme frei.

Er regte sie vergebens.

Die Arbeitslosenzahl fiel in diesem Jahre auch während des Sommers nur unwesentlich. Bei sinkenden Staatseinnahmen blieben alle ausgeklügelten Sparerlasse wirkungslos. Eine Zollunion mit Österreich, die wirtschaftliche Entlastung bringen sollte, scheiterte am Einspruch Frankreichs, das gegen den Bruch des Vertrages von Versailles protestierte. Daran änderte eine eilige Reise Brünings nach Paris nichts.

War das chauvinistische Blindheit jenseits der Vogesen? Auch das, gewiß, aber es ließ sich begreifen. Forderte nicht die zweitstärkste Partei, die NSDAP, im Reichstag offen den Revanchekrieg? Und bei allen Wahlen in Ländern und Gemeinden wuchs ihr Stimmenanteil unaufhörlich weiter. Was würde geschehen, wenn Hitler die Mehrheit bekäme?

Von außen her sah die Lage im Reich noch chaotischer aus, als sie es tatsächlich war. Fremde Geldgeber verloren das Vertrauen. Besonders die großen amerikanischen Banken riefen nun die vor Jahren großzügig gegebenen Kredite ab. Die betroffen deutschen Schuldner forderten von der Reichsbank Hilfe, das hieß also: Devisen. Rasch schmolz die Golddeckung der Mark dahin. In manchem Monat wurden Hunderte von Millionen abgezogen. Unmöglich konnte der Staat jedes Loch stopfen. Riesige Konkurse verschärften die Panik; so krachte der Nordwolle-Konzern zusammen und riß viele kleine Leute mit ins Verderben.

Im Juni, als eine allgemeine Katastrophe nahe schien, veranlaßte Brüning den Reichspräsidenten, einen offenen Appell an den amerikanischen Präsidenten Hoover zu richten. Und der Mann, der nach dem Weltkrieg erstaunliche Hilfsaktionen für das ausgepowerte Europa organisiert hatte, versagte sich nicht.

Er appellierte an alle Siegermächte. Frankreich zögerte erst, stimmte dann mit allen beteiligten Staaten einem Stillhalteabkommen zu, das zu London im August unterzeichnet wurde.

Zunächst wurden sofort die anderthalb Millionen gestundet, die Deutschland nach dem Youngplan in diesem Jahre noch zu zahlen hatte. Es ließ sich deutlich voraussehen, was dann wirklich eintreten sollte: Dieser Verzicht leitete die gänzliche Einstellung der Reparationen ein.

Damit war eine Hauptforderung der nationalen Rechten erfüllt. Freilich, Hugenberg und Hitler hatten nun eins ihrer wirksamsten Argumente bei der Hetze gegen die Republik verloren. Daher schwiegen sie den Erfolg Brünings einfach tot.

Wie war das möglich?

Eine taktische Ungeschicklichkeit des Kanzlers half ihnen. Er sprach über den Erfolg von London im Rundfunk, aber erst nachts, nach Schluß des Programms. Während die demokratischen Blätter das Ende der Zahlungen in Schlagzeilen bekanntgaben, brachte der *Lokalanzeiger* nur drei unauffällige Zeilen: *"Gestern in später Abendstunde setzte sich der Reichskanzler im Rundfunk eingehend mit dem Gesamtkomplex der Hooveraktion auseinander."* Die kleinen Städte aber und das flache Land, wo man früh zu Bett geht, erfuhren überhaupt nichts. Denn im Scherlschen Materndienst stand kein Wort davon.

Dafür schluckten fünfzehn Millionen Zeitungsleser die groß aufgemachte Mitteilung, am 9. Juli seien Hugenberg und Hitler übereingekommen, als *Nationale Opposition* nunmehr gemeinsam aufzutreten.

Hitler raste in diesen Wochen durch Deutschland, zu immer neuen Zielen: abgelegene Hotels oder Waldlichtungen, wo Bankiers, Industrielle und Großkaufleute ihn schon erwarteten. Otto Dietrich hatte das alles vorbereitet. Um die Seele jedes einzelnen Kapitalsherrn rang der sozialistische Revolutionär Adolf Hitler.

Wieder ging es vor allem um das Geld. Auch jetzt sträubten sich noch viele, so der Eisengroßhändler Otto Wolff, ein Vertrauter Schleichers. Doch war die Zahl derjenigen gewachsen, die sich für den Fall eines Umsturzes beizeiten rückversichern wollten. Und so geheimnisvoll alles vor sich ging, es sickerten doch Namen durch: Bankier Kurt Schröder aus Köln − von Stauss von der Deutschen Bank − Hillgard von der Allianz-Versicherung. Selbst ein königlicher Handelsfürst wie der Hapag-Direktor und frühere Reichskanzler Wilhelm Cuno war sich nicht zu gut für eine solche Verhandlung.

Wenn Brüning von diesen Packeleien erfuhr, dann nahm er sie kaum allzu ernst.

Er rechnete jetzt mit einer raschen Entspannung und glaubte deren erste Anzeichen schon zu spüren.

Da traf ihn ein neuer, schwerer Schlag. Als Folge der monatelangen Kreditabzüge brach eine der größten deutschen Banken zusammen.

An einem Sonnabend im Juli fuhr Leonore im Wagen nach Berlin zurück. Sie hatte ihre Heimarbeiter im erzgebirgischen Olbernhau und süddeutsche Abnehmer besucht.

Inmitten der steigenden Krise gingen ihre Geschäfte fast noch besser. Überall verlangte man nach dem billigen, lustigen Stoffschmuck. Wenn Leonore die endlosen Menschenschlangen vor den Sozialämtern und Stempelstellen sah, erschien ihr der nutzlose Kram geradezu frivol. Bei aller Tüchtigkeit fehlte ihr der kaufmännische Sinn. Das viele Geld, das sie verdiente, blieb ihr etwas unheimlich.

Der Bankbeamte in Frankfurt hatte gestern schon recht gehabt:

„Es sollte verboten sein, jungen, hübschen Damen so viel Bargeld in die Hand zu geben."

Sie zahlte ein paar Tausend kassierter Mark ein, die auf ihr Berliner Konto bei der *Darmstädter und Nationalbank* überwiesen werden sollten. Der Mann am Schalter lächelte so sonderbar, dann fing er ein umständliches Gespräch über die unsicheren Zeiten mit ihr an. Es klang beinahe wie eine Warnung, sie verstand nur nicht, wovor. Nun, wahrscheinlich war es der Versuch, mit ihr anzubändeln. Das erlebte eine allein reisende Frau öfter.

Sie reiste immer allein. Nur zu Beginn ihrer Ehe hatte Hugo sie ein paarmal begleitet.

In einer halben Stunde würde sie zu Haus sein. Davor hatte sie leise Furcht.

Nur kurze Zeit hatte sie sich einreden können, daß sie glücklich wäre. Länger brachte Hugo es nicht fertig, ihr Gefühle vorzuspiegeln, deren er nicht fähig war. Im selben Augenblick, da er dank Zeperniks Hilfe zu verdienen anfing, gab er die mühsame Rolle des zärtlichen Ehemannes von einem Tage zum andern auf.

Häufig blieb er nun abends aus. Das sei, behauptete er, in diesen Künstlerkreisen unvermeidlich; wenn man weiterkommen wolle, müsse man Verbindungen pflegen. So etwas ergebe sich ganz plötzlich, aber er werde sie schon einmal mitnehmen.

In Wahrheit hatte er Rendezvous mit kleinen Komparsinnen. Daß ihn Zepernik, Grautz und Barbara dabei beobachteten, störte ihn nicht.

Als Leonore ihn schließlich zur Rede stellte, nahm er ohne weiteres an, sie sei durch Barbara aufgehetzt. Indessen, es war Werner Grautz gewesen, dem Leonore leid tat. Er behandelte sie mit achtungsvoller Freundlichkeit, zudem hoffte er, auf dem Umwege über die Freundin Barbara ab und zu begegnen zu können.

Bei der ersten einzigen Auseinandersetzung mit Leonore schimpfte Hugo auf diese prüde Gans Barbara. Ungemein albern spielte er den Künstler, den Schriftsteller, der eben Anregung nötig habe. Als Leonore immer schweigsamer wurde und ihn nur noch mit großen Augen anstarrte, schrie er unbeherrscht:

„Laß deine jüdische Sentimentalität! Du denkst, daß du mich einfach gekauft hast! Aber das ist ein Irrtum ..."

Sie ging wortlos aus dem Zimmer. Andern Tags war sie abgereist, ohne ihn gesehen zu haben. Die wenigen unverzeihlichen Worte hatten sie mit einem Schlage von ihrer Verblendung geheilt.

Auf der langen, einsamen Reise hoffte sie zur Ruhe zu kommen. Doch jede Nacht schrak sie aus wüsten Träumen hoch. Der Schock wirkte nach, in Stuttgart fühlte sie sich so unendlich elend, daß sie einen Arzt aufsuchte.

Er sagte ihr, daß sie ein Kind erwarte.

Bei der Heimkehr war Hugo nicht zu Haus. Auch Barbara meldete sich nicht am Telefon. Mit irgendwem mußte sie endlich sprechen. Deshalb rief sie ihren Vater an.

Der schien sonderbar verwirrt und beschor sie, sofort zu ihm zu kommen.

Sie fand den stets munteren, herzlichen Mann in einem tollen Durcheinander. Alle Koffer hatte er herbeigeschleppt, leerte die Schränke und packte wahllos ein.

Wollte er die Mama in Heringsdorf überraschen?

Ganz und gar nicht, er hatte ihr telegrafiert, sie müsse sofort zurückkommen.

Erst nach und nach bekam Leonore aus dem Verstörten heraus, was geschehen war.

Gestern abend lärmten einige Kerle vor dem Hause. Als er die Ladentür öffnete, sah er: Sie hatten groß unter den Firmennamen das Wort *Jude* geschmiert und Davidsterne auf alle Schaufenster. Glücklicherweise kam Portier Klamke dazu, wer weiß, was sonst noch geschehen wäre.

„Ich sag' dir, Kind", stöhnte er, „genauso hat's angefangen bei deinem Großvater selig, anno fünf, in Schitomir. Aber davon weißt du nix. Gar nix weißt du..."

Wie er sich irrt, dachte sie bitter. Aber sie wollte ihn beruhigen:

„Wir leben nicht in Wolhynien! Hier kann das nicht passieren."

„Glaubst du? Nora, ich hab' euch nichts davon gesagt: Neulich kamen sie, als ich im *Romanischen* auf der Terrasse saß, und schrien: Juden 'raus! Die Polizei war gleich da..."

„Na, siehst du!"

„Aber ich hab' Angst. Ich will den Laden verkaufen und die Möbel und dann weg von hier. Montag früh hol' ich alles Geld von der Bank. Und dich möcht' ich am liebsten mitnehmen, Nora!"

„Ach, Papa..."

Er mißverstand ihren Seufzer:

„Nu ja, ich weiß, das geht nicht. Der Hugo..."

Sie beugte sich über seine Hand und streichelte sie leise, dann sagte sie:

„Um ihn geht's nicht. Aber – ich bekomm' ein Kind."

„Norchen!" Er hob ihr Gesicht mit beiden Händen zu sich empor. „Das ist schön! Gott segne dich, meine Tochter! Ja, da kannst du nicht weg! – Freut er sich denn, dein Hugo?"

„Er weiß es noch gar nicht."

Ratlos blickte er die Tochter an, dann murmelte er:

„Ach so. – Is denn alles meschugge geworden? Ich sag' dir was: Begleit mich Montag auf die Bank. Auf alle Fälle. Vielleicht fährst du doch mit?"

Sie gab ihm keine Antwort.

Auch über Sonntag kam Hugo nicht nach Haus. Es war ihr gleichgültig. Sie saß und überlegte. Einmal läutete das Telefon, sie hob nicht ab. Ob es Barbara war oder Grautz – was sollte sie ihnen sagen...

Mit jeder Stunde schien ihr der Vorschlag des Vaters weniger unsinnig. Am Montag morgen war sie frühzeitig in der Herderstraße. Beim Eintreten sah sie Leon völlig zusammengebrochen dasitzen, eine Zeitung in der Hand. Die Mama war gestern abend gekommen, sie klammerte sich an seinen Arm und wiederholte unaufhörlich die beiden Worte:

„Das Unglück! Das Unglück!"

Leonore griff nach der Zeitung, das Herz stand ihr still, die Schlagzeile schrie ihr entgegen:

DANATBANK STELLT ZAHLUNGEN EIN!

Plötzlich sprang Leon Schrinitzer auf:

„Komm! Komm schnell! Sie müssen mir mein Geld geben – sie müssen!"

Die Gitter des prunkvollen Bankpalastes in der Behrenstraße waren heruntergelassen. Eine

Menge drängte sich davor. Man hörte immer wieder gellende Rufe, Drohungen, Schimpfworte.

Andere Stimmen forderten Ruhe.

Ein vorn Stehender las noch einmal den Anschlag laut vor:

WIR SEHEN UNS GEZWUNGEN, NACH STARKEN KREDITKÜNDIGUNGEN UND ABHEBUNGEN ZUM SCHUTZ UNSERER GLÄUBIGER UNSERE SCHALTER VORÜBERGEHEND ZU SCHLIESSEN. DIE REGIERUNG HAT UNS ZU DER MITTEILUNG ERMÄCHTIGT, DASS SIE AUF GRUND EINER HEUTE ERGEHENDEN NOTVERORDNUNG DIE EINLAGEN GARANTIERT.
DARMSTÄDTER UND NATIONALBANK
KOMM. GES. A. A.
I. A. JACOB GOLDSCHMIDT

Brüllendes Lachen hatte den Sprecher mehrmals unterbrochen:

„Zum Schutz der Gläubiger!" rief jetzt ein älterer Herr aufgebracht. „Das sind wir alle!"

„Vorübergehend ... Wer's glaubt, kriegt einen Taler."

„Lauter jüdische Drehs!" krähte ein junger Bursche. „Der Goldschmidt ist längst über die Grenze!"

„Na klar! Mit der janzen Marie!"

Das war ein kaum Siebzehnjähriger. Leonore empörte sich:

„Haben Sie hier ein Konto?"

Böse musterte sie der Jüngling, belehrte sie dann herablassend:

„Junge Frau, det is Volksvermöjen, wat da veruntreut wird. Immer müssen die Ärmsten bluten mit ihre Steuerjroschen."

Jemand widersprach, und schon war eine Prügelei im Gange. Leon stand zitternd da, plötzlich riß er die Tochter am Arm fort:

„Bloß weg von hier!"

Zu Haus saß die Mama am Radio, ganz außer sich über neue Hiobsbotschaften, sie las von einem Zettel vor:

BANKFEIERTAGE VERORDNET. GELDABHEBUNG AUF HÖCHSTENS FÜNFHUNDERT MARK BESCHRÄNKT. DEVISENORDNUNG UND HOHE GEBÜHR FÜR AUSLANDSREISEN GEPLANT.

„Jetzt sind wir eingesperrt", murmelte Leon. Seine Frau berichtete aufgeregt:

„Als ich vorhin einholen wollte, kam ich gar nicht in die Läden hinein. So was gab's seit der Inflation nicht mehr. Die Leute kaufen wie irrsinnig: Konserven, Kaffee, Mehl, Gewürze – gleich kiloweise. Als ob wir morgen Krieg hätten."

In zahllosen Häusern ging es an diesem Montag ähnlich zu. Vor weniger als acht Jahren hatte Deutschland die völlige Geldentwertung erlebt. Wer konnte es den verschreckten Menschen verübeln, wenn sie nicht begriffen, daß diesmal alles genau umgekehrt war wie damals: Nicht zuviel, zuwenig Geld war im Lande. Tagelang wurden vielerorten Sparkassen und Banken belagert.

Hier und da mußte Polizei eingreifen.

Sensationsmeldungen heizten die Panik an:

AUSLAND STELLT NOTIERUNG DER DEUTSCHEN MARK EIN!

HOLLAND LEHNT BEZAHLUNG IN REICHSMARK AB!

AM GRENZPUNKT VENLOO VERDERBEN EINE MILLION SALATKÖPFE!

Allmählich trat Ruhe ein. Die Mark behielt ihren vollen Wert. Als bekannt wurde, Dr. Hjalmar Schacht solle als Reichskommissar die *Danatbank* sanieren, da lächelte auch Leon Schrinitzer zum erstenmal wieder.

„Vielleicht wird doch noch alles gut – Schacht ist in Ordnung. Erinnert ihr euch, was damals, 1923, als wir das neue Geld bekamen, an allen Litfaßsäulen stand? *‚Die Rentenmark, die uns gebracht der Demokrat, der Doktor Schacht!'* Der wird den Karren aus dem Dreck ziehen."

Doch der ehemalige Demokrat Schacht lehnte das rundweg ab. Er war, wie er stets betonte, ein Mann der altpreußischen, korrekten Ordnung. Er mißbilligte die Finanzpolitik der Auslandsanleihen. Er sah in dem *Danat*-Krach, wie sich aus einigen seiner Äußerungen vermuten ließ, die Quittung für diese Fehler. Außerdem hatte er soziale Bedenken, die sich recht human anhörten: Nur die kleinen Sparer sollten geschützt werden, die großen Einleger aber ruhig bluten.

Das eigentliche Motiv für solche populären Ansichten würde er viele Jahre später, als er sich dieses Sommers erinnerte, offenherzig preisgeben: „Der innere Grund war, daß ich auch hier keine Neigung hatte, Entschließungen durchzuführen, die gegen meinen Rat gefaßt worden waren."

Ein mannhaft klingendes Wort, das offenbar zugleich bedeutete: Wer Hjalmar Schachts Rat annahm, hinter den stellte er sich auch. Adolf Hitler hörte auf ihn, damals und noch lange.

Damit übernahm Schacht, der Mann der altpreußischen, korrekten Ordnung, einen Teil der Verantwortung für das, was Hitler wollte und tat. Fiel ihm nicht auf, wie befriedigt die Nazis das Anschwellen der Krise, der Not, der Unordnung beobachteten?

Damit übernahm Schacht, der Mann der altpreußischen, korrekten Ordnung, einen Teil der Verantwortung für das, was Hitler wollte und tat. Fiel ihm nicht auf, wie befriedigt die Nazis das Anschwellen der Krise, der Not, der Unordnung beobachteten?

In den *Nationalsozialistischen Heften* war diese Tatsache mit geradezu klassischem Zynismus von Gregor Strasser so formuliert worden:

„Alles, was sich gegen die bestehende Ordnung wendet, findet unsere Unterstützung. Wir fördern die Katastrophenpolitik. – Jeder Streik, jede Regierungskrise, jede Beeinträchtigung der Staatsmacht, jede Schwächung des Systems ist gut, sehr gut für uns und unsere deutsche Revolution..."

Verlag J. H. W. Dietz Nachf. Berlin/Bonn

G.16

Freiherr Kurt von Schroeder:
Eidesstattliche Erklärung

Köln, 21. Juli 1947
(Auszug)

Diese Zusammenkunft zwischen Hitler und Papen am 4. Januar 1933 in meinem Hause in Köln wurde von mir arrangiert, nachdem Papen mich ungefähr am 10. Dezember 1932 darum ersucht hatte. Bevor ich diesen Schritt unternahm, besprach ich mich mit einer Anzahl von Herren der Wirtschaft und informierte mich allgemein, wie sich die Wirtschaft zu einer Zusammenarbeit der beiden stellte. Die allgemeinen Bestrebungen der Männer der Wirtschaft gingen dahin, einen starken Führer in Deutschland an die Macht kommen zu sehen, der eine Regierung bilden würde, die lange an der Macht bleiben würde. Als die NSDAP am 6. November 1932 ihren ersten Rückschlag erlitt und somit also ihren Höhepunkt überschritten hatte, wurde eine Unterstützung durch die deutsche Wirtschaft besonders dringend. Ein gemeinsames Interesse der Wirtschaft bestand in der Angst vor dem Bolschewismus und der Hoffnung, daß die Nationalsozialisten – einmal an der Macht – eine beständige politische und wirtschaftliche Grundlage in Deutschland herstellen würden. Ein weiteres gemeinsames Interesse war der Wunsch, Hitlers wirtschaftliches Programm in die Tat umzusetzen, wobei ein wesentlicher Punkt darin lag, daß die Wirtschaft sich selbst lenken sollte zur Lösung der von der politischen Führung gestellten Probleme. Zur praktischen Durchführung dieses Programmpunktes erwartete man, wie es ja später auch geschah, daß die gesamte Wirtschaft auf einer neuen Basis organisiert werden würde, und zwar in Verbänden, denen sämtliche wirtschaftliche Unternehmungen, im Gegensatz zu den damals bestehenden Verbänden, beitreten mußten, deren Führung durch Wirtschaftler und Kaufleute selbst erfolgen würde, die selbst für einen Ausgleich der Produktion zu sorgen hätten, so daß notgedrungen diese neuen Verbände mehr Einfluß ausüben könnten als früher. Weiterhin erwartete man, daß eine wirtschaftliche Konjunktur durch das Vergeben von größeren Staatsaufträgen werden würde.

In diesem Zusammenhang sind zu erwähnen: eine von Hitler projektierte Erhöhung der deutschen Wehrmacht von 100000 auf 300000 Mann, das Bauen von Reichsautobahnen und die Kredite, die der öffentlichen Hand (Länder, Gemeinden etc.) gegeben werden sollten zum Bauen von neuen und Verbesserungen von bereits bestehenden Straßen, Aufträge zur Verbesserung des Verkehrswesens, insbesondere der Reichsbahn, und Förderung solcher Industrien wie Automobil- und Flugzeugbau und der damit verbundenen Industrien.

Es war allgemein bekannt, daß einer der wichtigsten Programmpunkte Hitlers die Abschaffung des Vertrages von Versailles darstellte und die Wiederherstellung eines sowohl in militärischer als auch in wirtschaftlicher Hinsicht starken Deutschlands. Es war klar, daß in einem starken Deutschland auch die Wirtschaft aufblühen werde, und es war darüber hinaus klar, daß wirtschaftliche Stärke eine Stellung bedeutete, in der Deutschland nicht mehr vom Ausland abhängig sein würde. Diese Bestrebungen, Deutschland autark zu machen, wurden von gewissen wirtschaftlichen Unternehmungen möglicherweise nicht aus Idealismus, sondern aus nackter Profitgier begrüßt, als (im Original: also) eine Möglichkeit den eigenen Machtbereich zu vergrößern. Eine solche Möglichkeit war zweifellos auf dem Gebiet der Erzeugung des synthetischen Öls und Kautschuks gegeben.

Das wirtschaftliche Programm Hitlers war der Wirtschaft allgemein bekannt und wurde von ihr begrüßt.

Aus: Ulrich Hörster-Philipps: Wer war Hitler wirklich? Großkapital und Faschismus 1918–1945. Dokumente. Köln 1978.

G.17

Adolf Hitler: Mein Kampf
(Auszüge)

Gerade unser deutsches Volk, das heute zusammengebrochen den Fußtritten der anderen Welt preisgegeben daliegt, braucht seine suggestive Kraft, die im Selbstvertrauen liegt. Dieses Selbstvertrauen aber muß schon von Kindheit auf dem jungen Volksgenossen anerzogen werden. Seine gesamte Erziehung und Ausbildung muß darauf angelegt werden, ihm die Überzeugung zu geben, anderen unbedingt überlegen zu sein. Er muß in seiner körperlichen Kraft und Gewandtheit den Glauben an die Unbesiegbarkeit seines ganzen Volkstums wiedergewinnen. Denn was die deutsche Armee einst zum Siege führte, war die Summe des Vertrauens, das jeder einzelne zu sich und alle gemeinsam zu ihrer Führung besaßen. Was das deutsche Volk wieder emporrichten wird, ist die Überzeugung von der Möglichkeit der Wiedererringung der Freiheit. Diese Überzeugung aber kann nur das Schlußprodukt der gleichen Empfindung von Millionen einzelner darstellen...

Eine Weltanschauung, die sich bestrebt, unter Ablehnung des demokratischen Massengedankens, dem besten Volk, also den höchsten Menschen, diese Erde zu geben, muß logischerweise auch innerhalb dieses Volkes wieder dem gleichen aristokratischen Prinzip gehorchen und den besten Köpfen die Führung und den höchsten Einfluß im betreffenden Volk sichern. Damit baut sie nicht auf dem Gedanken der Majorität, sondern auf dem der Persönlichkeit auf...

Nicht West- und nicht Ostorientierung darf das künftige Ziel unserer Außenpolitik sein, sondern Ostpolitik im Sinne der Erwerbung der notwendigen Scholle für unser deutsches Volk. Da man dazu Kraft benötigt, der Todfeind unseres Volkes aber, Frankreich, uns unerbittlich würgt und die Kraft raubt, haben wir jedes Opfer auf uns zu nehmen, das in seinen Folgen geeignet ist, zu einer Vernichtung der französischen Hegemoniebestrebung in Europa beizutragen. Jede Macht ist heute unser natürlicher Verbündeter, die gleich uns Frankreichs Herrschsucht auf dem Kontinent als unerträglich empfindet. Kein Gang zu einer solchen Macht darf uns zu schwer sein und kein Verzicht als unaussprechbar erscheinen, wenn das Endergebnis nur die Möglichkeit einer Niederwerfung unseres grimmigsten Hasses bietet...

Aus: Adolf Hitler: Mein Kampf. München 1926.

G.18 Wahlplakat der NSDAP 1932

Aus: Anschläge, a.a.O.

G.19

Adolf Hitler: Mein Kampf

(Auszüge)

... Der schwarzhaarige Judenjunge lauert stundenlang, satanische Freude in seinem Gesicht, auf das ahnungslose Mädchen, das er mit seinem Blute schändet und damit seinem, des Mädchens, Volke raubt. Mit allen Mitteln versucht er die rassischen Grundlagen des zu unterjochenden Volkes zu verderben. So wie er selber planmäßig Frauen und Mädchen verdirbt, so schreckt er auch nicht davor zurück, selbst im größeren Umfange die Blutschranken für andere einzureißen. Juden waren und sind es, die den Neger an den Rhein bringen, immer mit dem gleichen Hintergedanken und klaren Ziele, durch die dadurch zwangsläufig eintretende Bastardierung die ihnen verhaßte weiße Rasse zu zerstören, von ihrer kulturellen und politischen Höhe zu stürzen und selber zu ihren Herren aufzusteigen.

Denn ein rassenreines Volk, das sich seines Blutes bewußt ist, wird vom Juden niemals unterjocht werden können. Er wird auf dieser Welt ewig nur der Herr von Bastarden sein.

So versucht er planmäßig, das Rassenniveau durch eine dauernde Vergiftung der einzelnen zu senken.

Politisch aber beginnt er, den Gedanken der Demokratie abzulösen durch den der Diktatur des Proletariats.

In der organisierten Masse des Marxismus hat er die Waffe gefunden, die ihn die Demokratie entbehren läßt und ihm an Stelle dessen gestattet, die Völker diktatorisch mit brutaler Faust zu unterjochen und zu regieren.

Planmäßig arbeitet er auf die Revolutionierung in doppelter Richtung hin: in wirtschaftlicher und politischer.

Völker, die dem Angriff von ihnen zu heftigen Widerstand entgegensetzen, umspinnt er dank seiner internationalen Einflüsse mit einem Netz von Feinden, hetzt sie in Kriege und pflanzt endlich, wenn nötig, noch auf die Schlachtfelder die Flagge der Revolution.

Wirtschaftlich erschüttert er die Staaten so lange, bis die unrentabel gewordenen sozialen Betriebe entstaatlicht und seiner Finanzkontrolle unterstellt werden.

Politisch verweigert er dem Staate die Mittel zu seiner Selbsterhaltung, zerstört die Grundlagen jeder nationalen Selbstbehauptung und Verteidigung, vernichtet den Glauben an die Führung, schmäht die Geschichte und Vergangenheit und zieht alles wahrhaft Große in die Gosse.

Kulturell versucht er Kunst, Literatur, Theater, vernarrt das natürliche Empfinden, stürzt alle Begriffe von Schönheit und Erhabenheit, von Edel und Gut und zerrt dafür die Menschen herab in den Bannkreis seiner eigenen niederen Wesensart.

Die Religion wird lächerlich gemacht, Sitte und Moral als überlebt hingestellt, so lange, bis die letzten Stützen eines Volkstums im Kampfe um das Dasein auf dieser Welt gefallen sind.

Nun beginnt die große, letzte Revolution. Indem der Jude die politische Macht erringt, wirft er die wenigen Hüllen, die er noch trägt, von sich. Aus dem demokratischen Volksjuden wird der Blutjude und Völkertyrann. In wenigen Jahren versucht er, die nationalen Träger der Intelligenz auszurotten, und macht die Völker, indem er sie ihrer natürlichen geistigen Führer beraubt, reif zum Sklavenlos einer dauernden Unterjochung.

Das furchtbarste Beispiel dieser Art bietet Rußland, wo er an dreißig Millionen Menschen in wahrhaft satanischer Wildheit teilweise unter unmenschlichen Qualen tötete oder verhungern ließ, um einem Haufen jüdischer Literaten und Börsenbanditen die Herrschaft über ein großes Volk zu sichern.

Man halte sich die Verwüstungen vor Augen, welche die jüdische Bastardierung jeden Tag an unserem Volke anrichtet, und man bedenke, daß diese Blutvergiftung nur nach Jahrhunderten oder überhaupt nicht mehr aus unserem Volkskörper entfernt werden kann; man bedenke weiter, wie die rassische Zersetzung die letzten arischen Werte unseres deutschen Volkes herunterzieht, ja oft vernichtet, so daß unsere eigentliche Kraft als kulturtragende Nation ersichtlich mehr und mehr im Rückzug begriffen ist, und wir der Gefahr anheimfallen, wenigstens in unseren Großstädten dorthin zu kommen, wo Süditalien heute bereits ist. Diese Verpestung unseres Blutes, an der Hunderttausende unseres Volkes wie blind vorübergehen, wird aber vom Juden heute planmäßig betrieben. Planmäßig schänden diese schwarzen Völkerparasiten unsere unerfahrenen, jungen blonden Mädchen und zerstören dadurch etwas, was auf dieser Welt nicht mehr ersetzt werden kann. Beide, jawohl, beide christlichen Konfessionen sehen dieser Entweihung und Zerstörung eines durch Gottes Gnade der Erde gegebenen edlen und einzigartigen Lebewesens gleichgültig zu. Für die Zukunft der Erde liegt aber die Bedeutung nicht darin, ob die Protestanten die Katholiken oder die Katholiken die Protestanten besiegen, sondern darin, ob der arische Mensch ihr erhalten bleibt oder ausstirbt ...

Aus: Adolf Hitler, a. a. O.

„Nürnberger Gesetze"

Gesetz zum Schutze des deutschen Blutes und der deutschen Ehre
vom 15. September 1935

Durchdrungen von der Erkenntnis, daß die Reinheit des deutschen Blutes die Voraussetzung für den Fortbestand des Deutschen Volkes ist, und beseelt von dem unbeugsamen Willen, die Deutssche Nation für alle Zukunft zu sichern, hat der Reichstag einstimmig das folgende Gesetz beschlossen, das hiermit verkündet wird:

§ 1

(1) Eheschließungen zwischen Juden und Staatsangehörigen deutschen oder artverwandten Blutes sind verboten. Trotzdem geschlossene Ehen sind nichtig, auch wenn sie zur Umgehung dieses Gesetzes im Ausland geschlossen sind.

(2) Die Nichtigkeitsklage kann nur der Staatsanwalt erheben.

§ 2

Außerehelicher Verkehr zwischen Juden und Staatsangehörigen deutschen oder artverwandten Blutes ist verboten.

§ 3

Juden dürfen weibliche Staatsangehörige deutschen oder artverwandten Blutes unter 45 Jahren in ihrem Haushalt nicht beschäftigen.

§ 4

(1) Juden ist das Hissen der Reichs- und Nationalflagge und das Zeigen der Reichsfarben verboten.

(2) Dagegen ist ihnen das Zeigen der jüdischen Farben gestattet. Die Ausübung dieser Befugnis steht unter staatlichem Schutz.

§ 5

(1) Wer dem Verbot des § 1 zuwiderhandelt, wird mit Zuchthaus bestraft.

(2) Der Mann, der dem Verbot des § 2 zuwiderhandelt, wird mit Gefängnis oder mit Zuchthaus bestraft.

(3) Wer den Bestimmungen der §§ 3 oder 4 zuwiderhandelt, wird mit Gefängnis bis zu einem Jahr und mit Geldstrafe oder mit einer dieser Strafen bestraft.

§ 6

Der Reichsminister des Innern erläßt im Einvernehmen mit dem Stellvertreter des Führers und dem Reichsminister der Justiz die zur Durchführung und Ergänzung des Gesetzes erforderlichen Rechts- und Verwaltungsvorschriften.

§ 7

Das Gesetz tritt am Tage nach der Verkündung, § 3 jedoch erst am 1. Januar 1936 in Kraft.

Nürnberg, den 15. September 1935,
am Reichsparteitag der Freiheit.

Der Führer und Reichskanzler
Adolf Hitler

Der Reichsminister des Innern
Frick

Der Reichsminister der Justiz
Dr. Gürtner

Der Stellvertreter des Führers
R. Heß
Reichsminister ohne Geschäftsbereich

Aus: Reichsgesetzblatt, 1935, Teil I, S. 1146.

Z.1

Karrikaturen

Vergangenheitsbewältigung

ÖTV-Magazin, 6/1978, S. 2.

Die Neue (Berlin), Nr. 54, 19. 3. .1981, S. 4.

Z.2

Vergessen / Von Paul Warncke

Ich weiß ein Wort, mit reißendem Stoß
Will es die Seele mir fressen;
Es trallt sich fest, und es läßt mich nicht [los,
Das grausige Wort „Vergessen"!

Vergessen ist, wie Schwert und Schild
Einst wogten auf blutiger Halde —
Vergessen ist das ragende Bild
Im Teutoburger Walde.

Vergessen ist, was uns groß gemacht
Im Wandel der tausend Jahre,
Der Held der Fehrbelliner Schlacht
Und sein grollendes „Exoriare"!

Vergessen der Alte von Sanssouci
Und was er für Deutschland gewesen,
Als hätten von seinen Taten wir nie
Mit freudigem Stolze gelesen.

Vergessen sind Leipzig und Waterloo,
Von Nacht und Nebel bemeistert,
Und all das Edle, daran wir froh
Uns in goldenen Tagen begeistert.

Vergessen der Kaiser, eisgrau und alt,
Der neunzig Jahre durchmessen ...
Es liegt ein Grab im Sachsenwald —
Vergessen, vergessen, vergessen!

Vergessen ist, was wir selber gesehn
Vom Nordmeer bis zu den Karpathen,
Bei Tannenberg das große Geschehn,
Der Brüder unsterbliche Taten.

Und Sieg um Sieg vier Jahre lang,
Wir sahen sie freudetrunken;
Nun sind sie ohne Sang und Klang
Vergessen, verschollen, versunken!

Vergessen der Stolz und der männliche Mut,
Vergessen der Ruhm und die Ehre!
Vergessen das heilige, rote Blut
Der todesmutigen Heere!

Die Tage tanzen in rasender Flucht —
Wir sind vom Teufel besessen,
Und Ordnung und Sitte und Treue und [Zucht,
Vergessen sind sie, vergessen!

Und der grinsende Feind höhnt uns ins [Gesicht
Und lacht der heiligen Rechte;
Den Herrn spielt jeder freche Wicht,
Und wir sind seine Knechte! — — —

O Deutschland, wo blieb dein eisern [Geschlecht,
Du ragendstes Volk der Erde!
Du übst dich wie ein geborener Knecht
In knechtischer Gebärde.

In Stücke reißt dich der taumelnde Feind,
Da du dich selber verloren,
Da du, einst herrlich und stolz geeint,
Dich blöder Zwietracht verschworen.

Ich aber weiß: es kommt ein Tag,
Der wird empor dich rütteln,
Da steigst du auf aus dem Sarkophag,
Da wird der Ekel dich schütteln.

Da wird erwachen der stürmende Groll
Und den züngelnden Drachen vernichten;
Da wirst du, göttlichen Zornes voll,
Gewaltige Taten verrichten!

Da lasse der Himmel den frevelnden Wahn
Mit rächendem Maße dich messen!

**Und was der Feind uns angetan,
Das sei ihm nicht vergessen!**

Aus: H. C. von Zobeltitz (Hrsg.), Und was der Feind uns angetan ..., Berlin 1923.

Z.3

Proklamation des Berliner Arbeiter- und Soldatenrats
vom 10. November 1918*

An das werktätige Volk! Das alte Deutschland ist nicht mehr. Das deutsche Volk hat erkannt, daß es jahrelang in Lug und Trug gehüllt war.

Der vielgerühmte, der ganzen Welt zur Nachahmung empfohlene Militarismus ist zusammengebrochen. Die Revolution hat von Kiel aus ihren Siegesmarsch angetreten und hat sich siegreich durchgesetzt.

Die Dynastien haben ihre Existenz verwirkt. Die Träger der Kronen sind ihrer Macht entkleidet.

Deutschland ist Republik geworden, eine sozialistische Republik. Sofort haben sich die Gefängnis-, Arrest- und Zuchthausmauern für die wegen politischer und militärischer Verbrechen Verurteilten und Verhafteten geöffnet.

Die Träger der politischen Macht sind Arbeiter- und Soldatenräte. In allen Garnisonen und Städten, in denen keine Arbeiter- und Soldatenräte bestehen, wird sich die Bildung solcher Räte rasch vollziehen. Auf dem flachen Lande werden sich Bauernräte zu demselben Zwecke bilden.

Die Aufgabe der provisorischen Regierung, die von dem Arbeiter- und Soldatenrat Berlin bestätigt ist, wird in erster Linie sein, den Waffenstillstand abzuschließen und dem blutigen Gemetzel ein Ende zu machen.

Sofortiger Friede ist die Parole der Revolution. Wie auch der Friede aussehen wird, er ist besser als die Fortsetzung des ungeheuren Massenschlachtens.

Die rasche und konsequente Vergesellschaftung der kapitalistischen Produktionsmittel ist nach der sozialen Struktur Deutschlands und dem Reifegrad seiner wirtschaftlichen und politischen Organisationen ohne starke Erschütterung durchführbar. Sie ist notwendig, um aus den blutgetränkten Trümmern eine neue Wirtschaftsordnung aufzubauen, um die wirtschaftliche Versklavung der Volksmassen, den Untergang der Kultur zu verhüten. Alle Arbeiter, Kopf- und Geistesarbeiter, welche von diesem Ideal erfüllt sind, welche aufrichtig für seine Verwirklichung eintreten, sind zu seiner Mitarbeit berufen.

Der Arbeiter- und Soldatenrat ist von der Überzeugung durchdrungen, daß in der ganzen Welt sich eine Umwälzung in der gleichen Richtung vorbereitet. Er erwartet mit Zuversicht, daß das Proletariat der anderen Länder seine ganze Kraft einsetzen wird, um eine Vergewaltigung des deutschen Volkes bei Abschluß des Krieges zu verhindern.

Er gedenkt mit Bewunderung der russischen Arbeiter und Soldaten, die auf dem Wege der Revolution vorangeschritten sind, er ist stolz, daß die deutschen Arbeiter und Soldaten ihnen gefolgt sind, und damit den alten Ruhm, Vorkämpfer der Internationale zu sein, wahren. Er sendet der russischen Arbeiter- und Soldatenregierung seine brüderlichen Grüße.

Er beschließt, daß die deutsche republikanische Regierung sofort die völkerrechtlichen Beziehungen zu der russischen Regierung aufnimmt und erwartet die Vertretung dieser Regierung in Berlin.

Durch den entsetzlichen, über vier Jahre währenden Krieg ist Deutschland auf das fürchterlichste verwüstet. Unersetzliche materielle und moralische Güter sind vernichtet. Aus diesen Verwüstungen und Zerstörungen neues Leben hervorzurufen, ist eine Riesenaufgabe.

Der Arbeiter- und Soldatenrat ist sich dessen bewußt, daß die revolutionäre Macht die Verbrechen und Fehler des alten Regimes und der besitzenden Klassen nicht mit einem Schlage gutmachen, daß sie den Massen nicht sofort eine glänzende Lage verschaffen kann. Aber diese revolutionäre Macht ist die einzige, die noch retten kann, was zu retten ist. Die sozialistische Republik ist einzig imstande, die Kräfte des internationalen Sozialismus zur Herbeiführung eines demokratischen Dauerfriedens in der ganzen Welt auszulösen. Es lebe die Deutsche Sozialistische Republik!

* Nach: Vossische Zeitung, Nr. 577 vom 11. November 1918 und Deutscher Reichsanzeiger Nr. 268 vom 12. November 1918. Der Aufruf wurde auf einer Versammlung erlassen, die im Zirkus Busch von dem A.-u. S.-Rat, der SPD und der USPD einberufen worden war. Es nahmen die in den Fabriken und von den Soldaten gewählten Vertreter teil, die den Aktions-Ausschuß bilden sollten. Der Abgeordnete der USPD, Ernst Däumig, hatte den Text des Aufrufs verfaßt.

Aus: Ursachen und Folgen, a. a. O., 3. Bd.

Z.4

Kundgebung
des
neuen Reichskanzlers Ebert

Mahnung
zur
Ruhe und Ordnung!

Mitbürger! Der bisherige Reichskanzler, Prinz Max von Baden, hat mir unter Zustimmung sämtlicher Staatssekretäre die Wahrnehmung der Geschäfte des Reichskanzlers übertragen. Ich bin im Begriffe, die neue Regierung im Einvernehmen mit den Parteien zu bilden und werde über das Ergebnis der Öffentlichkeit in Kürze berichten. Die neue Regierung wird eine Volksregierung sein. Ihr Bestreben wird sein müssen, dem deutschen Volke den Frieden schnellstens zu bringen und die Freiheit, die es errungen hat, zu befestigen. Mitbürger! Ich bitte Euch alle um Eure Unterstützung bei der schweren Arbeit, die unserer harrt. Ihr wißt, wie schwer der Krieg die Ernährung des Volkes, die erste Voraussetzung des politischen Lebens, bedroht. Die politische Umwälzung darf die Ernährung der Bevölkerung nicht stören, es muß erste Pflicht aller in Stadt und Land bleiben, die Produktion von Nahrungsmitteln und ihre Zufuhr in die Städte nicht zu verhindern, sondern zu fördern. Nahrungsmittelnot bedeutet Plünderung und Not mit Elend für Alle. Die Ärmsten würden am schwersten leiden, die Industriearbeiter am bittersten betroffen werden. Wer sich an Nahrungsmitteln oder sonstigen Bedarfsgegenständen oder an den für ihre Verteilung benötigten Verkehrsmitteln vergreift, versündigt sich auf das Schwerste an der Gesamtheit. Mitbürger! Ich bitte Euch alle dringend, verlaßt die Straßen! Sorgt für Ruhe und Ordnung.

Berlin, den 9. November 1918.

Der Reichskanzler
Ebert.

Aus: Anschläge, a. a. O.

Z.5

Erich Mühsam: Der Revoluzzer
Der deutschen Sozialdemokratie gewidmet

War einmal ein Revoluzzer,
im Zivilstand Lampenputzer;
ging im Revoluzzerschritt
mit den Revoluzzern mit.

Und er schrie: „Ich revolüzze!"
Und die Revoluzzermütze
schob er auf das linke Ohr,
kam sich höchst gefährlich vor.

Doch die Revoluzzer schritten
mitten auf der Straßen Mitten,
wo er sonsten unverdrutzt
alle Gaslaternen putzt.

Sie vom Boden zu entfernen,
rupfte man die Gaslaternen
aus dem Straßenpflaster aus,
zwecks des Barrikadenbaus.

Aber unser Revoluzzer
schrie: „Ich bin Lampenputzer
dieses guten Leuchtelichts.
Bitte, bitte, tut ihm nichts!

Wenn wir ihn' das Licht ausdrehen,
kann kein Bürger nichts mehr sehen.
Laßt die Lampen stehn, ich bitt! –
Denn sonst spiel ich nicht mehr mit!"

Doch die Revoluzzer lachten,
und die Gaslaternen krachten,
und der Lampenputzer schlich
fort und weinte bitterlich.

Dann ist er zu Haus geblieben
und hat dort ein Buch geschrieben:
nämlich, wie man revoluzzt
und dabei doch Lampen putzt.

Aus: Klassenbuch 2, a. a. O.

Flugblatt der Sozialdemokraten 1919

Deutscher Arbeiter, denkst du daran?

Viertehalb Jahre hat dich der grauenvolle Irrsinn der Welt, der Militarismus, gezwungen, in Erdhöhlen zu hausen, Hunger zu leiden, mit jämmerlichem Lohn dich zu begnügen, Mordwerkzeuge zu führen.

Und warum?

Um deinen Bruder zu ermorden, um Häuser zu zerstören, um Felder zu verwüsten.
Heute bist du ein freier Mensch.

Der freieste Arbeiter der ganzen Welt.

Jeder Zwang hat aufgehört außer dem deiner eigenen Vernunft. Und in diesem Augenblick weigerst du dich zu arbeiten? Ist deine Vernunft so schwach?

Geh in dich! Überlege!

Du weißt, daß auf dem Lande 1 Million und im Bergbau 600 000 Arbeiter fehlen.
Du weißt, daß das Feld nicht bestellt wird und daß deine Kohlen gefördert werden.
Du weißt, daß die Hälfte aller Gas- und Elektrizitätswerke, aller Fabriken, aller Verkehrsmittel in Deutschland still liegen aus Mangel an Kohle.
Du weißt, daß du arbeitslos bist, weil Kohlen fehlen, und daß du die Lebensmittel nicht bezahlen kannst, weil nicht genügend produziert werden.
Der Staat, deine Familie, du selbst willst leben!

Dazu mußt du arbeiten, hart arbeiten!

Geh aufs Land, geh in die Bergwerke! Du findest dort bessere Wohnung und Nahrung als im Schützengraben. Du erhältst so viel Lohn, daß du und deine Familie davon existieren können.
Du hast ein

Arbeitswerkzeug

in der Hand und kein

Mordwerkzeug!

Und doch, du legst die Hände in den Schoß?

Schäme dich, deutscher Arbeiter!

Du verdienst deine Freiheit nicht! Du hast lieber Schandtaten unter der Peitsche des Militarismus verrichtet als jetzt Arbeit zu leisten aus freien Stücken.

Deutscher Arbeiter, schäme dich!
Deutscher Arbeiter, arbeite!

Z.6 Kommunistisches Wahlboykott-Plakat 1919

Du sollst nicht wählen

Der

Parlamen-tarismus

ist die demokratische Kulisse für die Herrschaft des Kapitals

und seine Republik schützen die kapitalistischen Haifische u. morden die Arbeiterklasse

züchtet politische Advokaten u. Geschäftemacher

schafft Allmacht des Bonzentums über das Proletariat und führt immer zum Burgfrieden mit der Bourgeoisie

schläfert die Arbeiter ein in Führerglauben und schafft Passivität

ist ein Machtmittel des Kapitals

Die Waffen der Arbeiterklasse sind: **Direkte Aktion!** Massenkampf!

Alle Macht den Räten
Nieder mit dem Parlament
Übt Wahlboykott

Kommunistische Arbeiter-Partei
Allgemeine Arbeiter-Union

Z.7

Thomas Theodor Heine: Die Republik (1927)

Gerd Arntz: Wahldrehscheibe (1932)

Beide Karikaturen aus: Jost Hermand/Frank Trommler: Die Kultur der Weimarer Republik, München 1978

icht, um hinter dem frevlen Tun unserer Feinde, von dem diese Blätter melden, einen fürchterlichen Fluch herzuschleudern: wer flucht, beweist nur seine Ohnmacht —, auch nicht, um des Völkerhasses düsterrote Glut zu schüren, denn der Haß tut nie, was vor Gott recht ist, wie die Entente täglich aufs neue dartut — —, habe ich's übernommen, das Schlußwort dieses Buches zu schreiben. Vielmehr will ich kurz und bündig aussprechen, was die ehrliche Überzeugung aller Deutschen ist, die weder von dem Lügengift des Neidbundes, der uns Vernichtung geschworen hatte, längst ehe er des Krieges Fackel zur Entzündung brachte, sich haben betäuben noch von seinem Gold sich haben blenden lassen.

Als Mann aus dem Volke, der seines Volkes Seele kennt und liebt, sage ich so: Weder unser Kaiser noch unsere Regierung noch unser Volk haben den Krieg gewollt. Wir sind der verschlagenen Politik eifersüchtiger Nachbarn zum Opfer gefallen. Wir haben uns heldenmütig gewehrt, als man unser deutsches Haus an allen Ecken zu gleicher Zeit in Flammen setzte. Dann erlag die deutsche Volksseele, durch Kampf, Arbeit und Hunger geschwächt, den satanischen Einflüssen abgefeimter Lüge.

Aber dieses unseres Volkes Seele wird genesen. Was die Gottlosigkeit zerbrach, wird der Glaube bauen. Der fromme, treue Geist unseres Volkes wird wieder erwachen und die Ketten sprengen, mit denen man das sieche, innerlich kranke Deutschland heute noch gefesselt hält.

Das fromme, freie Deutschland wird nicht die Welt versklaven, sondern ihr die Freiheit bringen, deren sie jetzt entbehrt.

Deutsche Männer und Frauen: euch gilt das letzte Wort. Eure Hände sind gebunden! Ihr habt's nicht hindern können, daß es geschah. Der Feinde draußen und drinnen waren zuviel. Nun kämpft den Befreiungskampf der Seele, weist von euch Mammonsknechtschaft und Sklavengesinnung! Hütet die Herzen eurer Kinder, daß sie nicht verarmen an Glaube, Hoffnung und Liebe! Der Unglaube hat die Welt in den Abgrund gestürzt, der Glaube allein kann sie retten!

Deutsche, ihr habt noch einen großen Auftrag in der Weltgeschichte! Habt Glauben an Gott! —

D. Doehring,
Hofprediger

Aus: Hof- und Domprediger D. Doehring, a. a. O.

Z.9 Wahlplakat der SPD 1930

Aus: Anschläge, a.a.O.

Z.10

Adolf Hitler:
Gewinnung von Arbeitern für die NSDAP

[1920–1933]

> Zwei Beamte namens Heim und Picker haben in den Jahren 1941/42 an Hitlers Tischrunde in dessen Hauptquartier teilgenommen und über die Gespräche und die Monologe des „Führers" Aufzeichnungen gemacht, die nach dem Kriege veröffentlicht worden sind.

Beim heutigen Mittagessen erzählte der Chef von seinem politischen Kampf. An den Anfang seiner politischen Arbeit habe er die Parole gestellt, daß es nicht darauf ankomme, das sich ausschließlich nach Ruhe und Ordnung sehnende und in seiner politischen Haltung feige Bürgertum zu gewinnen, sondern die Arbeiterschaft für seine Gedankenwelt zu begeistern. Die ganzen ersten Jahre der Kampfzeit seien daher darauf abgestellt gewesen, den Arbeiter für die NSDAP zu gewinnen.

Folgender Mittel habe man sich dabei bedient:

1. Ebenso wie die marxistischen Parteien habe er politische Plakate in schreiendstem Rot verbreitet.

2. Er habe Lastkraftwagen-Propaganda betrieben, wobei die Lastkraftwagen über und über mit knallroten Plakaten beklebt, roten Fahnen ausgestattet und mit Sprechchören besetzt waren.

3. Er habe dafür gesorgt, daß alle Anhänger der Bewegung in die Versammlungen ohne Schlips und Kragen und ohne sich fein gemacht zu haben gekommen wären und dadurch Vertrauen bei der handarbeitenden Bevölkerung erweckt hätten.

4. Er habe bürgerliche Elemente, die sich – ohne wahre Fanatiker zu sein – der NSDAP anschließen wollten, durch schreiende Propaganda, die inkorrekte Bekleidung der Versammlungsteilnehmer und dergleichen abzuschrecken versucht, um auf diese Weise die Reihen der Bewegung von vornherein von Angsthasen freizuhalten.

5. Er habe politische Gegner durch Saalschutz stets so unsanft hinausbefördern lassen, daß die gegnerische Presse – die die Versammlungen sonst totgeschwiegen hätte – über die Körperverletzungen bei unseren Versammlungen berichtete und dadurch auf die Versammlungen der NSDAP aufmerksam machte.

6. Er habe einige Redner in die Rednerschulungskurse der anderen Parteien geschickt, um auf diese Weise die Themen für die Diskussionsredner zu erfahren und ihnen, wenn sie dann in unseren Versammlungen mit diesen Themen auftraten, entsprechende Abfuhren zu erteilen. Er habe zur Diskussion sprechende Frauen aus dem marxistischen Lager stets in der Weise abgefertigt, daß er sie durch den Hinweis auf Löcher in den Strümpfen oder durch die Behaup-

tung, ihre Kinder seien verlaust oder dergleichen, lächerlich gemacht habe. Da man Frauen nicht mit Vernunft-Argumenten überzeugen, sie andererseits aber auch nicht — ohne eine Gegenstimmung der Versammlung gegen sich zu erzeugen — durch den Saalschutz entfernen lassen könne, sei dies die beste Behandlungsmethode.

7. Er habe vor allem, wenn er zur Diskussion gesprochen habe, stets frei gesprochen und durch Parteiangehörige Zwischenrufe machen lassen, die — als Meinung der Zuhörerschaft frisiert — seine Ausführungen bekräftigt hätten.

8. Er habe beim Eintreffen von Räumkommandos der Polizei die Polizeibeamten durch Frauen auf einige am Eingang des Saals befindliche Gegner oder sogar auf Unbekannte aufmerksam machen lassen, da die Polizei wie ein losgelassener Schlächterhund in solch einem Fall ohne Sinn und Verstand daraufloshandle und man sie auf diese Weise am bequemsten ablenken oder sogar loswerden könne.

9. Er habe Versammlungen anderer Parteien in der Weise sprengen lassen, daß Parteiangehörige sich dort als Ruhestifter betätigten und in dieser Maske Raufereien angezettelt hätten und so weiter.

Mit diesen Mitteln sei es ihm gelungen, so viele gute Elemente der Arbeiterbevölkerung für die Bewegung zu gewinnen, daß er bei einem der letzten Wahlkämpfe vor der Machtübernahme nicht weniger als 180000 Versammlungen habe durchführen lassen können.

Um das Gewinnen der Arbeiterschaft für die Bewegung habe sich besondere Verdienste Julius Streicher erworben. Ihm müsse man heute noch hoch anrechnen, daß er die Hochburg des Marxismus, Nürnberg, erobert habe, obwohl die Bevölkerung — soweit sie sich politisch interessiere — nur aus Juden und Arbeitern bestanden habe, die in der SPD oder KPD organisiert gewesen seien.

[Julius Streicher: Spezialist der Nationalsozialisten für antisemitische Hetzpropaganda; 1946 hingerichtet]

Aus: Klassenbuch 2, a. a. O.

Z.11
Anteil der Juden an der deutschen Gesamtbevölkerung

Bevölkerung nach Religionszugehörigkeit

Jahr	Bevölkerung insgesamt	Davon							
		Angehörige der				Sonstige		dar. jüdische Religionsgemeinschaft	
		Evangelischen Kirche		Römisch-Katholischen Kirche		Zusammen			
	1000	1000	%	1000	%	1000	%	1000	%
		Insgesamt							
1910	64926	39991	61,6	23821	36,7	1113	1,7	615	1,0
1925	62411	40015	64,1	20193	32,4	2203	3,5	564	0,9
1933	65218	40865	62,7	21172	32,5	3181	4,8	500	0,8
1939[a]	69314	42103	60,8	23024	33,2	4188	6,0	222	0,3
		Männlich							
1925	30197	19170	63,5	9798	32,4	1229	4,1	274	0,9
1933	31686	19545	61,7	10287	32,5	1853	5,8	209	0,8
1939[a]	33911	20143	59,4	11258	33,2	2511	7,4	94	0,3
		Weiblich							
1925	32214	20845	64,7	10395	32,3	973	3,0	290	0,9
1933	33533	21320	63,6	10885	32,5	1328	4,0	261	0,8
1939[a]	35403	21960	62,0	11766	33,2	1677	4,7	128	0,4

a Gebietsstand: 31.12.1937.

Als Juden erfaßte die amtliche Statistik bis 1933 die Mitglieder der jüdischen Religionsgemeinschaft („Glaubensjuden"). Den Zahlen für 1939 liegt die Frage (bei der Volkszählung) zugrunde, ob und welche Großeltern der „Rasse" nach „Volljuden" waren. 1933 gab es im Deutschen Reich 500000 „Glaubensjuden" zuzüglich ca. 65000 „Rassejuden".

Quelle: Bevölkerung und Wirtschaft, S. 97.

Nach Wirtschaftsbereichen

Wirtschaftsbereich[a]	1933				1939[b]			
	Erwerbspersonen insges.	jüdische Erwerbspersonen	in % der jüdischen Erwerbspersonen	Anteil der jüdischen Erwerbspersonen	Erwerbspersonen insges.	jüdische Erwerbspersonen	in % der jüdischen Erwerbspersonen	Anteil der jüdischen Erwerbspersonen
Landwirtschaft	28,9	4,2	1,7	0,04	25,9	3,0	8,9	0,03
Industrie u. Handwerk	40,4	55,7	23,1	0,43	42,2	11,5	33,7	0,08
Handel u. Verkehr	18,5	147,3	61,2	2,48	17,5	6,5	19,1	0,11
Öffentl. u. priv. Dienstleistungen	8,3	30,0[c]	12,5	1,11	10,5	8,6	25,2	0,24
Häusl. Dienste	3,9	3,4	1,4	0,27	3,9	4,5	13,1	0,33
	100	240,6	100	0,74	100	34,1	100	0,09

a Die Systematik der Wirtschaftsbereiche ist 1939 geringfügig geändert worden. Die Vergleichbarkeit ist dennoch gewährleistet.
b Gebietsstand: 31.12.1937.
c Am Stichtag der Volkszählung (16.6.1933) waren bereits viele Juden aus dem öffentlichen Dienst und aus den freien Berufen ausgeschieden. Daher gibt diese Zahl nicht mehr den Stand bei der „Machtergreifung" wieder, was bei den anderen Bereichen noch annähernd der Fall ist.

Quelle: Genschel, Verdrängung der Juden, S. 278f. Vgl. Bennathan, S. 104f.

Aus: Dietmar Petzina, u. a. (Hrsg.), a. a. O.

Z.12 Wahlplakat des Völkischen Blocks 1924

Aus: Anschläge, a. a. O.

Z.13

„Gleichschaltung – Am Beispiel der Gewerkschaften"

„Neuordnung" des Arbeitsrechts

Weimarer Verfassung:

Artikel 165

„Die Arbeiter und Angestellten sind dazu berufen, *gleichberechtigt* in Gemeinschaft mit dem Unternehmer an der Regelung der Lohn- und Arbeitsbedingungen, sowie an der gesamten wirtschaftlichen Entwicklung der produktiven Kräfte mitzuwirken."

„Die Arbeiter und Angestellten erhalten zur Wahrnehmung ihrer sozialen und wirtschaftlichen Interessen gesetzliche Vertretungen in Betriebsarbeiterräten, sowie in nach Wirtschaftsgebieten gegliederten Bezirksarbeiterräten und in einem Reichsarbeiterrat."

Gesetz zur Ordnung der nationalen Arbeit vom 20. 1. 1934:

§ 1

Im Betrieb arbeiten der Unternehmer als Führer des Betriebes, die Angestellten und Arbeiter als Gefolgschaft gemeinsam zur Förderung der Betriebszwecke und zum gemeinen Nutzen von Volk und Staat.

§ 2

„Der *Führer* des Betriebes entscheidet der *Gefolgschaft* gegenüber in allen betrieblichen Angelegenheiten."

§ 5

„Dem *Führer* des Betriebes treten aus der Gefolgschaft Vertrauensmänner *beratend* zur Seite. Sie bilden mit ihm und *unter seiner Leitung* den Vertrauensrat des Betriebes. An Stelle der Betriebsräte werden Vertrauensräte des Unternehmers geschaffen."

Aus: Faschismus. Katalog der NGFBK. Elefanten-Press, Berlin und Hamburg, 4. Aufl., 1977 (Bezug über 2001-Versand, Frankfurt. Vgl. Phase II).

Die Besetzung des hannoverschen Gewerkschaftshauses

Über die Besetzung des hannoverschen Gewerkschaftshauses am 2. Mai 1933 berichtet Auguste Wille, die damals 25 Jahre alt war: „Ich war im Rahmen des freiwilligen Arbeitsdienstes der Arbeiterwohlfahrt im Gewerkschaftshaus tätig. Ich wollte Fürsorgerin werden. Die Betreuung der arbeitslosen jungen Mädchen sollte mir als Praktikum angerechnet werden. Wir arbeiteten in der Nähstube und flickten alte Kleidungsstücke für Arbeitslose. Es gab damals sehr viel Armut. Die Arbeitslosigkeit war groß. Ich kam aus dem Büro und wollte zu meiner Nähstube zurück, da stieg plötzlich ein SA-Mann durchs Fenster. Andere SA-Leute traten mit ihren Stiefeln die Türen ein, obwohl diese nicht verschlossen waren. Sie benahmen sich, als sei das Gewerkschaftshaus eine Festung und schlugen alles kurz und klein. Ich hatte von der Nikolaistraße her zwei mit SA-Männern besetzte Lastwagen kommen sehen, andere kamen aus anderen Straßen. Sie trieben uns auf den Hof. Die Mädchen meiner Nähstube, 15 und 16 Jahre alt, mußten sich in Reih und Glied aufstellen. Dann kam ein SA-Führer und schrie uns an: ‚Wie ihr es 1918 mit uns gemacht habt, so machen wir es heute mit euch!' Ich sagte daraufhin: ‚Die jungen Mädchen, die Sie hier anschreien, waren damals kaum geboren.' Ich erreichte, daß der freiwillige Arbeitsdienst gehen durfte. Ich wollte mein Rad aus dem Keller holen. Mir wurde ein SA-Mann zur Bewachung mitgegeben. Er ging mit gezogenem Revolver hinter mir! Dann sah ich, wie sie unsere schwarzrotgoldene und unsere rote Fahne heruntergerissen und vor dem Gewerkschaftshaus verbrannten. Aus den Fenstern warf die SA Akten und die Büsten unserer Arbeiterführer. Seppl Schaffner, 1. Vorsitzender des Ortsvereins der SPD, flog vor Aufregung am ganzen Körper. Ich selbst war so aufgeregt, daß ich nur noch weinen konnte. Mit solcher Brutalität und Gemeinheit hatte ich nicht gerechnet. Aber das war erst der Anfang. Es sollte alles noch viel schlimmer kommen."

Quelle: G. Zorn, Widerstand in Hannover, Ffm. 1977, S. 921.

Aus: Gerd Battner/Werner Rischmüller/Gerhard Voigt: Faschismus in Deutschland und Neonazismus, Hannover 1979.

Gesetz zur Behebung der Not von Volk und Reich

(Ermächtigungsgesetz)

... Artikel 1. Reichsgesetze können außer in dem in der Reichsverfassung vorgesehenen Verfahren auch durch die Reichsregierung beschlossen werden. Dies gilt auch für die in den Artikeln 85, Absatz 2 und 87 der Reichsverfassung bezeichneten Gesetze.

Artikel 2. Die von der Reichsregierung beschlossenen Reichsgesetze können von der Reichsverfassung abweichen, soweit sie nicht die Einrichtung des Reichstags und des Reichsrats als solche zum Gegenstand haben. Die Rechte des Reichspräsidenten bleiben unberührt.

Artikel 3. Die von der Reichsregierung beschlossenen Reichsgesetze werden vom Reichskanzler ausgefertigt und im Reichsgesetzblatt verkündet. Sie treten, soweit sie nichts anderes bestimmen, mit dem auf die Verkündung folgenden Tage in Kraft. Die Artikel 68 bis 77 der Reichsverfassung finden auf die von der Reichsregierung beschlossenen Gesetze keine Anwendung.

Artikel 4. Verträge des Reiches mit fremden Staaten, die sich auf Gegenstände der Reichsgesetzgebung beziehen, bedürfen für die Dauer der Geltung dieser Gesetze nicht der Zustimmung der an der Gesetzgebung beteiligten Körperschaften. Die Reichsregierung erläßt die zur Durchführung dieser Verträge erforderlichen Vorschriften.

Artikel 5. Dieses Gesetz tritt mit dem Tage seiner Verkündung in Kraft. Es tritt mit dem 1. April 1937 außer Kraft, es tritt ferner außer Kraft, wenn die gegenwärtige Reichsregierung durch eine andere abgelöst wird ...

Z.14

Empirische Befunde zum autoritären Charakter
Untersuchungen des Max-Planck-Instituts München in Anlehnung
an den „Milgram-Versuch"

Es ging um Gehorsam. Die Testreihe wurde am 10. März 1970 eröffnet. Die Versuchsperson, ein älterer Mann, hatte die ausgetretenen Holztreppen des Hauses im Norden Münchens bezwungen. Er war mittelgroß, ein Beamter wohl, kurz vor oder nach seiner Pensionierung.

Im Treppenhaus war dem Mann ein „Langhaariger" begegnet; ein Mitglied jener Kommune, die damals über den Räumen des Max-Planck-Instituts lebte, vor dessen Türe er nun stand und klingelte.

Ein Weißbekittelter öffnete und stellte sich als Herr K. vor, begrüßte den Besucher herzlich im Max-Planck-Institut, überreichte ihm 25 Mark als Anerkennungsgebühr und führt ihn in ein klinisch kahles Zimmer, in dem schon ein junger Student wartete. „Versuchsperson" wie der alte Mann.

Herr K. hielt eine kleine Rede – sie war einstudiert wie jede seiner Bewegungen, jeder seiner Sätze in dieser Testreihe: „Meine Herren, unser Experiment soll den Effekt [die Wirkung] von Bestrafung auf de Lernprozeß herausarbeiten. Wir wissen nämlich sehr wenig über dieses Problem. Bei seiner Lösung sollen sie uns helfen. Einer von Ihnen soll Lehrer, einer soll Schüler sein."

Über die Rollenverteilung entschied eine (vorgetäuschte) Auslosung. Der alte Mann wurde „Lehrer". Die drei Personen gingen in das angrenzende Zimmer.

Zuerst fielen dem alten Mann die kleinen, weißen Mäuse auf, die in einem Käufig in der Ecke des etwa 25 Quadratmeter großen Zimmers herumturnten. Dann wanderte sein Blick über eine Fernsehkamera, über zahllose elektrische Kabel, die alle in einem länglichen, schwarzweißen Metallkasten endeten, der auf einem Tisch in der Mitte des Raumes stand.

Aus der Stirnwand des Kastens ragten dreißig helle, rechteckige Druckschalter, über ihnen blinkten Lämpchen.

Dann sah der Mann durch eine offenstehende Tür den elektrischen Stuhl.

Zweifellos, es war ein elektrischer Stuhl. Zu den Armlehnen führten Kabel, einige Riemen hingen locker herab, irgend etwas blitzte metallisch auf. Das Gerät wirkte bösartig.

Herr K. ging in das Nebenzimmer, die beiden anderen folgten. Mit einer einladenden Geste bat der Versuchsleiter den jungen „Schüler", auf dem Stuhl Platz zu nehmen: „Wir müssen jetzt ihre Arme festschnallen. Sie werden sich nicht bewegen können." In seiner linken Hand hielt Herr K. plötzlich eine Pastentube, schmierte etwas von ihrem Inhalt auf den Arm des „Schülers": „Damit keine Brandblasen entstehen. Die Paste erleichtert den Stromfluß durch Ihren Körper."

Zwei Elektroden wurden am bewegungsunfähigen linken Arm des Schülers befestigt. Der alte Mann half lächelnd, und Herr K. sagte: „Der ‚Lehrer' wird ihnen über Mikrofon vom Zimmer nebenan ca. sechsundzwanzig Wortpaare vorlesen, etwa so: Tag-Blau, Nacht-Wald, Mutter-Liebe, Wasser-Seemann und so weiter. Dann wird er das Wort ‚Tag' wiederholen und vier weitere Worte dazu. Sie müssen sich an das richtig zugehörige Wort erinnern. Kommt das Wort an vierter Stelle, dann drücken Sie mit Ihrem Finger Knopf Nummer 4 dieser Antwortbox hier. In einer ähnlichen Box leuchtet dann Ihre Antwort im Zimmer des ‚Lehrers' auf."

Die Stimme des Experimentators erinnerte den „Schüler" an die eines routinierten Schmierenkomödianten: „Sollten Sie einen Fehler machen, erhalten Sie einen Elektroschock als Bestrafung."

Testleiter und Lehrer verließen den Schüler, gingen zurück in den Raum, in dem der Metallkasten stand: ein Elektroschockgenerator. Der alte Mann erhielt einen Probeschock mit 45 Volt, um die Stärke der Bestrafungen kennenzulernen. Dann gab Herr K. dem Lehrer die Liste mit den Wortpaaren: „Sprechen Sie bei Ihrer Befragung in dieses Mikrofon hier. Kontrollieren Sie die Antwort des Schülers in der kleinen Antwortbox. Leuchtet das falsche Nummernschild auf, sagen Sie ‚falsch', drücken dann den ersten Hebel am Schockgenerator und sagen dem Schüler, mit welcher Volthöhe er bestraft werde. Lesen Sie die richtige Antwort vor, und gehen Sie zur nächsten Frage über. Die Bestrafung beginnt bei 15 Volt und endet bei 450 Volt."

Der alte Mann betrachtete aufmerksam den schwarzen Kasten. Über den Schaltern stand die Volthöhe. Unter ihnen las er Signaturen der Schockstärken: von „leicht" zu „sehr stark", „äußerst stark" und „gefährlich". Bei 450 Volt markierten ominöse „xxx" die Wirkung des Stromschlags.

Dieser alte Mann nun drückte im Verlauf des Tests alle Schalter. Schmerzensschreie aus dem Nebenzimmer bei 75 Volt rührten ihn nicht; als der Scshüler bei 150 Volt aus dem Experiment entlassen werden wollte, sagte Herr K.: „Machen Sie weiter." Bei 180 Volt hörte der alte Mann aus dem Nebenzimmer Jammern um Gnade und Erbarmen. Bei 300 Volt verweigerte der Schüler jede weitere Antwort. „Ich mache nicht mehr mit! Laßt mich raus. Ich weigere mich. Schluß!"

Dann hörte man nichts mehr.

Der alte Mann fragte, bekam keine Antworten, drückte die Schalter erbarmungslos, kaltherzig, maschinell: „Der sagt ja nichts mehr. Jetzt mag er nicht mehr."

Der Versuch war beendet – und der alte Mann blieb keine Ausnahme. 85 Prozent aller Getesteten hatten bis zu 450 Volt angewandt ...

Was die Getesteten nicht wußten, war dies: Der „Schüler" war in das Experiment eingeweiht; die Auslosung war gefälscht; die grauenhaften Schreie stammten von einem Tonbandgerät, das sich automatisch ein- und ausschaltete ...

Die Versuchsreihe, die sechs Wochen dauerte und in Gemeinschaftsarbeit zwischen dem Max-Planck-Institut und dem Bayerischen Fernsehen produziert wurde, hatte ein Vorbild: die Experimente des amerikanischen Psychologen Stanley Milgram. Er wollte 1960 herausfinden, warum die Deutschen zwischen 1933 und 1945 so gehorsam waren. Gab es einen typischen deutschen Volkscharakter der Unterwürfigkeit? In den Städten New Haven und Bridgeport startete Milgram seine Vorversuche. Er kam nie nach Deutschland. Denn bis zu 66 Prozent seiner Versuchspersonen drückten alle Hebel. Stanley Milgram reichte das: „Mit bestürzender Regelmäßigkeit haben sich in unserem Experiment ‚gute Leute' den Forderungen einer Autorität gebeugt und haben böse Dinge getan."

„In Deutschland", so hatten Experten des Max-Planck-Instituts prophezeit, „werden es höchstens 30 Prozent sein. Wir sind demokratischer geworden." Die Prognose war ein Irrtum.

Quelle: ZEIT-Magazin vom 2. 10. 1970. − Auch in: *Helbig:* Politik und Aufriß. Frankfurt 1973, S. 16f.

Aus: Gerd Battmer, u. a., a. a. O.

10.2. Audiovisuelle Medien zur Weimarer Republik

1. Dokumentarfilme
2. Spielfilme
3. Diareihen
4. Tonbänder
5. Transparente / Folien

1. *Dokumentarfilme*

Brüning – Aus einer Rede zu den Reichstagswahlen vom 14. September 1930   (IWF)
1955   3 min

Brüning – Aus einer Erklärung zur Abrüstungsfrage 1932 (englisch)   (IWF)
1955   2 ½ min

Filmdokumente zur Geschichte:
Rückkehr der Truppen und Polizeiaktion gegen Schieber
1974   4 min

Filmdokumente zur Geschichte:
Die Revolution in Berlin 1918/19 I
1974   5 min

Filmdokumente zur Geschichte:
München zur Zeit der Räterepublik
1974   5,5 min

Hindenburg 1925–1931   (IWF)
1956   15 min

Hindenburg 1932   (IWF)
1956   7 min

Hitler spricht – Wochenschauausschnitte aus Ansprachen
von April 1932 – Januar 1939
1969   20 min

Die ersten Jahre der Weimarer Republik
1962   30 min

Kaiser, Bürger und Genossen, 2 Teile
Teil II: Der Krieg und das Erbe
45 min

Mein Kampf
Teil 1: Der Weg in die Diktatur (1914–1933)
Jünger-Verlag
20 min

Der Kapp-Putsch
DDR-Film 1978
21 min

Ein Leben für Europa – Erinnerung an G. Stresemann
11 min

Paul Löbe spricht über dringende Aufgaben des Deutschen Reichstages um die Jahreswende 1930/31   (IWF)
1957   2 ½ min

Paul Löbe berichtet aus seinem politischen Wirkungskreis in Vergangenheit und Gegenwart, Berlin, Februar 1957   (IWF)
1957   10 min

Hans Luther spricht über sein politisches Wirken in der Weimarer Republik, Düsseldorf 1958   (IWF)
1959   13 ½ min

Die Machtergreifung (1923–1933)
60 min

Markt in Berlin 1929
1965   15 min

Menschen in Deutschland von 1932
1968   26 min

Plakate der Weimarer Republik
1962   10 min

Vier politische Reden der Jahre 1930–1932
1959   10 min

Reichsparteitag der NSDAP, 19.–21. August 1927, Nürnberg
„Eine Symphonie des Kampfwillens" (IWF)
1976   18 min

Der Nürnberger Parteitag der NSDAP 1.–4. April 1929   (IWF)
1976   68 min

Im Schatten der Weltrevolution
Teil 2   Die Rapollo-Ära 1921–1930
s/w 53 min

Ursachen des Nationalsozialismus
1. Massenverführung durch Propaganda   22 min
2. Verwandlung und Krise des Zeitalters   20 min
3. Zerstörung der Republik   27 min

Die VII. Völkerbundsversammlung in Genf, September 1926
(Eintritt Deutschlands in den Völkerbund)   (IWF)
1957   11 ½ min

Aus einer Wahlrede Hitlers in Eberswalde am 27. 7. 32
1979   15 min

Weimar 1925–1933
25 min

Von Weimar nach Bonn
1979   20 min

Die Weimarer Republik, 7 Teile   1964
Teil I: Im Schatten des verlorenen Krieges
Teil II: Von Weimar nach Versailles
Teil III: Der Feind steht rechts
Teil IV: Von Ebert zu Hindenburg
Teil V: Die besten Jahre
Teil VI: Demokratie ohne Demokraten 1930–1932
Teil VII: Die verratene Republik

Die Weimarer Republik 1   1918–1925
1963   29 min

Die Weimarer Republik 2   1925–1930
1963   14 min

Die Weimarer Republik 3   1930–1933
1963   15 min

2. Spielfilme

Affäre Blum
1948   110 min

Das Attentat
Schleicher – General der letzten Stunde
Dokumentarspiel
1968   90 min

Kaiserhofstraße 2
1981   103 min

Die Kinder aus Nr. 67
1979/80   106 min

Aus einem deutschen Leben — das Leben des Franz Lang alias Rudolf Höß,
erster Kommandant des Konzentrationslagers Auschwitz
1979   145 min

Alle Macht den Räten
Dokumentarspiel   69 min

Der Mord, der nie verjährt
Der Mord an Karl Liebknecht und Rosa Luxemburg
DEFA-Film   107 min

Novemberverbrecher
Dokumentarspiel
1968   85 min

Rotation
1949   81 min

Der Untertan
DDR 1951   120 min

Kuhle Wampe
1932   73 min

3. Diareihen

Deutschland 1918—1933 in der Karikatur

Neueste Geschichte in Plakaten (1914—1925)

Neueste Geschichte in Plakaten (1929—1946)

Hitler erringt die Macht (1933)

Die Konstituierung der Weimarer Republik

Krisenjahre der jungen Republik 1919—1923

Die Revolution 1918/19 in Berlin

Die Revolution 1918/19 in München

4. Tonbänder

In einem Berliner Mietshaus 1918/19

Die Harzburger Front —
Hitlers konservative Verbündete
30 min

Vom Kaiserreich zur Republik
Ansprachen von Wilhelm II., Paul von Hindenburg, Scheidemann u. a.
28 min.

Der Kampf um die junge Republik
Ansprachen von G. Noske, Fr. Ebert, C. Severing, O. Hörring u. a.
28 min

Rede von Dr. Joseph Goebbels am 27. 7. 1932 in Berlin
6 min

Die Versammlung der Berliner Arbeiter- und Soldatenräte im Zirkus Busch
am 10. Nov. 1918
25 min

5. Transparente / Folien

Der erste Weltkrieg, Ende des Kaiserreichs

Die Weimarer Republik

Das Ende der Weimarer Republik
Jünger-Verlag   18 Transparente

Die Filme, Dia-Reihen und Tonbandaufnahmen sind erhältlich über

— die Landesfilmdienste bzw.

— das Deutsche Filmzentrum bzw.

— das Institut für Film und Bild in Wissenschaft und Unterricht bzw.

— das Institut für Film und Bild (München) bzw.

— Inter Nationes.

Die Dokumentarfilme, die über das „Institut für den wissenschaftlichen Film" zu beziehen sind, wurden gesondert mit „IWF" gekennzeichnet. Der Dokumentarfilm und die Transparente des Jünger-Verlages sind ebenfalls besonders gekennzeichnet.